公共文化服务体系财政保障机制研究

——基于财政效率的视角

涂 斌 著

科 学 出 版 社
北 京

内 容 简 介

本书立足于“建立完善的公共文化服务体系”的文化发展战略规划现实背景，结合财政支出效率理论研究我国公共文化服务财政支出保障机制问题。通过规范分析和实证分析方法研究公共文化服务财政支出的宏观资源配置效率、中观结构优化效率和微观资金使用效率相关理论，分析公共文化服务财政支出不足、结构不合理及资金使用效率低下等问题，并提出相关的政策建议。本书特色主要在于对公共文化服务财政支出的文化资本存量正效应、公共文化服务财政支出的最优规模、地方公共文化服务财政支出规模不足的重要解释变量、公共文化服务财政支出结构优化调整、公共文化资金使用效率规模报酬效应等方面进行深入的研究。

本书可为高校与研究机构的本领域专家学者学术研究、政府公共文化服务主管部门决策提供一定的参考。

图书在版编目（CIP）数据

公共文化服务体系财政保障机制研究——基于财政效率的视角 / 涂斌著. —北京：科学出版社，2021.4

ISBN 978-7-03-059122-7

Ⅰ. ①公… Ⅱ. ①涂… Ⅲ. ①文化工作-财政支出-财政制度-研究-中国 Ⅳ. ①F812.453

中国版本图书馆 CIP 数据核字（2018）第 240022 号

责任编辑：杭　玫 / 责任校对：宁辉彩

责任印制：张　伟 / 封面设计：无极书装

科学出版社出版

北京东黄城根北街 16 号

邮政编码：100717

http://www.sciencep.com

北京虎彩文化传播有限公司印刷

科学出版社发行　各地新华书店经销

*

2021 年 4 月第　一　版　开本：720×1000　B5

2021 年 4 月第一次印刷　印张：13 3/4

字数：280 000

定价：126.00 元

（如有印装质量问题，我社负责调换）

作 者 简 介

涂斌，女，1974 年 12 月出生，经济学博士，财政学教授。中国行政管理学会绩效管理研究会常务理事、广东省政府绩效管理研究会副会长、广东省社会管理研究会秘书长兼副会长。研究方向：财政支出绩效评估、公共服务财政保障、社会组织评估、社区治理等。主持国家社会科学基金项目 2 项（已完成 1 项）、主持完成省部级项目 5 项。主持完成地方政府委托的财政支出绩效评价、政府部门绩效评价、社会组织管理等横向项目七十余项。在 SSCI、SCI、CSSCI 等国内外期刊发表论文数十篇。

前　言

在我国目前的公共文化服务体系构建中政府起着主导作用，政府财政在公共文化服务领域的支出对推动公共文化服务体系的发展至关重要。面对我国公共文化服务财政支出不足、结构不合理及资金使用效率低下的现状，如何更有效地给公共文化服务体系的构建提供财政保障，确定公共文化服务财政支出的适度规模、合理结构和资金使用效率，以及厘清这些问题的内在逻辑机理对完善公共资源配置理论和推进公共文化服务领域研究具有积极的学术价值和现实意义。

根据财政支出效率评价标准理论，本书主要沿着可计量的经济福利方向进行探索：一方面研究公共文化服务财政支出对实际收入增加进而给人们带来福利的影响；另一方面研究公共资源在文化领域的公平分配对整个社会文化领域福利增加的影响。因此，本书的主体框架主要由以经济增长为导向的公共文化服务财政支出规模的适度性（包括公共文化服务财政支出的文化资本和经济增长效应研究、最优支出规模研究、规模报酬考量研究）、以公共资源文化领域分配公平性为导向的公共文化服务财政支出结构的合理性，以及以公共文化物品产出为导向的公共文化服务财政支出资金高效性三者组成。

本书首先在回顾国内外文献及整理财政支出效率理论、公共文化服务理论和文化资本理论的基础上，运用定性和定量分析方法对公共文化服务财政支出的宏观资源配置效率、中观结构优化效率和微观资金使用效率相关理论进行研究，使用相关年份数据，得出以下结论：公共文化服务财政支出的文化资本存量存在正效应，公共文化服务财政支出对文化资本存量的弹性系数为 0.294；公共文化服务财政支出通过文化资本传导机制对经济增长产生积极影响，并通过经验数据得以验证。增加公共文化服务财政支出有利于文化资本增加和经济增长。基于巴罗（Barro）等的内生增长模型和基本分析框架，通过构建最优公共文化服务财政支出模型得出公共文化服务财政支出占财政支出比重的0.488%是我国公共文化服务财政支出的最优规模。

地方政府在公共文化服务财政支出中占据全国该方面支出的90%以上，而财政分权是地方公共文化服务财政支出规模减小的重要解释变量，在公共文化服务的财政支出上，财政权责的合理清晰划分有利于改进公共文化服务支出效率。

在公共财政资源对公共文化服务支出的规模考量研究后，本书进一步通过公共文化服务财政支出的地区泰尔指数（Theil index）分析得出，公共文化服务财政支出的总体差异主要由区域内差异引起，区域内差异主要由东部省市之间的差距导致；东中西部间差异呈下降趋势，说明东中西部间的公共文化服务财政支出差异在缩小。根据2004~2015年公共文化服务财政支出城乡泰尔指数分析，城乡公共文化服务财政支出的差别来自城乡间的差距，而城市内部公共文化服务财政支出不均等的影响小于农村内部不均等的影响。

在DEA-Tobit两阶段分析框架下，研究我国地方政府公共文化服务财政支出资金使用效率，通过对评价结果的分析，发现我国地方政府公共文化资金使用效率规模报酬存在显著的差异，规模收益递减的地方政府应该调整优化公共文化服务财政支出结构来消除效率损失，规模收益递增的地方政府则需要进一步增加公共文化服务财政支出来改善其效率；在控制人口、经济和社会因素之后，财政分权对公共文化服务财政支出资金使用效率的影响为负，文化政策则显著促进了我国地方政府文化事业支出效率的提高。此外，笔者通过调研进行了公共文化服务供给效果、公共文化服务财政专项资金支出绩效、公共文化服务部门资金支出绩效的案例分析，针对其存在问题提出相关建议。

涂　斌

2018年6月

目　　录

第1章 引　　言

1.1 本书研究问题的提出

1.1.1 研究背景

1）理论背景：财政效率研究的兴起

受 20 世纪 70 年代“新公共管理”“政府再造”及后来由反思“新公共管理”不足而兴起的“新公共服务”运动的影响，政府形态由“守夜型”政府向“公共服务型”政府转变，在公共管理中政府认识到政府失灵的存在，迫于财政压力和债务负担，开始实行公共服务社会化和市场化的改革。尽管政府从部分公共物品领域退出，由社会与民间资本提供部分混合公共物品，但对于公共物品和服务的提供，政府依然处于核心地位，政府的财政支出规模仍旧逐年持续增加，巨大的公共支出规模，不仅使公众的税收负担增加，还使财政运行的赤字风险急剧上升，导致经济运行通胀风险的产生。为了达到既定的公共目标，保持经济的有效运行，就必须使有限的财政资金发挥最大的效益。由此，政府财政的研究重心也由财政收入转向财政支出及其效率问题，而财政支出效率的研究已成为目前财政支出领域的研究热点。

目前国内外学术界对教育、卫生、科研等领域公共文化服务财政支出的宏观资源配置效率、中观结构优化效率和微观资金使用效率进行了大量的规范与实证研究，但文化领域财政支出效率的研究在学术界还没有得到重视。公共文化服务财政支出是公共财政支出不可或缺的组成部分，它承担着政府文化职能的实现，体现着公共资源在文化领域的配置和利用。如果忽视公共文化服务财政支出的理论研究，不利于给公共文化服务财政支出决策和公共支出结构优化提供理论指导。

2）现实背景：“建立完善的公共文化服务体系”文化发展战略规划

改革开放四十多年来，我国社会发生了深刻的观念革命和巨大的社会变迁，我国不但进行了经济领域的改革开放，确立了市场经济制度并快速融入经济全球化的大潮，而且不断推进文化、政治等领域的体制改革。根据国际上许多国家发展的经验，当人均 GDP（gross domestic product，国内生产总值）超过 1 000 美元后，经济增长路径会发生明显的变化，转变为由人力资本投资、社会保障、技术创新三者构成的现代经济增长模式，作为人力资本投资重要组成部分的文化建设已成为我国总体发展布局的重要组成部分。文化建设包括经营性文化产业和公共文化服务，分别满足个人文化需要和公共文化需要。

从 20 世纪 90 年代中后期我国文化发展战略的提出到党的十六大高度评价文化的战略意义，到 2011 年十七届六中全会深化文化体制改革的决定，再到 2017 年 3 月 1 日《中华人民共和国公共文化服务保障法》的实施，文化建设中政府对公共文化服务的重视程度不断增强，公共文化服务在国家文化战略乃至社会发展中的地位也不断提高。

2005 年 10 月在《中共中央关于制定国民经济和社会发展第十一个五年规划的建议》中，明确了“加大政府对文化事业的投入，逐步形成覆盖全社会的比较完备的公共文化服务体系”。公共文化服务是与文化产业相对应的，主要着眼于社会效益，以满足人们公共文化需要的非营利性目的，为全社会提供非竞争性、非排他性的公共文化物品和服务的文化领域，它涵盖了广播电视、电影、出版、报刊、网络、演出、文物、图书馆和哲学、社会科学研究等诸多文化领域，与整个文化领域中实行市场化、产业化经营的文化产业一起构成国家文化建设的完整内容。2006 年，第十届全国人民代表大会第四次会议的《政府工作报告》中出现了“深化文化体制改革，发展文化事业和文化产业。加强文化基础设施建设尤其是农村基层文化建设，完善公共文化服务体系”的表述。2006 年 9 月，《国家“十一五”时期文化发展规划纲要》中将“公共文化服务”单独列了一章，对公共文化服务体系的内容进行了详细阐述与解释，这标志着公共文化服务体系建设成为国家重要的文化战略政策。2011 年 10 月《中共中央关于深化文化体制改革推动社会主义文化大发展大繁荣若干重大问题的决定》提出，“完善覆盖城乡、结构合理、功能健全、实用高效的公共文化服务体系”。2013 年党的十八届三中全会审议通过的《中共中央关于全面深化改革若干重大问题的决定》指出，鼓励社会力量、社会资本参与公共文化服务体系建设，培育文化非营利组织。2015 年中共中央办公厅、国务院办公厅印发《关于加快构建现代公共文化服务体系的意见》，对加快构建现代公共文化服务体系，促进基本公共文化服务标准化、均等化，保障人民群众基本文化权益进行了全面部署。《中央补助地方公共文化服务体系建设专项资金管理暂行办法》于 2016 年 1 月 1 日起施行。《中华人民共和国公共文化服务保障法》于 2017 年 3 月 1 日起正式实施。可见我国公共文化服务的发展得到了党和国家的高度重视。

从世界发展经验来看，对公共文化服务的重视是符合社会发展趋势的，一国的人均GDP在3 000美元以上时处于公共服务需求快速扩张时期，我国人均GDP已经超过10 000美元，已经步入公共服务需求快速增长时期，而我国公共服务需求的全面快速增长与公共服务有效供给不足之间的矛盾，成为目前阻碍经济与社会协调发展和制约社会福利水平提高的重要原因。作为公共服务组成部分的公共文化服务体系建设以满足公共文化需要为目的，并保障人民基本文化权益。社会公共文化服务体系的发展离不开政府财政的支持，财政在公共文化服务领域的支出对推动公共文化服务体系的发展至关重要。

1.1.2 研究问题的描述

基于上述背景，本书将对财政在公共文化服务方面的支出效率进行研究，寻求构建与完善公共文化服务体系的财政保障措施。更具体地，基于财政支出效率理论探究我国公共文化服务财政支出的适度规模、合理结构和资金使用效率问题，以明确我国公共文化服务财政支出的文化资本与经济增长贡献度，确定公共文化服务财政支出的宏观资源配置效率（最适规模）、优化中观结构效率（结构优化调整方向）及评价微观资金使用效率（规模报酬状况），并为构建和完善公共文化服务体系的财政保障措施提供政策建议。

本书所研究的公共文化服务财政支出是指政府为满足社会公共文化需求向公民提供公共文化物品和服务而产生的财政支出，实质就是用于公共文化服务的财政支出，也可称为公共文化支出。从图1.1和图1.2中可看到公共文化服务财政支出在文化支出中所处的位置。公共文化服务财政支出不同于政府文化支出，它和扶持文化产业支出构成了政府文化支出。公共文化服务财政支出是政府文化支出的主要组成部分。图1.2中最外面的椭圆表示GDP，里面最左边的椭圆表示文化支出，里面右面的椭圆表示财政支出，两者相交重合的那部分是政府文化支出，公共文化服务财政支出是政府文化支出的一部分。公共文化服务财政支出也是财政支出的一部分，与其他大部分财政支出一样都是由中央财政与地方财政共同支付的。

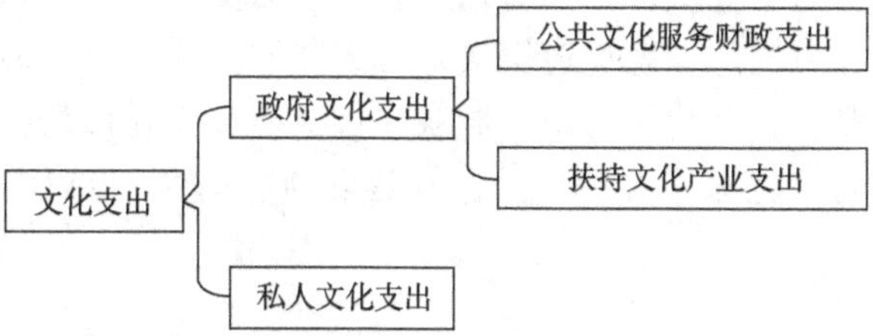

图1.1 文化支出构成

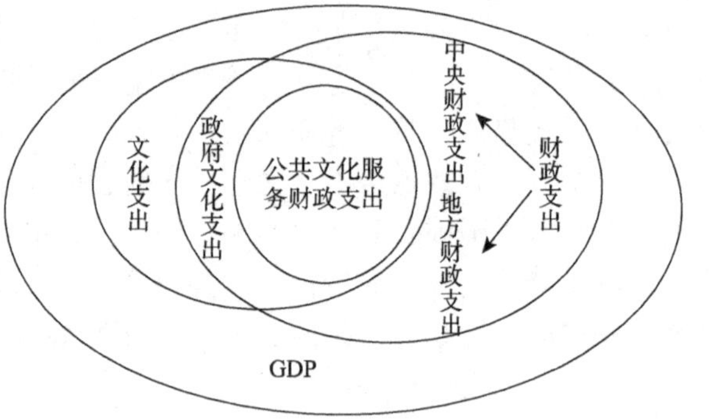

图 1.2　公共文化服务财政支出范围

下面再来界定公共文化服务财政支出的统计口径及数据来源。公共文化服务财政支出的实质是用于公共文化服务的财政支出，在已有关于公共文化服务财政支出的文献中所采用的几乎都是文化事业财政支出费用的相关数据，虽然这些文献并没有解释其中原因，但本书认为可以根据公共文化服务和文化事业的概念及其所包含内容进行比较，两者统计口径基本是具有一致性的。首先在两者的概念上，公共文化服务是由公共部门或准公共部门共同生产或提供的，以满足社会成员的基本文化需要为目的，给公众提供基本的精神文化享受，维持社会生存与发展所必需的文化环境与条件的公共物品和服务行为的总称①。文化事业是指与文化产业相对区分的整个文化事业，具体包括公益文化事业和部分的准公益性文化事业，其特点是以国家投资为主，主要目的是满足人民对公共文化生活的多种需求，在文化领域从事研究创作、精神物品生产和文化公共服务的公益性事业（毛少莹，2008）。由此可见，两者的目的都是满足社会成员的公共文化需要，实现手段都是提供文化领域的公共物品与服务，行为主体都是公共部门或者准公共部门。

其次两者包含的内容基本一致。公共文化服务的范畴主要有五大方面：一是对自然科学、社会科学知识的传播和普及；二是对报刊、电视、互联网、音像制品等媒介进行规范的大众传媒发展与管理；三是博物馆、公共图书馆、文化馆、青少年活动中心、老年活动中心建设，影剧院规划建设，公益性文艺演出组织等的公共文化设施和物品提供；四是对物质和非物质文化遗产的保护；五是对公民素质教育、公共行为规范和思想道德教育等的文明行为和健康风尚倡导。文化事业内容包括艺术表演、公共图书馆、群众文化事业、文化市场执法、文化艺术研究、博物馆和文物文化保护等单位及机构建设与活动②。可以看到文化事业的内

① 该定义来自较早的公共文化服务体系论著（陈威. 公共文化服务体系研究[M]. 深圳：深圳报业集团出版社，2006），也是目前文献中用得最多和普遍接受的解释。

② 来自《中国文化文物统计年鉴》中文化事业财政支出费用的统计内容。

容与公共文化服务包括的内容是近乎相同的。所以本书对公共文化服务财政支出的统计口径主要采用文化事业财政支出的统计口径。相关数据主要来源于各年《中国文化文物统计年鉴》。

本书研究的公共文化服务财政保障机制主要从公共文化服务财政支出效率角度进行研究，也就是从公共文化服务财政支出的宏观资源配置效率（规模）、中观结构优化效率（结构）和微观资金使用效率（微观效率）的组合效率寻求公共文化服务体系构建的财政保障措施。根据财政支出效率评价标准理论，本书主要沿着可计量的经济福利方向进行探索：一方面研究公共文化服务财政支出对实际收入增加给人们带来福利的影响；另一方面研究公共资源在文化领域的公平分配对整个社会文化领域福利增加的影响。因此，本书的主体框架主要由以经济增长为导向的公共文化服务财政支出规模的适度性、以公共资源文化领域分配公平性为导向的公共文化服务财政支出结构的合理性，以及以公共文化物品产出为导向的公共文化服务财政支出资金高效性三者组成。

1.2 研究意义

1.2.1 理论意义

公共文化服务体系的建立与实施体现着人们公共文化需要的满足和政府文化职能的实现。一个良好的资金保障体系是公共文化服务的血脉，尽管公共文化服务资金来源包括政府财政拨款、社会捐助、赞助、基金等，但我国社会捐助、赞助和基金发展非常缓慢，目前政府在公共文化服务体系构建中仍然起着主导作用，政府拨款占公共文化服务资金来源的绝大部分，因此政府财政在公共文化服务领域的支出对推动公共文化服务体系的发展至关重要。

虽然随着我国经济实力的不断提升，公共文化财政支出费用不断增加，但是我国依然存在公共文化服务财政支出总量不足、支出结构不合理及支出资金使用效率低下等问题，如何更有效地优化配置和利用文化领域中的公共资源，使有限的财政资金发挥最大的效用，相应的理论研究仍然比较缺乏，我们目前仍不清楚什么样的公共文化服务财政支出规模是适度的、如何更有效地优化调整公共文化服务财政支出结构、如何评价及提高支出资金使用效率，这些问题的内在逻辑作用机理又如何理清。而这些问题从财政效率理论的角度看实质上就是公共文化服务财政支出效率的问题，即公共文化服务财政支出的宏观资源配置效率（规模）、中观结构优化效率（结构）和微观资金使用效率（微观效率）的组合效率问题，本书试图解释、探索及解决上述问题，这意味着本书有望能促进公共文化服务财政支出最适规模的确定、支出结构合理优化调整和支出规模报酬的衡量等公共文化服务财政支出效率理论的认识和理解，在一定程度上丰富和补充公共资源配置理论、公共财政支出理论和财政支出效率理论。

1.2.2 实际意义

本书尝试为政府公共文化服务财政支出决策提供参考策略。

（1）为优化我国公共文化服务财政支出在财政总支出中的比重设计提供参考。通过对公共文化服务财政支出的宏观资源配置效率也就是经济效率进行理论模型实证研究，确定公共文化服务财政支出的最优规模（以该支出占财政总支出比重衡量），而该最优规模可以作为评价政府公共文化服务财政支出规模状况的参照，越接近于最优规模值则说明公共文化服务财政支出越优化，越能实现该时期文化领域公共财政资源的优化配置。

（2）为平衡公共文化服务财政支出在各级政府、不同地区间及城乡的财政分布提供理论导向。通过对公共文化服务财政支出的中观结构效率进行研究，从财政分权和公共文化服务均等化角度探究如何理顺各级政府的公共文化服务财政支出比重和权责关系及转移支付在地区和城乡分布的内在逻辑机理，为政府决策提供理论导向。

（3）为公共文化服务财政支出微观资金使用效率评价提供量化依据。通过对公共文化服务财政支出的微观资金使用效率即规模报酬状况进行实证研究，评价支出资金的总体使用效率，对于规模收益递减的公共文化服务财政支出，政府应该调整优化使用结构中的基本支出、项目支出和经营支出的比重来消除效率损失；对于规模收益递增的支出，政府则需要进一步增加公共文化服务财政支出来改善其效率。

1.3 研究思路、研究内容和研究方法

1.3.1 研究思路

要深入研究公共文化服务财政支出规模、结构和资金使用效率问题，可以从公共文化服务财政支出的宏观资源配置效率、中观结构优化效率和微观资金使用效率系统地探究保障公共文化服务体系构建与发展的有效机制，通过确定我国公

共文化服务财政支出的最适规模、规模报酬及结构优化调整方向，提供合理有效的政策建议。本书遵循“提出问题—理论基础—理论抽象与实证检验—对策建议”的思路进行研究（图 1.3）。

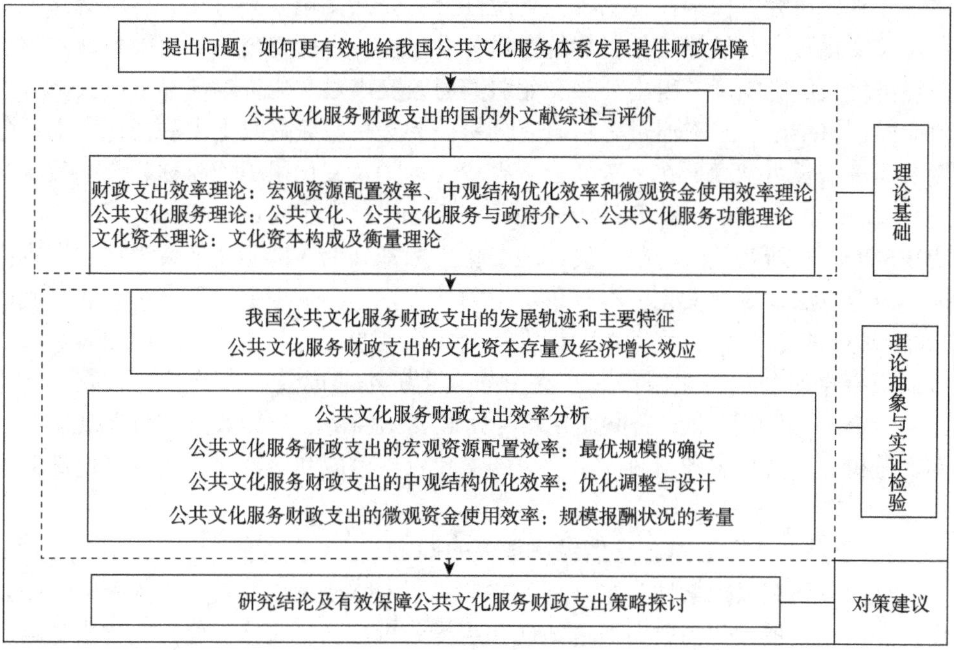

图 1.3　本书研究思路

1.3.2　研究内容

1）本书的理论基础

本书的第 2 章文献回顾及评论与第 3 章公共文化服务财政支出效率的理论基础构成了全书的理论根基。其中，3.1 节财政支出效率理论是确定本书框架的基础，同时也为后面相关实证分析模型奠定基础；3.2 节论述公共文化服务理论，为后面公共文化服务财政支出经济增长效应的逻辑推理及公共文化资源的公平分配定性分析奠定基础；3.3 节对文化资本理论进行阐析，为公共文化服务财政支出效率的定性分析和定量分析提供依据。

2）中国公共文化服务财政支出的制度变迁及支出特征

这部分研究以解释性为主，通过文献研究和数据分析，对我国公共文化服务财政支出规模、结构、资金使用效率状况的历史变迁进行统计描述，在此基础上利用从“一五”时期到 2015 年的数据，运用概括性指标对公共文化服务财政支出进行动态描述，并归纳出其主要特征。这部分安排在 4.1 节，属于对我国公共文化服务财政支出总体的概括与描述。

3）公共文化服务财政支出规模对文化资本存量、经济增长的贡献

这部分研究以探索性为主，首先定性分析公共文化服务财政支出对文化资本存量及文化资本对经济增长影响的逻辑关系，进一步探究公共文化服务财政支出对经济增长的影响度，得出公共文化服务财政支出对文化资本与经济增长都有正效应的逻辑结论。其次通过定量研究分析公共文化服务财政支出的文化资本贡献度及经济增长贡献度。在参考联合国教育、科学及文化组织（简称联合国教科文组织，United Nations Educational，Scientific and Cultural Organization，UNESCO）和新西兰政府部门设计的文化指标基础上，借鉴文献关于文化资本指标的设置方法，设计文化资本存量水平的估计指标，采用主成分分析方法对我国 2000~2015 年各省份文化资本存量进行全面客观的评价及估算；使用 2000~2015 年面板数据对公共文化服务财政支出的文化资本形成效应进行客观研究，使用 1995~2015 年面板数据对公共文化服务财政支出经济增长的效果进行客观研究，实证分析公共文化服务财政支出规模的文化资本效应和经济增长效应。这部分安排在 4.2 节和 4.3 节。

4）公共文化服务财政支出最优规模的确定

这部分研究以探索性为主，从公共文化服务财政支出的宏观资源配置效率角度以经济增长最大化为导向通过定性和定量分析方法研究分析公共文化服务财政支出最优规模问题。在定性上从生产性支出的经济增长效应和税收融资的挤出效应角度，分析公共文化服务财政支出虽然在长期来看呈增长趋势，但在每一经济发展阶段都存在最优规模的内在机理。在实证上以巴罗模型内生增长理论为基础构建最优公共文化服务财政支出估计模型，证明经济增长是公共文化服务财政支出规模的凹函数，公共文化服务财政支出的经济增长效应并不是单调递增的，而是存在最优规模水平，即文化财政支出水平能达到产出最大化，支出规模过大过小所产生的产出效果都会偏离产出最大化状态。在上述基础上构建公共文化服务财政支出最优规模的理论框架，利用我国的相关面板数据（1995~2015 年）实证分析我国公共文化服务财政支出最适规模值（以该支出占财政支出比重表示），并提出运用公共选择理论分析政治市场下各行为主体（如选民、政治家、干部、利益集团）对达到最适公共文化服务财政支出规模的影响。这部分安排在 4.3 节。第 4 章主要是从总量上解决财政资源在公共文化领域的配置问题。

5）公共文化服务财政支出结构的优化调整

这部分研究以探索性为主，通过理论解释推演并量化研究公共文化服务财政支出的中观结构优化效率。以公共文化财政支出权责的平衡为导向，对财政分权在不同层级政府的权责关系与政府行为进行分析，寻求地方公共文化服务财政支

出相对规模减小的原因并提出相关建议，这部分安排在 5.1 节，除了作为公共文化服务财政支出结构调整的组成部分，在纵向上分析公共资源在文化领域的公平分配问题，也是进一步对第 4 章中现实的公共文化服务财政支出偏离最优规模的解释。5.2 节以公共财政资源的公共文化服务分配公平性为导向分析横向地区间结构及城乡结构的优化调整问题，通过泰尔指数方法分析地区之间与城乡之间公共文化服务财政支出差异的主要原因并提出相关建议。第 5 章主要从结构上解决公共文化领域中财政资源的结构配置问题。

6）公共文化服务财政支出资金使用效率的衡量及影响因素

这部分研究以解释性为主，一是通过定量研究从财政支出的微观资金使用效率角度，以改善微观资金使用效率增进产出为目标，在 DEA-Tobit 两阶段分析框架下定量研究公共文化服务财政支出微观资金使用效率，以考量支出资金的规模报酬问题。首先通过数据包络分析（data envelopment analysis，DEA）方法使用我国 2000~2015 年 30 个省级面板数据核算公共文化服务支出的综合效率、纯技术效率和规模技术效率，进行聚类分析，比较各地区公共文化服务支出资金使用效率。其次利用受限因变量 DEA-Tobit 模型对效率评价结果与财政分权、文化政策、人均 GDP、人口密度、城市化水平和居民受教育水平等政策变量、经济因素和社会因素的关系进行实证研究。二是在以 F 市千场文艺演出下基层项目为例对公共文化服务财政支出项目绩效评价中项目支出基本情况及项目成效、存在问题进行研究并提出改进建议。三是以 S 市图书馆为例对公共文化服务部门支出绩效评价中项目支出基本情况及项目成效、存在问题进行研究并提出改进建议。

1.3.3 研究方法

主要是规范分析和实证分析相结合的方法：①规范分析。在文献研究中，阐释理论基础，演绎归纳理论框架；定性分析公共文化服务财政支出、文化资本与经济增长的逻辑关系；定性分析财政分权、政府行为与地方公共文化服务财政支出的逻辑关系；定性分析公共文化服务财政支出存在最优规模的内在机理。②实证分析。以统计指标对我国公共文化服务财政支出趋势进行多角度刻画；构建指标体系用主成分分析方法估算评价文化资本存量；运用相关回归模型对公共文化服务财政支出的文化资本与经济增长贡献度进行检验；在巴罗模型基础上构建公共文化服务财政支出最优规模模型并进行实证分析；运用 DEA-Tobit 模型对公共文化服务财政支出进行产出导向的使用效率评价，运用 DEA-Tobit 模型对影响资金使用效率的因素进行分析。

本书数据主要来源于各期《中国统计年鉴》《中国文化文物统计年鉴》《中国财政年鉴》等。本书使用 EViews 6.0、Deap 2.1 等软件。

本书技术路线如图 1.4 所示。

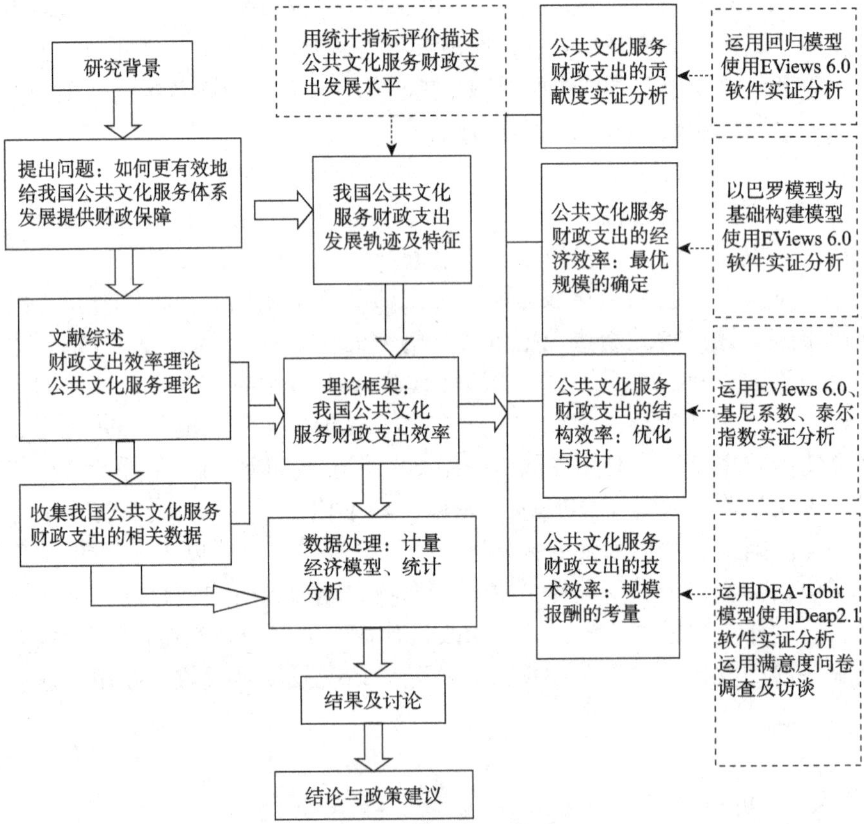

图 1.4　本书技术路线

1.4　本书可能的创新

本书运用财政支出效率理论、文化资本理论以新的视角研究公共文化物品和服务的提供及其体系完善的财政保障机制问题。此外，在研究方法上，在定量实证分析方法方面，基于巴罗模型结合多元统计分析对公共文化服务财政支出的贡献度进行检验，运用 DEA-Tobit 模型对公共文化服务财政支出进行产出导向的使用效率评价，运用 DEA-Tobit 模型对影响资金使用效率的因素进行分析。运用这些方法对公共文化服务财政支出进行研究的文献目前仍未发现。

在研究分析基础上得出基本观点方面可能的创新如下。

一是公共文化服务财政支出规模对文化资本存量和经济增长具有积极贡献。经实证分析，公共文化服务财政支出对文化资本存量在 1%显著水平上贡献度为 0.294，公共文化服务财政支出对经济增长在 1%显著水平上贡献度为正，加大公共文化服务财政支出有利于文化资本存量的增加和经济产出的提高。

二是公共文化服务财政支出存在最优规模，其最优规模为公共文化服务财政支出占财政支出比重的 0.488%。公共文化服务财政支出从长期来看呈增长趋势，但受到财政收入挤出效应和经济发展阶段等因素影响，公共文化服务财政支出对经济增长的正效应并不是单调递增的，公共文化服务财政支出并不是规模越大越好，而是存在最优规模解，经实证分析，公共文化服务财政支出的最优规模解为公共文化服务财政支出占财政支出比重的 0.488%。

三是财政分权是我国地方公共文化服务财政支出占财政支出规模不足的重要解释变量。财政分权对地方干部追求 GDP 政绩的行为产生影响，导致地方政府公共文化服务财政支出在财政支出中比重的减少，而地方政府公共文化服务财政支出占全国公共文化服务财政支出比重平均为93%以上，最终导致全国公共文化服务财政支出在财政支出中的比重下降。

第 2 章　文献回顾及评论

总体来说，国内外对于公共文化服务财政支出效率迄今为止没有专门系统的研究，主要是对公共文化服务财政支出规模、结构、资金使用效率等方面进行较为零散的研究，研究文献较少，这也正好反映出本书所涉及的主题在国内外研究基础仍比较薄弱，是一个需要并且值得投入力量的研究领域。

2.1　国外文献回顾

国外特别是一些西方发达国家早在第二次世界大战结束时就开始对公共文化服务有关问题进行研究，截至目前，它们针对各自国家的不同情况就公共文化服务领域提出的建设性建议已经被付诸实施，并取得一定的成效。例如，国家对公共文化的政策支持、公益性机构的设置与改革，以及现在运用高科技手段改善公共文化服务等。而公共文化服务财政支出在国外往往被称为公共文化支出，其财政理论观点和实证研究内容主要集中在四个方面：一是对公共文化服务财政支出规模变化趋势的研究；二是对公共文化支出规模决定因素的研究；三是对公共文化支出结构模式的合理性探讨；四是对公共文化支出绩效的研究。

2.1.1　公共文化支出规模的增长趋势

国外对公共文化支出规模的研究可以追溯到 19 世纪 80 年代，德国著名财政学家阿道夫・瓦格纳（Adolf Wagnar）在解释瓦格纳法则的经济原因时认为，对于教育、文化、娱乐、保健与福利服务的公共支出增长归因于其较大的服务需求收入弹性，即这些服务的需求会随着人均实际收入的上涨而增加，从而使公共文化支出、公共教育支出等公共支出处于增长趋势，并快于 GDP 的增长。之后在此基础上学者们利用边际分析方法、向量自回归模型（vector autoregression models，VAR）、“协整模型”和嵌套多项式逻辑（nested multinomial logit，NMNL）模型等实证方法对公共文化支出规模变化趋势进行了研究。有代表性且有深远影响的是马斯格雷夫（Musgrave，1959）和鲍莫尔（Baumol，1968）提出的观点。

1）马斯格雷夫的观点：公共文化支出呈增长趋势

在马斯格雷夫（Musgrave，1959）和 Rostow（1959）从经济发展阶段的角度解释公共支出增长及结构的变化原因。由此可以看到他们对公共文化支出规模变化的观点，他们认为公共文化支出是呈增长趋势的。在经济发展的早期阶段，政府投资在社会投资中占有较大份额，所以公共支出中用于公共投资部分的比重很大，增长的速度也很快，用在公共文化方面的支出比重很小。经济发展的中期阶段，政府公共投资继续进行，但此时公共投资只是对私人投资的补充，同时，政府消费性支出和转移性支出都将增加，用于公共文化方面的支出比重开始增加。经济发展成熟阶段，用于解决社会公平的转移性支出，用于文化、教育、卫生方面的支出将会大幅度增加，从而使整个社会公共支出增加。

2）鲍莫尔的观点：公共文化支出呈增长趋势

美国经济学家鲍莫尔（Baumol，1968）从公共部门生产函数中投入品价格的角度，对公共文化支出增长现象进行了解释。他认为文化产出的一个特性：随着社会经济增长，文化部门的工资率与其他部门一起增长，但文化部门劳动力投入具有密集特性，文化部门生产能力无法与工资率成长的速度相一致，从而文化部门产出的价格比其他部门产出的价格更昂贵，导致公共文化支出的增加。

鲍莫尔建立了一个两部门宏观经济增长模型，把经济部门分为两大类：进步部门（progressive sector）和停滞部门（nonprogressive sector，后来鲍莫尔常用 stagnant sector，如公共部门）。进步部门由于规模经济与技术变化造成单位劳动小时的生产率累积性提高，而停滞部门劳动生产率的增长速度大大慢于进步部门的增长速度。两部门劳动生产率提高的幅度不同，而工资要求同比例提高，造成公共文化支出增加。这种被称为“鲍莫尔成本病”的现象解释了公共文化支出规模增长的趋势。

2.1.2　公共文化支出规模影响因素

1. 公共文化支出规模受到收入的影响

学者们对多国的公共文化支出与收入的相关性研究，大多得出公共文化支出规模是追随经济增长路径的。

Withers（1979）查验了澳大利亚各省份之间公共津贴的不同，认为公众收入的增加会使澳大利亚人有更多的文化需求，但支出途径主要是通过政府公共文化支出而不是私人支出实现的。Horlacher（1979）、Frey（2000）发现GDP（收入）或者收入相关变量（如随着较高公共支出而产生的较高收入税）是公共文化支出的主要决定因素，而其他解释变量包括制度因素和公共文化支出则与公共文化支出是一般微弱的正相关关系。Bouckaert（1992）分析了苏黎世歌剧院基金支出与其收入的正相关关系，认为用于文化支出的公共基金也需要依靠收入支持，Hansen（1997）对于哥本哈根皇家剧院支出的分析也得出相似的结论。

Seaman（1981）分析了微观收入变量和公民已经支付的“税收价格”对公共文化支出决定的影响，然而，公共文化支出对收入的依赖不会出现单调递增函数的状况，两者关系是倒U形的，中位收入群体比低收入或高收入群体的需求更多，在高收入群体中如果公共供给物品和私人供给物品之间的替代弹性超过公共支出的收入需求弹性，那么高收入群体的需求也会较多。

2. 公共文化支出规模受到政治变量的影响

基于公共选择理论，公共文化支出规模在一定程度上依靠统治政党意识形态、政治客观环境、政府体制和政治经济周期等政治变量的作用（Alesina and Perotti，1994）。有部分研究者（Schulze and Rose，1998）更认为政治变量会是重要的影响因素。他们认为政治客观环境（如统治政党的意识形态）对公共文化支出影响很大。政党偏重文化经济的发展则在财政的文化政策支持上会有更多的优惠，公共文化支出也会增加。Roubini 和 Sachs（1988）认为政治经济周期中从执政者的角度来说，与增加国民生产总值的增长率相比，选举前从财政上取悦关键选民对选举是很有用的，也容易执行。因此，如果短期选举前的机会主义政策能提高他们再次当选的机会，那么他们会执行短期的机会主义政策，由此包括公共文化支出的公共支出会增多。

国外学者也对公共文化支出政治决定进行了实证检验，得出政府统治政党的意识形态等政治决定因素和公共文化支出有显著相关性的结论，有代表性的包括：Krebs 和 Pommerehne（1995）对德国表演艺术事业机构公共财政支持的政治决定因素进行的实证分析；Schulze 和 Rose（1998）对公共管弦乐财政支持的政治决定因素的分析；Bouckaert（1992）对苏黎世歌剧院财政支持的公民投票问题的研究；Khakee（1988）和 Austen-Smith（1984）提供了一些财政支持文化艺术的公共选择模型理论观点。

3. 过去公共文化支出状态对现期支出有着显著影响

关于文化艺术财政支出的过去决定已经被发现对现在的文化艺术津贴有重要

影响（Krebs and Pommerehne，1995），现在的公共文化支出会对过去的支出形成惯性的依赖。Krebs 和 Pommerehne（1995）的观点也被学者们（Becker and Murphy，1988）从微观经济的角度进行研究与论辩。当消费者积累了能充分参加文化活动的“消费资本”时，参加文化活动的支出将越来越多，容易导致公共文化需求增加，公共文化支出也会随之增加，这对于下一期的预算支出是一个重要参考，由此下期支出往往要依靠当期的支出。

4. 相邻的两个城市的公共文化支出决策会相互影响

这是根据公共财政空间模型研究得出的观点，公共财政空间模型研究是目前西方公共财政领域的一个热点。Geys 等（2005）提出相邻的两个城市的公共文化支出决策会相互影响。Werck 等（2008）进行了更进一步的研究，使用了 2002 年佛兰德语区域 304 个自治市的政府公共文化支出数据分析自治市之间的文化支出政策是否会相互影响，以及如何相互影响。研究结果表明，佛兰德地区自治市的文化支出受它们相邻自治市文化支出状况的影响，这是“习得偏好”和尺码竞争观点影响的结果。当考虑了中央自治市和地方自治市区别的情况下，从数据中会得到复合模式，在自治市之间的空间相互依赖比中央自治市的依赖更重要。免费搭车者的出现成为修补这些自治市相互关系的基础，依靠相邻自治市的相对规模文化支出的空间模式有着很明显的不对称。

5. 综合多方面影响因素实证分析公共文化支出的决定

Getzner（2002）基于 1967~1998 年奥地利公共文化支出的时间序列数据，检测公共文化支出是否追随经济增长路径，对奥地利文化支出时间序列进行平稳性检验，显示文化支出、GDP 与相对价格指数（GDP 与政府支出的比值）是协整的，计量估值进一步表明随着经济增长的文化支出增长对短期波动是敏感的。此外，“鲍莫尔成本病”加强了文化支出的长期增长。过去文化支出增长路径一直是稳定的，而且不依赖于统治政党的思想意识、政府的体制和政治经济周期。

2.1.3　公共文化财政支出结构调整

1. 公共文化财政资金支出结构模式

西方传统高雅艺术财政支出被削减，现代艺术活动财政补贴与扶持需求增加成为欧洲公共文化财政支出的发展趋势之一。西方复制技术与大众传播日益发展，文化艺术出现了大众化趋势，这样传统的高雅艺术受到商品化的冲击导致削减这方面财政支出的观点逐渐增多，逐渐增多的现代艺术活动的财政补贴需求日益增加。这就出现了如何有效安排有限的财政资金用于公共文化支出的问题，也就是如何调配保护扶持传统高雅艺术和资助新兴现代艺术的财政支持比例问题。考虑到高雅艺术对未来社会发展及文化资本的良性影响较之于现代艺术更大，财政支出应优先满足高雅艺术的发展（Roubini and Sachs，1989）。在欧洲文化市场的进一步发育和公共财政功能转变的背景下，资助文化事业的财政支出更应倾向于以补贴和扶持新兴的现代艺术为主。

有学者在英国财政对文化支出的结构模式变迁上进行了研究，认为政府支出规模因素的变化使英国财政资金对文化资助已由艺术导向转向市场导向，也就是财政由更多支持文化机构转向更多支持文化项目及活动。O'Donnell（1997）、Schuster（1999）的观点是，随着政府失灵和政策失灵理论及西方经济滞胀，政府干预经济减少，西方发达国家普遍采用基于市场导向、重视发挥财政导向功能、注重公共文化支出绩效评价的公共文化财政支出的模式。

2. 中央与地方政府的支出及权责的划分结构

Frey（1999）认为分权就是权力下放，把原来集中在中央的管理权力分散到各个行政或自治区域。政府文化行政与财政分权主要是使地方政府能够根据自己的特点管理和扶持发展文化，提高地方财政资助文化的积极性。英国文化管理分权观念的倡导者 Frey（1999）认为，地方财政在文化领域的资助对文化的发展起到相当重要的作用，因而决策的权力必须广泛地从中央转移到地方。Withers（1979）认为世界各国由于历史、国情和公共管理哲学的差异形成了不同的中央与地方支出及职责模式，这些模式主要分为中央集权模式、民间主导模式和政府与民间共建的分权化模式。

2.1.4 公共文化支出效率评价

国外学者主要对公共文化管理机构及公共文化具体机构，如公共图书馆、博物馆、公共广播等的资金支出效率进行了研究。von Hagen 和 Harden（1994）对英格兰的 10 个地方艺术理事会和苏格兰、威尔士、北爱尔兰艺术委员会等文化机构分配的文化支出费用提出了绩效考核的框架，以最优价值绩效指标体系和全面绩效评估体系对公共文化活动设置可测度评价指标，并运用公共支出绩效衡量价值模型进行考量。英国文化、媒体和体育部发布的《政府资助博物馆与美术馆效率与效益》中，讨论了用于政府评测博物馆和美术馆的绩效指标，并提出了一套行业模型，其中包括一个超过 300 项的指标体系，博物馆和美术馆可以从中选择指标用于评价其个体支出绩效水平。

2.2　国内文献回顾

公共文化服务财政支出在我国不少文献中通常被称为文化事业财政支出，尽管自 2006 年起公共文化服务研究已经兴起，但公共文化服务财政支出研究成果还是比较少。有代表性的研究成果主要是作为组成内容出现在文化事业和公共文化服务体系研究著述中，如《公共文化服务体系研究》（陈威，2006）、《中国公共文化服务发展报告》（李景源和陈威，2007，2009）、《文化事业的改革与发展》（罗争玉，2006）等，其他相关研究论文及经验总结散见于相关学术会议、各地文化蓝皮书、《中国文化报》、文化发展论坛网及其他地方报刊媒体。总的来说，大部分属于规范分析及表面简单的数据罗列，观点主要集中在以下几个方面。

2.2.1　公共文化服务体系财政支出的规模总量不足

我国财政支出对公共文化服务体系的构建非常重要，但目前我国公共文化服务体系财政支出规模是不足的。纵向上文化事业经费占全国财政支出比重偏低，维持在 0.4%左右的水平，并且多年来一直维持在一定水平没有增长；横向上与教育、卫生、科技事业费相比，文化事业费占全国财政支出的比重也较低（陈威，2006；曹志来，2006；王列生等，2009；马海涛和程岚，2009；张建欣，2010），2000~2005 年文化事业的财政支出占国家财政总支出和文化事业的基本建设投资占全国基本建设投资比重两个指标偏低（王广深和王金秀，2008）。与目前国际上中等发达程度以上国家的文化财政支出占财政总支出的 1%相比，我国公共文化服务的支出水平还存在较大差距（毛少莹，2007；江光华，2011）。

目前公共文化服务财政投资没有较高层次的法律文件规定明确的量化指标，由此弱化了各级财政及社会各界对公共文化服务投资的法律约束力，从而会出现重经济建设，轻文化建设；重教育、卫生投资，轻文化投资的现象。应以权威性较高的法律形式确定各级预算公共文化服务财政投资增长率、各级预算公共文化服务财政投资占同级财政支出的比重、中央与地方政府财政投资在公共文化服务总投资中的比重等（罗明华，2008；马海涛和程岚，2009；王瑞涵，2010），应从增强地方政府财政的可持续性、优化农村公共文化服务供给决策机制、加强公共文化服务项目资金的绩效管理、拓宽农村公共文化服务供给渠道四个方面对公共文化服务财政进行保障（张青，2015）。

2.2.2 公共文化服务财政支出结构不合理

1. 中央与地方支出结构不合理

对于具有外部效应的公共文化服务和物品的提供，世界各国中央政府都参与了近一半的投资，而我国中央政府对公共文化服务的财政投资占比为10%左右，中央财政支出比重明显偏低，这必然加重地方财政的支出压力（罗明华，2008）。目前我国财政体制中财力划分的总体格局是收入集中在高层级政府、支出则集中在低层级政府。因此需要重新确立我国公共文化服务体系建设中的政府间财权和事权的关系，科学界定各级政府之间的支出责任，充分调动中央与地方的积极性。公共图书馆、博物馆、广播电视网络、文化信息资源网络等公共文化服务基础设施网络建设具有基础性、普遍性和易于量化特征，应以中央财政支出为主，地方财政配合；而文化人才培养、城市社区公共性文化活动、农村节庆文化活动、农村戏曲班社等公共文化物品和服务的提供具有明显的多样性和地域性特征，应以地方财政支出为主，中央财政予以补助或奖励。可将中央、省、县各级政府的财政支出比例调整：中央政府负担 10%~20%，省政府负担 50%左右，县政府负担 30%~40%（江光华，2011）。

2. 地方支出结构不合理

财政支出的区域结构失衡问题严重，长期以来，落后地区和发达地区公共文化事业水平差距明显，东中部的文化财政支出远高于西部。2006 年全国人均文化事业费为 11.91 元，但仅有 15 个省（区、市）超过平均水平（马海涛和程岚，2009；张建欣，2010）。调整优化地区文化支出结构差异，在纵向转移支付上，中央财政收入每年的增量，应当主要用于转移支付，重点确保中西部和农村地区公共物品供给的必要经费；在横向转移支付上，应该规范东部对西部的对口支援，促进其制度化（马海涛和程岚，2009；魏鹏举，2005；江光华，2011）。此外，可以建立科学的各级政府财政支出测算体系。采用“因素法”确定上级政府转移支付规模，将农村人口、人口密度、财政状况、财政努力程度等客观因素作为转移支付测算依据，重点向中西部贫穷地区倾斜。增加财力性转移支付和先进地区以奖代补测算透明度和预见性，调动下级政府对农村公共文化支出的积极性，提高下级政府统筹安排资金能力（王瑞涵，2010）。

3. 城乡支出结构不合理

长期存在的二元经济体制使我国农村地区的经济严重落后于城市，从公共服务支出经费的基数及增长速度看，都远远低于财政对城市的公共文化支出力度（张建欣，2010）。2006 年，国家财政对农村文化建设支出占全国财政文化总支出的比重仅为 28.5%；全国每个农民每年只能享受国家财政 1.48 元的文化支出，而全国人均文化事业费却为 11.91 元（马海涛和程岚，2009）。2002~2005 年财政对城市文化支出总量是农村的 2.75 倍，财政对城市文化人均年支出量是农村的 3.54 倍（王广深和王金秀，2008）。对此各级政府必须科学规划，按照统筹城乡文化发展的要求，以基本公共文化服务均等化为目标，规范转移支付，优化资源配置，形成向农村、基层、困难群众倾斜的公共文化服务体系（马海涛和程岚，2009；王广深和王金秀，2008）；应该加大对农村地区的财政支出，利用补贴等措施引导社会资金投入文化事业，促进文化事业的发展（张建欣，2010）。

2.2.3　公共文化服务体系财政支出资金使用效率低下

1. 资金使用

在资金使用的内容上，文化专职人员和文化兼职人员工资等维持性开支比重高，各文化主管部门往往把财政资金局限在自身主管的事业单位和机构上，而发展经费严重不足，造成财政资金整体使用效率不高，财政资金的投入方式有待进一步优化。应逐步减少固定支出比例，增加动态支出比例，财政补助逐步从对文化事业单位及从业人员的一般支出为主转变为以项目支出为主，提高资金使用效率，逐步建立和完善政府采购制度，对国家有特殊要求和重点支持的文化活动、文化设施建设、科研课题实行招投标制度和中介评估制度（魏鹏举，2005）。

2. 支出项目

在投入项目的内容上，“缺位”与“越位”并存。现实财力决定我国政府所提供的公共文化物品只能最大限度满足人民群众的基本文化需求。但是，当前部分地区文化“超前消费”的现象非常严重，财政支出没有向公众的基本文化需求倾斜，大量资金被用于享乐型文化消费设施的建设。财政对公共文化事业支持在文化项目上缺乏全面的管理和监控与必要的项目评价机制，资金的平均化分配趋势严重，资金使用效率低下（马海涛和程岚，2009）。应加强公共文化基础设施项目建设，在项目选择上，坚持把群众喜闻乐见、具有较大需求的项目作为优先选择目标。在农村加大广播电视村村通工程、乡镇综合文化站和基层文化阵地建设、农村电影放映、农家书屋建设等支出；在城市主要是加大对图书馆、博物馆、文化馆的支出，加强社区文化设施建设力度（马海涛和程岚，2009）；在注重硬件建设的同时，不断加大对软件服务的支出，改变当前“重硬件建设，轻软件服务”的状况（江光华，2011）。

3. 投入范围与政府的投资和管理

一方面，支出范围不合理，导致资金使用效率低下。政府的投资范围不合理，存在明显的“越位”和“缺位”现象。政府对具有一定外部性和外部性程度较低的半经营性事业单位和经营性事业单位的投资和管理，存在明显的“越位”现象，导致这些事业单位对政府投资存在较大的依赖性，加重了财政的负担。另一方面，政府对外部性程度较高的非经营性事业单位的投资和管理，存在明显的“缺位”现象，导致公共物品和公共服务的供给不足，未能有效满足社会成员的公共需要（魏鹏举，2005）。对提供公共文化物品和服务的公益性文化机构和特殊需要保护的文化事业单位，如图书馆、博物馆、文化馆等，国家继续给予经费保证；对准公益性文化事业单位，国家区别情况通过相应的财政补助予以扶持；对经营性文化事业单位，国家给予政策扶持和引导（江光华，2011）。

2.3 文献评论及研究方向

2.3.1 文献评论

国外学者从不同的角度解释了公共文化服务财政支出增长的趋势，但实践中不少西方国家开始削减政府在文化领域的支出，如部分欧盟国家在 21 世纪初为了实现《马斯特里赫特条约》和加入欧洲货币组织的目标，大量减少公共文化服务财政支出（Getzner，2002）；我国部分地方政府也存在为增加其他项目开支而临时减少文化支出经费的现象，导致公共文化服务财政预算支出并没有真正到位。理论与现实的差距在很大程度上是缺乏公共文化服务财政支出积极贡献度理论依据所导致的，因此有必要对公共文化服务财政支出的作用及功能进行进一步探究。学者们从不同角度论述了公共文化服务财政支出规模的影响因素，从长远来看，公共文化服务财政支出虽然是呈递增趋势的，但受到多种因素的影响，公共文化服务财政支出在不同经济发展阶段是否一直存在单调递增，是否存在最优规模，以及如何确定其最优规模等理论有待进一步探索。学者们对公共文化服务财政支出按用途使用结构进行了分析，但仍缺少从职能划分基本支出、项目支出和经营支出等使用结构的定性与定量分析。

此外，地方与中央的文化支出权责问题需要进一步探究。从研究对象看，学者们对于公共文化服务财政支出效率的研究成果主要关注以下三类问题：公共文化管理机构支出效率评价、公共文化具体机构支出效率评价、公共文化服务财政支出项目效率评价。国外相关研究主要存在如下缺陷：一是对公共文化服务财政支出总体使用效率研究仍未涉及，缺乏进行量化衡量公共文化服务财政支出资金使用效率的研究；二是在效率研究方法上主要采取需要繁杂量纲处理的传统效率评价方法。

国内已有文献对总量支出、结构优化和资金使用效率现状及财政调整措施基本达成共识，研究成果多数属于对现象的简单概括及对地方个案的分析，所提出的很多解决办法的数据没有实证理论的支持，只是笔者个人价值的判断，故而政策建议措施缺乏说服力。还有不少问题亟须进一步深入研究：一是对公共文化领域财政支出作用与功能只进行了简单定性分析，缺乏对文化资本存量和经济增长贡献度的量化研究；二是财政需要加大公共文化服务的支出，但在每一经济发展阶段是否支出越大越好、是否存在支出的最优规模及如何确定支出的最优规模等问题都有待进一步深入研究；三是从已有的文献中虽然提到公共文化服务财政支出资金使用效率低下，但仍然缺乏量化衡量公共文化服务财政支出资金使用效率的方法；四是缺乏如何在政府间、地区间和城乡之间更有效优化调整支出资金结构的内在逻辑机理分析及有说服力有针对性的政策措施。

2.3.2　研究方向

1. 公共文化服务财政支出贡献度的进一步定性和定量研究

公共文化服务财政支出贡献度研究可以从经济增长贡献度和文化资本存量的角度进一步研究。可以参考联合国教科文组织和新西兰政府部门所设计的文化指标及其他文化指标，设计文化资本存量水平的估计指标，采用时序全局主成分分析方法对需要研究区域的文化资本存量进行全面客观的评价；使用相关数据，基于巴罗模型运用相关回归模型，实证分析公共文化服务财政支出规模的文化资本效应和经济福利效应，得出公共文化服务财政支出的贡献度。

2. 公共文化服务财政支出最适规模的确定研究

在定性上从财政支出挤出效应和经济发展阶段等影响因素角度，分析公共文化服务财政支出规模（所占 GDP 的比重），虽然在长期来看呈增长趋势，但在每一经济发展阶段都存在最优规模的内在机理。在实证上以巴罗模型生产函数为基础构建最优公共文化服务财政支出估计模型，若证明该函数连续而且是二次可微的，则经济增长是公共文化服务支出规模的凹函数。公共文化服务财政支出的经济增长效应并不是单调递增的，而是存在最优规模水平，即此时的文化财政支出水平达到产出最大化，支出规模过大过小所产生的产出效果都会偏离社会福利最大化状态。在上述基础上构建公共文化服务财政支出最优规模的理论框架，实证分析公共文化服务财政支出最适规模值。

3. 公共文化服务财政支出结构调整研究

在中央与地方公共文化服务财政支出上，运用公共选择理论分析政治市场下各行为主体——选民、政治家、干部、利益集团对地方公共文化服务财政支出规模的影响并提出解决办法。用泰尔指数分析地区之间与城乡之间差距的原因并提出政策建议。

4. 公共文化服务财政支出效率研究

可以摒弃传统的需要复杂量纲处理的效率评价方法，采用 DEA 方法通过评价公共文化服务财政支出的综合效率、纯技术效率和规模技术效率研究公共文化服务财政支出微观资金使用效率，并在此基础上运用 DEA-Tobit 模型分析影响公共文化服务财政支出微观资金使用效率的因素。

第3章　公共文化服务财政支出效率的理论基础

3.1　财政支出效率理论

3.1.1　效率与财政效率

1. 效率

效率的基本定义是指支出与产出之比，实质上就是支出经济资源（包括人力资源、财力资源与物质资源）与产出之间的比较。效率，在最普遍意义上，是所拥有的生产资源与其所形成的物品或服务效用之间的关系。如果支出最少的经济资源能够达到产出最大，效率无疑是很高的。相对满足人们无穷欲望而言经济资源是稀缺的，要更好地满足人们的需要，就需要将资源按一定方式进行优化组合和有效利用，以便以尽可能少的资源生产出满足人们需要的物品，这就是资源配置。资源配置就是为了更好地满足人们的需要对资源进行优化组合。每一种社会经济制度都面临着把其稀缺资源在社会所有领域进行高效率配置的问题。

资源配置让效率得以实现，属于经济活动的根本性原则，市场经济运行里的帕累托效率（Pareto efficiency）是资源配置进入理想化状态的表现，此种状态若是出现变化，必然不会让参与到此项经济活动里的人境况转好，也不会让其他人的境况变得更糟。相反，若是某项资源配置状态产生变化的程度使得某境况发生改变，还不会让其他人的处境变糟，此种状态就被叫作帕累托无效率（Pareto inefficiency），这意味着原有的资源配置状态并非达到最佳，而是存在调整的余地。对于市场经济里的帕累托效率而言，在符合三个条件的情况下才能够实现：一是商品市场达到最优配置，达成交换效率，也就是任意两个消费者的任何两种商品的消费边际率均相等；二是要素市场的最优配置，也就是达成生产效率，任何两种要素商品的生产者的所有两种生产要素边际技术替代率都相等；三是商品与要素市场可以共同达到最优配置，即达到综合效率，任何两种商品的消费边际替代率与这两种商品的边际技术替代率都相等。在实际经济活动中，资源配置是很难达到帕累托效率的，帕累托效率实际上是一种理想状态效率，然而帕累托效率却能为各种现实效率状态提供良好的参照，越靠近帕累托效率的资源配置状态越好。

2. 财政效率

在目前的市场经济社会中，在解决资源配置效率时，市场机制是最接近帕累托效率的机制，市场机制的效率是处于基础地位的。只是市场机制难以处理好所有领域中资源配置效率问题，公共物品的有效供给无法完全凭借市场机制来解决。社会成员的需求包括私人需求与公共需求，满足社会成员私人需求与公共需求的物品分别是私人物品与公共物品，社会资源就是用来生产私人物品与公共物品的，满足社会成员的私人需求与公共需求。市场机制能够有效地提供人们需要的物品是以该私人物品具有效用可分割、竞争性、排他性、拒绝性为前提的，市场机制无法有效地提供具有效用不可分割性、非竞争性、非排他性的公共物品及具有很强外在性的混合物品，但这些公共物品和混合物品又是满足人们需要必不可少的，这就需要非市场机制进行提供，以弥补市场机制的缺陷，这种非市场机制就是公共财政机制，即满足社会公共需要以政府为主体进行的经济活动（分配活动）。效率是经济活动的核心，市场机制是人们发现的使经济有效运行的重要机制，那么非市场性的财政机制怎样得到与市场机制相似的效率，逐渐变成公共财政学研究的关键领域和制度构建必须解决的基本问题，这就是下面要论述的财政效率问题。

财政效率是一个国家或地区为维系和调节政治、经济、文化和社会运行，以多种财政手段，在政府实现政治、经济、文化和社会职能中，使各公共资源生产要素达到最佳的配置，以满足人们的需要。财政效率属于特殊的效率领域，是效率在财政领域的反映。

在宏观层次上，财政效率主要表现为合理确定财政收入和支出规模，以满足为履行各项政府职能所必需的资金需要。一方面，财政收入能够满足政府履行各项职能所需要的资金；另一方面，在收入规模上，要尽量考虑财政对整个社会的经济承受力，财政收入不能过多地占用私人部门资源；在支出规模上，要考虑政府支出的挤出效应，因为过度扩张势必影响私人部门投资及消费。

在中观层次上，财政效率主要表现为合理确定财政收入结构与支出结构。一方面要合理确定财政收入的结构，包括政府各项财政收入来源中不同收入形式

（税收、费用、国债等）所占的比重，以及各税种在税收中所占的比重；另一方面要合理确定财政支出的结构，即政府在不同领域中的财政支出比重。

在微观层次上，财政效率主要表现为政府具体运用财政工具时所体现的经济效率原则。也就是财政收入与支出的行政效率原则及财政的具体运营环节的财政资金使用或耗用效率原则。前者主要就是在实际使用财政工具的过程中，尽量降低政府行政人员占用财政资源的额度，以提高行政效率。后者是指财政资金使用的方式、途径和内容的公共资源产出程度。

3.1.2 财政支出效率及评价

1. 财政支出效率的主要内容

财政支出效率是效率在财政支出中的反映，也是效率研究的特殊范畴，是指政府以各种财政支出方式，为实现政治、经济、文化和社会职能，使各公共资源生产要素支出达到最佳的配置状态。财政支出效率就是在财政支出过程中所体现的效率问题。要了解财政支出效率，首先需要了解财政支出的内容，这主要集中在三个方面：一是财政支出的范围与结构，财政支出范围的确定解决的是财政资金的分配对象及规模问题，财政支出结构解决的是财政资金分配所占份额问题；二是财政支出方式与手段，对于财政支出方式与手段的选择解决的是怎样分配资金问题；三是财政支出资金使用成绩与效果、资金使用成绩与效果的管理是解决财政资金分配的结果问题。三者相互促进与关联，构成了特定阶段的国家财政支出管理体制。实质上，财政支出效率就属于财政支出这三个方面所存在的效率问题，实际上也就包括宏观财政支出总量资源配置效率、中观财政支出结构配置效率和微观财政支出资金使用效率。

1）财政支出宏观资源配置效率与中观结构优化效率

从政府资源配置的效率角度来看，资源配置是在财政预算约束条件下及消费者对公共物品的偏好下，政府进行的一种对公共资源接近帕累托效率的配置。

政府资源配置效率包括两方面：一方面，财政支出在公共物品和公共服务总量规模的合理水平，主要体现在合理分配私人市场和社会公共领域间的资源相关比例（宏观财政支出总量资源配置效率）。具体而言，社会资源中有多少是用于公共领域，有多少是用于私人物品（具有竞争性和排他性的物品）生产；财政把以税收等形式集中起来的资源投入政治、经济、文化和社会等不同领域范围，以及按照其对经济增长或者社会发展的影响确定最优投入规模。政府的职能范围或权力边界是决定公共财政支出配置效率高低的首要因素。在财政资源配置效率的解释中，明显体现了财政分配合理的比例性问题，一是政府部门与私人部门配置资源的合理比例性，体现了政府部门占用经济资源的适度性问题；二是政府在运用资源履行相关职能时的合理比例程度，体现了政府部门使用财政资金的合理比例性问题。就公共财政而言，支出项目存在差别，其匹配的效用函数也存在差别。公共财政资金是存在限度的，在其被投到某领域时，也就代表挤占了其他领域的财政资金投入额。不同领域的财政资源配置效率也需要以帕累托效率作为标准，即某项财政支出所生成的福利社会增加额正好与其他各项的财政支出受到其影响而缩减的社会福利额一致。

另一方面，财政支出结构优化水平，具体就是政府基于达成社会的各种公共需要的目的，在履行职能的过程中所产生的各项支出间合理支出配置比例或者各职能支出内部所显现的支出最优比例情况，也就是中观结构优化效率。中观结构优化效率主要体现在资源在政府纵向层级中的分配比例及在横向上地区间、城乡间支出范围的财政配置。政府在纵向上具有从中央到地方省、市、县、乡镇等多层级性，资源在不同层级政府间会发生配置，在同一层级不同部门间也会发生不同比例的配置，这些资源配置结构效率也是其中重要内容。资源配置结构效率要求相关支出比例达到最优状态。公共物品资源配置的效率，关键就是是否对公众的公共消费需求形成清晰认识，公共物品的消费规模及结构的关键性影响因素就是居民偏好。整体来看，公共物品资源配置的效率性主要来自政府依照居民的需求选择进行配置的程度。

2）微观财政支出生产技术效率

微观财政支出生产技术效率，也称为财政支出资金使用效率，财政支出资金使用效率主要包括公共部门资金使用效率和财政专项资金使用效率。公共部门资金使用效率是指在公共部门（如公共教育部门、公共文化部门、公共卫生部门等）履行其职能时，利用一定的生产资源达到最大产出或者在生产一定量产出时实现的最小支出。这时的财政效率是指在该公共部门履行职能时支出与产出的关系，也可以说是成本与收益之间的关系，即该公共部门支出的资金与形成的公共物品和公共服务之间的对比关系。公共部门资金使用效率主要通过部门财政资金支出绩效进行衡量和评价。财政专项资金使用效率，是指上一层级政府拨付本行政区域和本级政府或本层级政府拨给本层级政府相关部门，用于公共服务供给、公共安全、社会保障、经济建设及政策补贴等方面具有指定用途、实现指定目标的资金支出与产出及效果之间的关系。财政专项资金的支出都会要求进行单独核算及专款专用，财政专项资金效率往往是通过财政专项资金的绩效进行考核与评估的。

公共服务财政支出技术效率反映的是政府在既定技术水平和支出水平下获得最大公共服务产出水平及效果状态的能力。当公共部门能够按最低成本提供公共服务的最适产出水平和公众效果时，说明该公共服务财政支出技术是具有效率的，如果公共部门未能按最低成本提供公共服务的最适产出水平和公众效果，说明该公共部门的制度中存在技术低效率的问题。根据管理运筹学的大量应用研究，所有生产效率达到最优几乎是不可能的，任一生产只能寻获与本系统生产状况相适合的最适效率。无论是公共服务的公共部门生产效率，还是公共服务的专项资金支出效率，其评价目标量化衡量大多具有技术难度，较多属于公众主观评价，公共服务产出主要通过服务数量衡量，而服务质量往往通过公众主观满意度获得。其生产效率最优状况也是难以明确衡量的，因此通过公共部门财政支出相对效率的评价，来寻求适合公共部门提供公共服务的发展方向及可能达到的效率改进目标。

财政支出的配置效率与生产技术效率属于相互依存的关系，财政支出的宏观资源配置效率和中观结构优化效率是财政支出效率的基础与前提，微观资金效率是财政支出效率的保证。财政学家普拉丹（2000）在其著作《公共支出分析的基本方法》中对政府支出效率的基本环节进行了分析。具体包含以下几个方面：一是分析公共和私人部门的职能范围，其属于针对资源在公共部门或私人部门分配进行的分析，具体内容就是公共需求及供给的性质，明确市场存在哪些方面缺陷需要政府进行配置。二是分析支出与产出的社会效益，通过分析比较不同支出方案的成本效益，挑选出让社会福利实现最大化的支出配置。三是分析支出对贫困群体所产生的影响，其属于针对利益归宿进行的分析，探析公共支出对各类收入群体，特别是贫困群体获得收益的多少。

2. 财政支出效率评价标准

从福利经济学先驱英国经济学家霍布森（Hobson）到福利经济学之父庇古，再到新福利经济学代表柏格森和萨缪尔森，他们都认为经济学的中心任务就是提升人类福祉。而属于经济资源配置中最为关键构成部分的政府公共资源配置的实质性目标就是达成社会福利的最大化，社会福利属于社会生产的最终目的，其逐渐变成界定政府公共财政支出效率的标准，即财政支出宏观资源配置、中观结构优化与微观资金使用效率都是以福利的改善为目的。

社会福利包含非经济福利和经济福利，非经济福利与自由、家庭、友谊、正义及和谐等内容相关，经济福利具体涉及经济效率。尽管非经济福利与人类幸福感的形成和变化息息相关，其却无法用货币表现，难以量化①，无法融入国民福

① 20 世纪 70 年代以来，在西方国家，与社会福利有关的各种指数纷纷产生。例如，莫里斯的“物质生活质量指数”（physical quality of life index，PQLI）、德雷夫诺斯基和斯科特的“生活水平指数”、麦克拉那汉的“发展指数”、联合国开发计划署的人文发展指数（human development index，HDI），以及美国社会保健协会（American Social Health Association，ASHA）指数等。但是这些指数考察的范围过于狭窄，并没有覆盖全部的社会福利，而且在方法上也有值得推敲的地方，因而无法准确地描述一国在一定时期内社会福利的增长速度。因此目前理论界中依然没有一个完善的并得到普遍认同的量化社会福利的指标。

利核算的研究框架之中，因此目前绝大部分关于福利的量化研究基本以易于计量的经济福利的边际效用为基础，在两方面展开：其一就是人们实际收入增加能够形成更大的福利，其二就是富人把其财富向穷人转移，能够有效地提升整个社会的福利。因此作为财政支出核心的财政支出效率，其经济福利具体表现在经济增长①与公共资源公平分配两方面。财政支出效率是以经济增长为导向的公共文化服务财政支出规模的适度性、以公共资源文化领域分配公平性为导向的公共文化服务财政支出结构的合理性，以及以公共文化物品产出为导向的公共文化服务财政支出资金的高效性三者的结合体。

1）财政支出规模的适度性

财政支出规模的适度性主要反映在公共财政支出经济效率的实现上。经济效率常常是指财政支出的资源配置效率以财政支出对 GDP 的贡献程度进行评价。主要包括两点：一是任意单位财政支出所产生的GDP或者财政支出对GDP 贡献的绝对增量。通常情况下使用公共支出增量和 GDP 增量的比率来表示，其实质上属于公共支出和经济增长的关系。二是财政支出到什么程度能够使得经济增长达到最大化的状态，也就是财政支出最优支出规模问题。

对于政府公共支出规模的数量决定问题，在西方国家古典学派就开始对公共支出规模做了论述。“廉价政府”的财政思想认为公共支出是非生产性的，资源从生产性的资本转为非生产性的公共支出必然效率低下，因此要尽可能限制政府活动范围以减少公共支出。后来新古典综合派、福利经济学派及内生增长理论学派都对政府公共支出规模问题做了不同的研究与论述。

第一，配置公共物品的边际效用理论。英国经济学家庇古属于此理论的代表性人物，其在《福利经济学》一书中提出了基数边际效用理论，资源最优配置的标准就是边际私人纯产值与边际社会纯产值一致，即在公共物品及服务的边际效益与税收边际效益一致的情况下，公共物品供给就具备有效性。他将社会成员在公共物品消费中获得的边际效用，与社会成员向政府缴纳税款的边际负效用联系起来。公共物品的边际效用事实上是社会边际效用，税收的边际负效用能够看作是由于纳税所放弃的私人边际效用。公共物品消费持续增多的情况下，社会成员在增长的公共物品消费里得到的边际效用会有所减少；同时，纳税的边际负效用却逐步增加，说明利用社会有限资源所生产的私人物品逐渐减少。当社会边际效用等于纳税的边际负效用时，就属于政府公共支出规模的均衡点。庇古的观点也存在一定不足之处：一方面，难以对基数效用进行合理量化衡量，难以确定基数标准；另一方面，公共物品的边际效用与纳税的边际负效用相等是对整个社会来

① 福利经济学创始人庇古教授在《福利经济学》一书中提出经济福利等于国民收入的命题，为国民福利核算的研究奠定了理论基石。

说，而就个人而言，出现部分人消费公共物品的边际效用并不和其所纳税的边际负效用一致，就会产生分配不公的情况。

第二，瑞典经济学家林达尔（Lindahl）的自愿交换理论。其提出若是任意一个社会成员都能够依照其获取的公共物品或服务的边际效益大小，贡献出其本身需要分担的公共物品及服务的资金费用，那么公共物品的供给量就能够实现最佳效率水平，也就是达成“林达尔均衡”。他假设一个社会中只有 A、B 两个人，假设 A 的税负为 t，则 B 的税负为 $1-t$，政府的公共支出费用为 G。当 t 发生改变时，A、B 对公共物品的需求数量也会发生变化，那么，A 和 B 对多大的公共支出规模会存在分歧呢？这必须寻找一个适当的 t，此时，A 和 B 都同意该点所对应的公共物品 E 的支出规模，E 点就成为 A、B 对公共物品需求的均衡点，也就是政府公共支出规模的均衡点。

第三，萨缪尔森的公共物品最优数量模型。此模型具体对下面的问题进行了刻画：凭借传统微观经济原理，得出了政府提供的公共物品的社会总需求曲线；阐明了不可能通过市场手段来实现公共物品配置最佳规模的必要条件；建立了公共支出理论的一般均衡分析模式（考虑了资源的配置和收入的分配）。

第四，道尔顿（Dalton）的最大社会收益理论。基于一系列假定条件，其把生产与经济—公共物品的社会收益和社会成本密切关联，之后使用社会总收益（total social benefit，TSB）曲线来展示此种关系。若是财政支出不断增加，TSB 曲线就会趋于扁平化。在社会边际效益（marginal social benefit，MSB）和社会边际成本（marginal social cost，MSC）一致的情况下，社会收益会达到最大值。在政府公共支出规模的最优数量决定中合理应用此原理，得出特定领域的财政支出和政府总支出，其均能够把规模增加到社会边际收益和社会边际成本一致的点上，在此情况下，公共支出所带来的公共收益就达到了最大化，也就变成了政府公共支出规模最优数量的最大影响因素。

第五，巴罗模型的生产函数法。国外学者对政府支出规模采用数据实证分析研究整体是在巴罗模型的基础上加以改进的。一般采用巴罗模型内生增长的生产函数法来分析，并在衡量政府支出规模数量研究后表明政府支出对总产出具有重要贡献。

下面介绍巴罗模型把财政支出引入生产函数的政府支出规模问题。

假定国民经济总产出的生产函数为

$$Y = F\left(K, N, \frac{G}{N}\right) \tag{3.1}$$

其中，Y 是实际国民经济总产出；K 是期初的资本存量，包括私人和公共的资本存量；N 是就业数量；G 是政府支出。假设 F 连续 2 次可微，F 是 K、N 和 G

的一阶齐次函数，且偏导数 $F_i' > 0$ ，$F_i'' < 0$ ，同时 $i = K, N, G, g = G/N$ ，对生产函数求关于时间的导数，得出：

$$\frac{\mathrm{d}Y}{\mathrm{d}t} = \frac{\mathrm{d}F}{\mathrm{d}N} \cdot \frac{\mathrm{d}N}{\mathrm{d}t} + \frac{\mathrm{d}F}{\mathrm{d}K} \cdot \frac{\mathrm{d}K}{\mathrm{d}t} + \frac{\mathrm{d}F}{\mathrm{d}g} \cdot \frac{\mathrm{d}g}{\mathrm{d}t} \quad (3.2)$$

设 $\alpha = \frac{\mathrm{d}F}{\mathrm{d}N} \cdot \frac{N}{Y}$ 、 $\mathrm{MPK} = \frac{\mathrm{d}F}{\mathrm{d}K}$ 、 $\mathrm{MPG} = \frac{\mathrm{d}F}{\mathrm{d}G}$ ，相对应变量的时间导数为 Y^* 、N^* 、 K^* 、 g^* ，则式（3.2）可转化为

$$\frac{Y^*}{Y} = \alpha \frac{N^*}{N} + \mathrm{MPK} \frac{K^*}{Y} + \mathrm{MPG} \frac{g^*}{g} \cdot \frac{G}{Y} \quad (3.3)$$

其中， α 是就业的产出弹性；MPK 是边际资本产出；MPG 是政府支出边际产出。对式（3.3）进行计算，可以验证政府支出是否属于生产性的假设，原假设 H_0：MPG=0，政府支出属于非生产型的，即私人资本的生产率并不会被政府支出影响，在此情况下政府支出增加的效率就是 0，研究假设 H_1：当 MPG>0 时，政府支出属于生产型的。使用内生增长模型对公共财政政策进行分析时，巴罗得出 MPG=1 是政府支出最优的自然效率条件。其理由如下：供给任意一单位公共服务都需要政府消耗一单位的资源，即公共服务的边际成本就是 1，依照边际成本和边际收益对等的理论，MPG=1 属于可以决定政府规模的自然效率条件。自然效率条件对应着最大化的经济增长率，简而言之，当增加 1 元政府支出时，也可以让产出增多 1 元，在此情况下，政府支出规模就达到了最优化；若是增加的产出要比 1 元大，政府支出就属于供给不足的状态；若是增加的产出要比 1 元小，政府支出就属于供给过度状态。依照式（3.3）就可以对政府支出是否最优供给的假设进行验证。原假设 H_0：MPG=1，政府支出 G 为最优供给；备择假设 H_1：MPG<1，政府支出 G 为供给过度；备择假设 H_2：MPG>1，政府支出 G 为供给不足。

假设 G 的产出弹性为 γ、政府规模为 s，其中 γ=MPG（G/Y），s=G/Y，由此可知 MPG= γ/s，那么由 MPG=1 可知政府的最优规模为 $s = \gamma$ 。将 MPG（G/Y）= γ 代入式（3.3）得

$$\frac{Y^*}{Y} = \alpha \frac{N^*}{N} + \mathrm{MPK} \frac{K^*}{Y} + \gamma \frac{g^*}{g} \quad (3.4)$$

其中，α 、MPK 和 γ 是待估参数。将式（3.3）及式（3.4）右边加上随机误差项及常数，就是估计最优政府规模模型。

2）财政支出结构的合理性

财政支出结构涉及公共支出的公平问题。公平作为衡量公共财政支出效率的标准，主要是指由财政支出所实现的收入再分配是否公平的问题，也就是由公共支出分配形成的公共服务与物品是否公平的问题，其实就是财政支出的资源在结

构配置上是否公平的探讨。

有关公共财政支出的最优结构比例问题，Aschauer（1989）对此进行了相关研究：假定政府管理技术水平和国家社会经济规模不变，已知政府公共支出中经济性支出和社会性支出的支出产出函数；社会消费者保留对政府经济性支出服务和社会性支出服务具有不同消费效用函数的穷人和富人，财政支出总体规模不变。借鉴最优公共物品供给模型分析，能够得知公共支出结构效率最优的均衡点，其均衡条件为经济性服务支出与社会性服务支出的边际转换率恰好与穷人和富人对此两类服务消费的边际替代率相等。

公共支出结构效率最优的均衡具有明显的实际含义：在不同历史时期收入及收入分配水平和与之对应的税负水平及税负公平程度上，人们对于公平及效率的偏好也存在一定的区别，公共服务的边际替代也存在差异，在此情况下，政府就需要依照人们的偏好调整公共服务供给，寻求经济效率与社会效率两者结合的均衡，寻求最佳结构配置效率的均衡点。

3）财政支出资金的高效性

公共物品生产和供给的高效性是指把公共部门看作公共物品的“厂商”的“生产效率”，政府公共部门依照最低成本来从事生产，并提供最优化的公共物品及服务水平与结构。假设资源配置不发生改变，资金使用效率的决定性影响因素就是公共部门内部的组织管理情况。只是依照公共选择理论得知，政府并没有常常将社会福利最大化视为自己的目标，政府所提供的公共服务面临受托责任和受托行为的“逆向选择”和“道德风险”问题，政府雇员和政治家与政府的公共利益的目标存在必然的差距，导致政府失灵，政府公共资源配置方式进一步复杂化，探究政府公共部门公共财政支出效率问题势在必行。

3.1.3　公共文化服务财政支出效率

公共文化服务财政支出是财政支出不可或缺的组成部分。公共文化服务财政支出效率是指政府对公共文化进行支出的财政资金配置与取得的实际效果的比较关系，主要包括公共文化服务财政支出的宏观资源配置效率（公共文化服务财政支出在财政支出中所占比重的适度性）、中观结构优化效率（公共文化服务财政支出结构的合理性）和微观资金使用效率（公共文化服务财政支出资金运用的有效性）三个方面。

按照 3.1.2 节中财政支出效率评价标准，本小节所研究的公共文化服务财政支出效率也是沿着易于计量的经济福利方向进行探索：一方面研究公共文化服务财政支出对人们实际收入增加带来的更大福利的影响；另一方面研究公共资源在文化领域的公平分配使整个社会文化领域福利增加的影响。因此作为公共文化服务财政支出核心的公共文化服务财政支出效率，是以经济增长为导向的公共文化服务财政支出规模的适度性、以公共资源文化领域分配公平性为导向的公共文化服务财政支出结构的合理性，以及以公共文化物品产出为导向的公共文化服务财政支出资金的高效性三者的结合体。

第一，财政对公共文化领域的支出规模上，财政用于公共文化领域的资金总量在同期财政支出总额中所占比例，是否有利于为人们实际收入增加带来更大福利，是否符合财政资金有效配置的客观比例性要求及文化发展对公共物品和服务的需要，体现了公共文化服务财政支出与经济增长的关系及公共文化服务财政支出适度规模的确定。

第二，在公共文化服务财政支出中的文化资源分配公平上，表现为在纵向上中央与地方之间公共文化服务财政支出比例关系，在横向上地区之间、城乡之间的支出比例关系，公共文化服务财政支出结构说明了公共文化资源在不同层级、不同地区、城乡间的配置状况。公共文化服务财政支出也需要在纵向各级政府间和横向各地区间实现帕累托效率最优，使其最大限度地满足最大部分人们的各种需要。

第三，公共文化服务财政支出资金使用效率是整体公共文化服务财政支出效率的微观保障。公共文化服务财政支出投放到各个公共文化部门，各个公共文化部门“生产”文化物品和服务，当一定量财政文化支持资金的使用，提供更多符合质量要求的文化公共物品和服务时，公共文化服务财政支出微观资金使用效率就越高，人们的公共文化需求越能得到满足。

因此本书以经济福利为导向，研究的公共文化服务财政支出效率就是宏观资源配置效率、中观结构优化效率与微观资金使用效率构成的组合效率。本书研究的基本框架也是以此展开的。

3.2 公共文化服务理论

3.2.1 文化、公共文化与公共文化服务

1. 文化

源于拉丁文 cultura 的“文化”原意为“土地农作物的耕作和栽培”。15 世纪后，该词内涵发生转变，逐步引申为“个体身体和精神素养的培育”，这标志

着人类文明的开发和进化。目前为止，文化的概念已经成为一个包含多元素的集合，而这个集合的范围却因时代差异、视角不同、研究目的相异而不同，“文化”概念至今依然没有一个公认及一致的认识。尽管如此，我们仍然可以从人类学、文化学、社会学及经济学视角及研究目的理解文化这一概念的内涵。

1）人类学对文化的解释

人类学对文化的解释：人类学家泰勒（2005）在《原始文化》一书中认为“文化是社会思想内涵的一个复杂整体，它包含的基本内容有知识、信仰、意志、道德、伦理、制度、风俗等内容。同时也是促进人类适应自身环境和改善生活方式过程的总体反映”。20 世纪 30 年代英国著名人类学专家马林诺夫斯基所著的《文化论》中，把文化分为物质的文化（已改造的环境）和精神的文化（已变更的人类有机体）。英国著名的人类学专家拉德克利夫布朗就曾对文化做出如下概括：文化是社会个体基于特定的社会群体内部，在和其他个体进行接触期间所学习的知识、技能、体验、观念、信仰和情操，该过程是在相互交往中进行的，实际上是思想、感觉和活动的方式。文化功能的发挥是建立在社会构造基本组织形式之上的，一旦失去社会构造保障，文化就无从谈起。1951 年英国人类学家弗思在《社会组织要素》一书中认为，文化就是社会。文化随社会内涵变化而变化。法国人类学家列维·斯特劳斯认为：“文化是一组容易与其他人群相区分的行为模式，在某一时期流行于一个群体中，并显现出清晰的非连续性”，这是从行为规范和模式的角度给文化做的诠释。

2）文化学对文化的解释

美国文化学家克鲁洪在《文化概念：一个重要概念的回顾》一书中，通过对社会内存在的不同文化定义加以归纳后得出：“文化是社会不同内涵和外显模式的根本体现，它主要通过不同的符号形式在社会群体内进行传播和灌输，最终构建成一种特殊的社会成就体系。其主要表现社会不同类别的物品：文化的基本构成要素，如传统思想观念和价值观，其中价值观最为重要”。澳大利亚经济文化学家戴维·思罗斯比（David Throsby）认为，文化包括两个层面：一个层面是以文化产业为主的活动总和；另一个层面是社会的价值和习惯。

3）社会学对文化的解释

美国社会学家 David Popenoe 指出，文化是一个群体或社会共同拥有的价值观和意识体系，包含价值观及意识具体化物质形态。通过观察不同成员的教育过程，社会的个体获得相应的文化素养。基于人类发展的基本属性，文化具有基础性的行为导向功能。著名的社会家 Robin Fox 提出：在性质上，文化和本能基本是相通的，其中多数的行为构成具有本能化的行为特征，是一种潜在意识的直接体现。通过一定的刺激信号可引起潜意识的反应过程，社会个体在生存和发展期间，往往会无意识地将社会行为习惯带入思维方式，并形成文化密码。

4）经济学对文化的解释

速水佑次郎和拉坦（2000）在诱导创新模型中，把“文化禀赋”作为一个引申变量，认为文化禀赋涵盖“经济学家们时常归于习惯偏好中的相关因素，以及政治家们隐含于意识形态之中的因素”，文化禀赋不仅包括偏好，还包括宗教和意识形态。他们认为“当事情和事件相互联系时，这些事情和事件成了文化”。而后，日本著名的社会学家青木昌彦等（2002）指出，在经济社会结构的各种要素中，“文化”是与“制度”相并列的重要因素。“文化”能视为处于该经济社会中的人们所共有的价值观。人们的价值观可通过他们各自的偏好进行反映。价值观也可以理解为：属于该经济社会的多数人所共有的社会福利函数。费孝通（1946）认为文化内涵应包括作为生活资料和生产工具的器物层次、价值观念层次、社会组织层次三个层次，其中价值观念层次包括风俗习惯、宗教信仰、意识形态、伦理道德与科学假说等价值观念，是一系列价值观念的集合，社会组织层次包括生产组织、宗教组织、政治组织、国家机器等，他综合了其他文化的理解并补充了实物的文化现象。

从以上各学科对文化的定义和解释，可以看到文化的概念广义上主要涵盖部分生产要素（如生产工具）、技术（包括知识、才能）、制度（包括法律、组织、精神生产能力）和价值观念（包括道德、风俗、信仰、习惯）， 而这些都是经济增长的主要解释变量，同时这个概念还包括由于经济增长所带来的产出，包括所有物质财富（如生活资料和生产资料）和精神财富（如文明状态、艺术、文化活动）的总和。而从狭义的角度，文化这个概念可以界定为价值观体系，与要素、技术和制度一样，文化也可以作为经济增长的主要解释变量。价值观可以看作某一个体针对特定的对象（如自然社会中的人、事、物等）存在属性和重要程度的主观评价。其一，价值观是价值追求和价值取向所塑造的价值目标。其二，价值观评价尺度和标准的不一，也使价值观形成了不同参考标准。从群体和社会的组织形式不同层次来看，当社会条件、社会环境发生变化时，价值观必然发生更替和拓展。对社会各类客观事物重要程度、主次排序的判断构成价值观体系的主要内容。价值观和价值体系最终成为人们从事社会活动、消费实践、资源分配等方面行为的思想动力。体现为价值观体系的狭义文化概念，在外延上包括态度偏好（如勤劳、节俭、冒险、创新）、意识形态（如宗教信仰、民主理念、民族主义）、伦理道德（如忠诚、信用）等。而广义文化概念在外延上还应包含技术、制度与部分生产要素。

2. 公共文化

1）公共文化的内涵

公共文化的内涵是指具有公共性、公众性和公益性等内在本质的文化，通过有形公共文化物品和无形公共文化物品进行承载及体现。公共文化在价值属性上具有特殊意义，它是培养和塑造人们社会公共观念、社会归属、相近认知和文化素养的文化整合过程。

公共性是公共文化的基本属性和特征。它主要体现为公共文化物品具备的纯公共物品或准公共物品属性。与私人物品属性不同，公共物品具有普遍的非竞争性和非排他性的基本内涵。

非竞争性是指当某一个体对公共物品或公共服务进行消费时，不会影响或排斥其他个体或组织对该公共物品或公共服务的消费质量和数量。也就是在未产生拥挤之前，无须考虑成本发生的变化。简言之，消费者的增加不会对边际成本带来任何的影响，消费者增加，但消费数量和质量不减少。对于公共文化物品的消费不是单纯的占有和消耗，而是依靠文化艺术积累形式得以彰显。在人们对文化物品的消费过程中，其属性价值不发生任何的削减，甚至会得到无形的积累和丰富。例如，当某一个观众在欣赏一个绘画艺术品时，其他人也可以同时对其进行观赏和评价，而其中的消费成本不会发生任何形式的增加。又如，一个听众在倾听大众广播的同时，不同地区的人们也可以同时收听同一频道的节目，而整个栏目的策划、编排成本始终保持不变。

非排他性是指在技术上不可能将拒绝为它支付费用的个人排除在公共物品或服务的受益范围之外。也就是任何人都不可能不让别人消费它，无法排除一些人“不付费便可消费”，即使有些人想独占对它的消费，在技术上也是不可行的，或者在技术上可行但成本过高，因而是不值得的。在社会基本范畴内，社会公共文化物品要面向全体社会成员公开消费。例如，一个城市广场内的雕塑、一场公益演出，任何社会个体都具有无偿消费的平等权利。

一旦一个社会的公共文化物品具备了非排他性和非竞争性，我们就可以将其定义为纯公共文化物品。通常而言，这类物品属性和国家文化主权、信仰、历史、安全等根本意志存在关联性。如果具有非竞争性和排他性的公共文化物品称为俱乐部型公共文化物品，那么它们通常会具有相当的饱和界限属性。具体而言就是，当物品未达到饱和状态时，消费数量的增加不会对消费质量和成本产生影响，同时依然具备特定的非竞争性。然而，一旦该物品消费达到或超过饱和状态时，公共文化物品必然发生竞争性消费情形，就要采取限制措施，此时这种文化物品就不是纯公共物品，而是准公共物品。说这类物品是公共物品，其原因是它不是满足个人需要的，而是为满足社会集体消费需要而生产的。在一定范围内，每个社会成员都可以毫无差别地享受到它的好处；通过排他技术可以把一部分社会成员排除在该种物品的消费之外，并不是完全的公共物品，且通过收费使供给的成本得到部分的补偿，又具有私人产品的性质。因而说它是准公共物品。例如，具有自主收费权利的艺术展览馆、电影院等公共消费场所。具有非排他性，但有竞争性的文化物品称为公共池塘型公共文化物品，这类物品是为满足集体消费需要而提供的，且在消费上具有非排他性，每个社会成员都可以去消费它，具有公共物品的特征。不过，此种物品在消费过程中，往往会由于消费群体数量的增加对消费质量和消费成本造成影响。因此，从该方面而言，它又具备私人物品的基本性质。例如，长城跨越多个省份，若要排除所有想欣赏消费古文化遗址长城的个体是不可能的，要么成本过高，要么没有必要。当文化物品具有排他性和竞争性的时候，这种文化物品就是私人文化物品，如文化书籍、光碟等。人们对文化的需求包括公共文化需求和私人文化需求。

公众性是指政府相关部门针对社会大众，所建立的一种普遍性、无差别文化服务体制。公共性的属性可通过以下两个层次得以表现：一是提供对象的全体性。所有社会成员，不论性别、年龄、身份、贫富均可无差别地享有所提供的公共文化。二是供给方式的开放性。政府在进行公共文化设施服务时，面向所有社会对象全民、全部公开，使得每个居民都有相同的权益享受不同类型的公共文化物品，也赋予公众监督职权。

公共文化公益性的属性特征主要表现在政府对于公共文化的推广和宣传方面。政府行政部门作为社会服务力量，其主要通过对具有积极向上的公共价值观理念进行公共文化的引导和推广，维护社会的公众权益和社会基本秩序。公共文化和市场文化存在本质区别，即前者不以利益追求为出发点，而是以社会公众效益为首要目标。

2）公共文化的外延

公共文化主要以公共图书馆、展览会、公共博物馆、公共艺术馆等空间及场地为主，通过开展不同类型的群众性的思想观念、思维方式、审美层次等交流活动，实现一系列信息资料共享，提升公众具有凝聚力且积极向上的价值观。从公共文化的组成层次来看，企事业文化、校园文化和社会文化交流对象主要是特定范围的小群体，贯穿的核心理念也主要集中在基层组织的文化整合方面。而历史节日和城市文化在宣播层次上则具有较高的认知高度，是一种社会公共观念的塑造过程。公共文化在表现方式和范畴上具有特殊属性，它主要建立在公共设施的基础上，不仅具有基础组织形式的物质形态，还具备中高层次的精神和人文内涵。此外，公共文化的现代化社会价值表现在如下几个层次：促进经济发展、彰显居民素质、弘扬城市风貌、引领产业改革、沉淀文化特色。而公共文化的外延则可依次从物质保障、制度体系和价值观念三方面加以理解。

首先，公共文化的物质载体及表现形式就属于物质层面的公共文化，实际包含公共文化设施、公共文化物品等。这里所说的公共文化设施就是以政府为主导、社会参与及公共财政作为运行保障，担负公益性文化服务功能的设施。公共文化设施属于达成民众对于公共文化需求的硬件，能够给各类公共文化活动顺利开展提供支持与保障。如今我们具备的公共文化设施具体分为三种类型：第一类就是社区文化中心、乡镇服务站等相关基层文化设施网络，其能够给民众提供报刊阅读、影视放映及文化信息的查阅等基本服务。第二类就是公共图书馆、文化馆（站）、美术馆等相关设施的建设，以达成民众在公共文化鉴赏、知识获取等方面的需求。第三类就是广播电视网，凭借有线或者是无线的形式来达成广播电视的村村通及户户通，以满足民众观看电视、听取广播的需求。可以说，一个社会拥有的公共文化设施数量的多寡决定着社会公共文化空间的大小，公共图书馆，文化馆（站）与文化广场网络，博物馆、美术馆、剧院及艺术中心，电影院、书店，非营利性电台及电视台，以及文化信息数字网络共同组成了这样一个立体的提供公共文化物品的平台，为实现文化的传承及对人的塑造产生综合的实际效果。从表 3.1 中可看到主要公共文化设施提供的有形或无形的公共文化物品。

表 3.1　主要公共文化设施提供的有形或无形的公共文化物品

各类主要的公共文化设施	提供的有形或无形的公共文化物品
公共图书馆	公民参与社会学习、教育培训，获取相关专业知识、社会信息的主要场所。同时，它还具有对相关文献理论、经验等知识结晶进行归纳、加工、保存、阅读等基础服务功能
博物馆	了解古代文明、社会发展、民风民俗、科技、政治、历史与现代科技和文化交流的场所，主要搜集、加工、保存和展出各类文物
美术馆	组织开展相关专业性的美术艺术创造、作品展览、文艺交流活动等内容
文化馆（站）/文化活动中心	社会公益活动、文化交流的聚集地。各类社会性群众文艺作品创作、展览、演出功能，社会基层文化人才培养、塑造基地，相关群众文化理论研究对象，以及对国家非物质文化遗产传承和完善
音乐厅/剧院/演艺中心	一个城市文化品位的载体与象征，高雅艺术的创作、表演主体，排练及演出场所
非营利电台/电视台	传播积极向上的价值观，制作和安全播出广播电视节目
事业性出版社/杂志社/书刊发行机构	传播积极向上的价值观，通过有关文献/媒体的介质功能，开展有关不同类别语言影响文化物品的宣传活动

资料来源：根据陈威（2006）等相关文献整理所得

其次，公共文化精神及公共文化意识属于制度层面公共文化表现形式。就制度层面而言，公共文化设施供应的根本目的在于满足公共文化的需求，但这必须要有基本的前提，也就是在良好的环境中运作，公共文化物品的提供离不开制度环境。政府行政部门不断提升与完善有关文化秩序、体系和规范，可以看作公共文化法制建设的基础措施。就制度确切的约束力而言，政府有必要大力执行贯彻公共文化方针政策，以及保障相关公共文化物品服务的基本配套设施建设进程，并通过有效的激励制度措施促进社会力量支持公共文化物品生产或供给。当有了法律和制度安排及约束，公共文化物品和服务生产与供给就不会因主管领导的偏好改变而改变，也不会因公众的瞩目程度的变化而变化。就宏观层面而言，政府公共文化服务职责具体包含制定公共文化发展战略、规划及政策等；制订文化资源开发、技术提升等方案；推动制定和公共文化服务有关的法律规定，确保政府在文化领域方面进行的宏观调控及政策得以顺利贯彻执行；安排公共文化服务基础设施及关键性文化项目的建设并给国家文化安全提供有力保障。其中，最为核心的职责就是对公共文化服务战略展开有效规划，具体内容有战略指导思想、战略重点、战略目标、战略措施及战略阶段五个部分。战略指导思想属于明确其他战略要素的关键性依据，属于战略的灵魂。而就中观层面而言，政府提供的公共文化物品包含的主要职责具体就是构建公共文化服务制度平台；确立公共文化服务政策，搜集并供给公共文化服务信息；协调公共文化物品与服务的供求关系；协调各个地区、机构、行业的公共文化关系，强化相互之间的合作与交流；完善文化市场准入机制、市场竞争机制等相关制度规章，让各文化企事业单位、文化类社会组织展开的竞争始终处于公平、公正及公开的环境。就微观层面而言，政府公共文化服务的主要职责具体包含微观规章制度的制定，给予微观文化主体开展独立化经营管理的地位，对经营主体的相关行为展开有效规范和引导；强化微观公共文化服务队伍的建设，以此来直接服务、监督及评估文化企事业单位及文化类社会组织；开展公共文化服务的监管，确保政府公共文化服务的支出及产出比例始终维持在合理水平上，推动政府公共文化服务职能的绩效评估。

最后，公共文化的价值观念层面主要就是公共文化意识形态及精神导向，具体是理想信念、伦理道德、团队精神等，实际表现形式能够划分成两种类型，分别是人文知识及人文精神，实质上也就是价值观体系。价值观在定向和调节人们自身行为等方面能够展现出极为关键的作用。行为主体对于其本身的认识和理解的决定性影响因素就是价值观，除此以外，价值观能够对行为主体所具备的信念、理想、生活目标产生一定程度的影响。具体作用：①价值观对人的行为动机产生的导向作用，其能够指导及支配人本身的行为动机，还极大影响着动机模式，在相同条件下，价值观不一致的人所具备的动机模式也存在着一定的区别，因而实际产生的行为也存在较大的差异，动机目的及方向在价值观的支配下，产生行为动机都是满足价值判断的，把其当作目标对人们行为进行引导。②价值观能够表现出人对于各种事物的理解与需求情况，其属于在客观层面上对人行为结果进行的评价及看法，因而可以在特定层面上表现出人所具备的人生观及价值观，并反映出人对世界的主观认识。

个人价值观自其出生之后会受到家庭及社会影响而慢慢形成。个人自身所具备的经济地位及所处社会生产方式均属于影响其价值观的重要因素。并且，报刊、电视及广播等有关文化宣传观点，源自父母、老师与公众人物的观点及行为等也对个人价值观的形成产生相对较大的影响。在市场经济持续繁荣发展的背景下，内含一定价值观的文化产品依托于资本的力量，在一定程度上对人们的精神生活产生冲击。文化产品中表现出来的价值观基本表现在“竞争”及“消费”的含义方面，其仅仅属于人类社会在资本扩张阶段产生的多元价值观的其中一方面内容。在市场化的改革阶段，这种价值观却逐渐在社会集体的意识中占据上风。商品消费意识构成大众文化的主流，这并不是一种合理的现象。民族的发展必须有一种价值观的“基调”，对多元文化的格局加以调控，以无形的方式对大众文化的发展加以引导。否则，公民集体的精神生活便失去了一种共同理念的支撑，人们不能继往开来，建立上承旧统而下启新运的道德秩序，这样国家社会不能得以良性持续发展。想要集体行动凝聚人心、建立共识的首要条件就是拥有价值、理想及道德，对于拥有追求光荣和伟大目标的民族来说，其必定需要拥有令人崇敬的价值体系、感染人心的社会理想及和理想与价值相匹配的道德规范，民族的强大，离不开这种民族精神的价值观核心的支撑作用。而这种民族精神唯一的源泉来自民族文化，文化的积淀及它的创新力决定了民族精神的形塑，乃至国家形象与国家利益的维护。若是政府可以提供健康向上并且表现出适当主流意识行为导向及共同价值准则，承载社会共同、根本及长远利益的公共文化物品，实现主流价值观的维护，对多元价值观发挥影响力，这时，民族与国家必然有着更好的凝聚力，会不断发展与强大。

3. 公共文化服务

自从十六大正式提出“公共文化服务”的概念之后，其逐渐变成我国文化建设过程中使用频率最高的词之一，尽管学界至今对于“公共文化服务”展开持续性的研究，但是无论是在理论框架还是在实际研究方法方面都并未获取相对系统的研究成果，而可以确定的就是，我国学术界和政府有关部门均认为公共文化服务除了属于政府公共服务职能的关键组成部分，还属于我国文化建设的重要内容，其可以表现出社会发展过程中的文化诉求。从政府公共服务的层面来看，公共文化服务的概念主要就是以政府为主导，运用税收及财政支出的方式给社会整体带来公共文化物品、服务及行为的过程（中国社科院文化研究中心课题组，2007）。此种定义在一定程度上结合了政府公共性，只是极有可能会把公共文化服务当成政府所提供的性质单一的物品，而并未重视公共文化需求的内涵和外延。本节认为基于公共文化的内涵和外延，公共文化服务能够界定成公共部门或准公共部门基于达成公众公共文化需求、提升公众积极向上价值观和社会整体正能量价值观体系水平，向公众提供有形或无形公共文化物品的行为，这些有形或无形的公共文化物品是公众基本精神文化享受和社会生存发展所必需的文化环境与条件。

实际上，公共文化服务就是公共部门或准公共部门向公众提供物质层面、制度层面、价值观念层面公共文化的行为过程。公共文化服务具体包含五种类型：一是供给公共文化设施及物品，具体包含博物馆、公共图书馆、文化馆、公益性文艺演出等；二是发展与管理大众传媒，具体包含报刊、电视、互联网等相关媒介的规范化发展；三是文化遗产的保护，包含物质和非物质文化遗产保护等；四是普及科学知识，包括自然科学、社会科学的知识传播；五是提倡文明健康的行为和风气，具体包含素质教育、公共行为规范等。第一类可以视为物质层面的公共文化服务供给，第二类可以视为制度层面的公共文化服务供给，后三类可以视为价值观念层面的公共文化服务供给。

3.2.2 公共文化服务与政府财政支出

1. 公共文化服务的公共服务属性与政府介入

公共服务属于 21 世纪公共行政及政府改革的主体思想，具体包含强化城乡公共设施的建设，促进教育、科技、文化、卫生等相关公共事业的发展，给公众参与社会经济、政治、文化等相关活动提供便利与保障。公共服务得以发展的基础就是合作，且注重政府服务性及公民权利。就公共服务的层面来看，公共文化服务属于政府公共服务职能的关键组成部分，政府实质上就是公共文化服务的主体，所以政府必须要充分履行这方面的文化职责与功能。

2. 公共文化服务的公共物品属性与政府财政支出

如前所述，公共文化具有公共性，满足人们公共价值观需要的物质载体，如文化设施和文化物品基本属于纯公共物品或准公共物品。对于具备非排他性的纯公共文化物品和公共池塘型公共文化物品，存在非排他性，消费者主观意愿上并不想给消费付费，因而就会产生“搭便车”的行为，导致公共物品的供给者无法有效回收其成本，达不到其利润和收益的最大化目标，进而他们不愿无偿供给这些文化物品。只是这部分文化物品带有明显社会公益属性，可以推动社会物质文明及精神文明的建设，深入促进社会的全面发展，所以应由政府供给。

对于具有竞争性的公共池塘型公共文化物品，其公共资源的属性，会导致人们过度滥用，政府应该介入用相关的制度加以限制，以财政支出加以维护。对于具有非竞争性和排他性的俱乐部型公共文化物品，虽然在消费上可以通过收费排他，企业弥补成本，但这类公共文化物品具有鲜明的公益性和社会教育功能，而且一些需要有较高的文化素养、专业知识和审美能力才能接受的文化商品，如交响乐、芭蕾舞、歌剧、学术著作等文化物品的消费需求不足而带来一定的市场局限，这些文化商品相较于一些通俗艺术和通俗读物，无论是在生产（创作）能力、生产周期、投资规模，还是在市场需求方面，都很难形成批量规模和大众化。市场中企业如果对此进行经营往往难以实现盈利。而一些通俗文化商品却由于一定的娱乐性、消遣性、通俗性，往往成为文化层次不高的文化消费者的需求对象，并形成市场规模。而这些通俗文化所形成的商品价值观难以引领社会的发展与进步，需要政府介入提供公共文化服务，以主动培育和创造“需求”，形成积极向上的价值观。

政府提供的公共文化物品和普通的公共物品存在本质的区别，普通公共物品重点就是为了达成社会公众的一般物质需求。公共文化物品包含很强的价值观与意识形态属性，更多地表现为精神的、非物质的物化凝结状态，代表其在给社会成果提供一般文化娱乐服务的前提下，还需要担负起推动社会进步的使命和任务，主要是通过培育公众群体积极向上的伦理道德、较高的精神境界、正能量的价值理念而达成。公共文化不仅仅属于个人的单一问题，还属于公共性意识和价值观，其约束与影响体现在社会生活的每个领域和角落。就实质而言，文化领域本身就属于公共领域，依托于公共领域，可以开展人格培养、知识再生产及社会融合，从而对人们的行为产生影响，作用于社会群体的生存与发展。在文化物品及服务所具备价值观获取公众的广泛认可，并且在向全体社会成员服务的基础上，其就能变成社会共同的文化财富。

以公众接受的方式，给社会各个群体提供文化物品，传播社会公众共同需要的思想内容，树立全民族共同的价值观及理想，必然只有政府才能够承担起此职能。从市场层面来看，企业所追寻的目标就是价值最大化，不管市场运行效率多高或稳定性多强都难以生产出满足社会公共需求的公共文化物品，所以全体公民文化利益都能够通过政府提供的公共文化物品和服务的数量及质量表现出来，具体通过政府公共文化财政制度，改善市场提供的公共文化资源在分配及服务方面所存在的不足之处来实现公平。

3. 外部性与政府的介入

公共文化服务具有很强的外部性，也需要政府的介入。外部性或外部效应是指生产者或消费者在自己的活动中产生的一种有利影响或不利影响。这种有利影响带来的收益或不利影响带来的损失（成本）都不是消费者和生产者本人所获得或承担的。公共文化物品具备明显的精神物品属性，可以说精神和物质物品在本质上的差异就是精神物品拥有强烈且持续的外部效应。在消费了物质物品后，其所具备的物质形态就此消失。而在消费了精神物品之后，其所具备的物质形态消失以后，其精神依然能够在相当长一段时间里产生持续性的影响。在消费一些文化物品及服务时，社会成员会以社会互动等方式给其他人带来正面或负面影响，在实质上就属于文化物品和服务具备外部性的表现。

依照文化物品外部性影响性质的差异，外部性划分成两种：正外部性（公益性）和负外部性（公害性）。当文化物品生产或消费形成的价值观对他人形成良好的影响时，就出现正外部性，这时社会收益大于私人收益。有正外部性的文化能够逐渐形成人们积极向上的价值观，优质的文化物品不仅能够使得消费者的情操受到陶冶，还能够有效地提升消费者个人素养、知识水平及生活质量等，有利于改善生活水平，促进劳动者素质的提高，增加人们精神效用和物质效用，从而提高社会总效用也就是社会整体福利水平。当正外部性对外带来的好处无法得到回报时，物品消费或生产的收益小于应当得到的收益，具有外部经济的文化物品会供应不足，此时需要政府的介入。当文化物品生产或消费形成的价值观对他人造成不良的影响时，就出现负外部性，这时社会收益小于私人收益。公害性文化的出现与传播会降低社会整体福利标准，引起不良文化消费，还会危害消费者自身的生活，表现出对社会及他人的负面影响。若是负外部性引起危害并未得到有效的惩罚，带有负外部性的文化物品供应必然会变得更多。在此情况下，政府就必须要在微观规制方面进行调整。文化消费拥有明显的外部性特征，政府介入文化领域极为必要。政府除了需要对不良文化展开强制化管理，遏制不良文化的传播与发展，还需要鼓励和支持优质、先进文化的培育，制定并出台正面积极的文化政策。

4. 文化物品生产的特殊性与政府的介入

相较于物质物品，文化物品属于精神物品，具备独有的生产特性。第一，文化物品生产支出具备不易评价性。从文化物品的生产过程来看，必须要付出相对较多的智力及知识等相关脑力劳动，这部分脑力劳动并不具备标准及客观的衡量标准，这就造成计量与评价实际支出的难度相对较大，无法进行定量分析。第二，支出产出带有明显的不确定性及风险性。除了部分进行批量生产的复制品之外，众多的原创精神文化物品在投入与产出方面都带有明显不确定性的特征，因而也就难以凭借资源的支出及产出效应做出科学的衡量与评价。部分文化物品是经过文化工作者漫长的、艰辛的精神劳动后才生产出来的，如社会科学理论、自然科学研究成果与发明、文艺精品等；甚至，在时代、历史等各种类型的主观及客观因素影响下，部分精神劳动在耕耘之后可能并不会像预想一样得到收获。第三，文化支出收益带有长远性及迟效性。相较于物质物品的生产，精神文化物品对于将来的、长远的利益更为看重，由于其具备的长远性属性，投资收益就存在明显的滞后、迟效的特征。文化工作者在进行文化物品的创作之前，其本身都是经历了相当长一段时间的知识积累过程，在此过程中，极有可能存在支出无产出的情况，所带来的经济效益相对较低，此过程却是进行文化物品创作所必需的。文化支出收益迟效性表示，想要仅仅凭借市场来达成文化资源配置的最优化并促进文化事业的持续发展，难度是极大的，政府的资助与扶持就显得必要，在文化生产的积累阶段尤其如此（孔进，2010）。

从以上文化物品具有的非竞争性和非排他性的公共物品性质、外部性等特征看，政府介入公共文化服务之中属于必然情况，而政府的介入离不开财政资金的支持。公共文化支出资金来源属于公共文化发展过程中所面临的关键性问题。鉴于公共文化所包含的公共物品性质，无论是生产者还是提供者均没有无偿生产这部分文化物品的意愿。而其他融资渠道如社会捐助、赞助、基金等还没真正建立起来，这样，政府就成为一国公共文化建设的融资主体。在公共文化领域，政府财政支出资金规模、政府财政支出结构及效率等对于公共文化服务的有效提供就显得相当重要。

3.2.3　公共文化服务的功能效应

1. 公共文化服务的社会福利效应

从福利经济学先驱英国经济学家霍布森到福利经济学之父庇古，再到新福利经济学代表柏格森和萨缪尔森，其均提出经济学核心任务就是提升人类福祉，福祉属于人类欲望及需求满足，在心理和生理方面产生的幸福快乐感，或者是一种效用的满足，社会福利实际上是社会成员个人福利的总和。社会福利是指社会总体上的满意程度。社会福利水平等于社会所有成员的效用之和，一个社会应追求社会总效用的最大化。而社会成员效用包括其在消费过程中带来的精神效用和物质效用，社会成员的精神效用总和与物质效用总和就构成了社会福利。社会福利要达到最大，人们的精神效用和物质效用就要尽可能达到最大化。公共文化服务的提供不仅提高人们的精神满足程度，也在一定程度上带来物质效用，从而带来社会福利效应。

一方面，公共文化服务使社会成员的精神效用得以提高，从而增加社会福利。社会发展离不开不同集体的精神活动领域。市场经济的发展催生了以物质商品为主流思想并强调“个人主义”的大众文化，这种大众文化成为市民社会发展的前提，也为市场经济的进一步发展奠定了精神基础（奥斯维特，1999）。大众文化的持续发展冲击了传统文化价值整合以市场化为导向的改革，功利性的追求也逐渐表现出替代超越性努力的态势，信仰逐渐缺失、精神价值及社会伦理秩序都发生了改变。霍克海默和阿尔多诺（1990）用“文化产业”指称 19 世纪末 20 世纪初欧美新兴的大众文化形式商品化。“这些产业生产的文化货品是根据资本主义积累和实现利润的目的来设计和制造的；它们并不是群众自发产生的，而是按群众消费量身定做的。”对文化的工业化生产的批判成为 20 世纪法兰克福学派重要的学术观点。多元化强调“个体意识”的文化精神也只是市民社会发展所需要的精神世界的层面之一，对于真正推动人的思想的解放与知识的进步，还需要更为丰富的文化涵养。人们自我意识的实现，不仅局限于通俗大众文化的作用。大众文化的发展并不与大众本身的创造和拥有发生直接的关系，个体的创造性及参与的权利必须在“公共文化服务”当中得到恢复和保护。

公共文化服务是政府举办的、非营利性的、传播先进文化和满足大众基本文化需求、保障公民基本文化权益的各种文化服务。公共文化服务的机构及可能的项目包括多样化的形式：公立博物馆、艺术馆；公共图书馆；重要艺术团体；重要的高雅艺术场馆；重要艺术展览；重大艺术节庆；重要对外文化交流；传统艺术；文物古迹等文化遗产；传统节庆；公共文化信息服务；广播电视；出版发行；等等。公共文化服务的本质内涵在于它的“公共性”和“公益性”，公共文化服务体系作为具体策略，它的功能便在于为文化影响力核心价值的产生提供一个文化培育空间，这是公益性文化事业的责任。

在基本责任的驱动下，公共文化服务体系构建公共文化活动空间，创造大量高尚文化的消费供给以满足这方面的需求。这种文化空间的发展几乎很难依靠市场的力量直接加以推动，有必要在国家内部依靠行政力量和财政资源直接培育，使得民族文化的生存和延续获得一个具体的载体，并使每一位公民都能够直接享用。随着社会的进步和人们对个人生活质量的追求，公共文化服务在生活中的作用越来越大，公共文化服务主要的目的就是为公民提供方便的学习和交往空间，保障人们学习、生活、社交、娱乐等活动的正常开展。公共文化服务的发展在生活中主要体现在以下三个方面：一是文化成果的分享。人们可以在公共文化服务的平台上享受文化成果，提高个人文化的素养和充实个人的精神世界，政府在提供公共文化服务的前提下，不断完善公民享受文化成果的保障措施，让人们享受基本的文化生活，提高人们的精神满足程度。二是人们可以参与文化活动。人们在政府提供的公共文化设施的基础上，参与文化活动，在文化交流及交往过程中增进文化融合与认同，提高精神满足程度。“阅览室和剧院、博物馆和音乐厅中的讨论”渐渐形成一种公共文化意识，“展览馆像音乐厅和剧院一样使得关于艺术的业余判断机制化：讨论变成了掌握艺术的手段”（奥斯维特，1999）。三是人们可以在公共文化服务的平台上进行文化创造活动。文化没有国界，文化的分享和传播也没有国界，文化精神在传播的同时也积极地追求自身的改造和发展，公共文化服务水平的进步和提升可以更好地满足人们内心的文化需求。四是文化创造的成果可以更好地被保护。随着社会的发展，人们越来越关注文化保护的重要性和必要性，文化只有在被充分尊重和保护的前提下，才能在一个良性的环境下更好地进行发展，也只有文化创造成果得到充分的尊重与保护，才能激发人们文化创造的热情，人们的精神满足度才能不断得以提高。政府提供公共文化服务，让文化在人们精神文化和精神文明的建设中发挥更大的作用，不断地更新文化的形式，鼓励文化的创造行为，积极地塑造文化的形象，在这个过程进行和开展的时候形成积极向上的核心价值体系，在享受政府提供的公共文化基本权利的同时，享受精神的愉悦，提高精神的满意程度，也就是精神效用得以提高，从而社会福利也得以提高。

另一方面，在社会成员物质效用提高方面，公共文化服务为提高公众文化素质提供了条件，从而有利于经济发展，当社会创造财富增多时，人们的消费也增多，人们从物质消费中获得的满意度也提高，从而社会福利也随之提高。文化是一国经济和社会发展的内在动力之一，国家的发展离不开公民，公众整体素养的提升和国家的发展有紧密的联系，因此积极地构建优秀的文化服务体系有助于形成公众共同的核心价值观，为人的全面发展提供智力平台，对经济社会的协调发展起到促进作用。随着社会的发展，文化知识、技术只有不断革新和发展才能更好地服务经济的建设和增长。同时随着国际竞争形式的日益严峻，只有提升积极的知识文化创新力和创造力，才能实现国家的创新性发展，并更好地提升国家的外部竞争能力。人的素质的提升与经济社会发展形成了良性互动，意味着对人的要求在不断地提高。公共文化服务体系向公民提供的是不间断的社会教育和培训的机会，从而成为国家整体人力资源开发战略的构成部分。公共文化服务体系的构建和完善、公共文化服务与公共文化物品的生产、公众文化消费的引导是在积极地建设文化基础设施的基础上开展的，只有拥有了基础设施，上层建筑的发展才能更加平稳和高效，社会人力资本才能得以保值增值。公众通过不断地学习公共文化物品消费，并从中获得精神娱乐享受及知识，形成相应的能力，其正外部性促使其做出有利于社会经济发展的恰当行为。社会的和谐、经济的进步及文明的发展均得益于公民文化素质的提升。

2. 公共文化服务的文化安全效应

在一个国家文化的建设和发展过程中，只有确保文化的建设和发展处于稳定安全的环境中，发展才是有意义的。因此国家文化安全建设的主要目的就是保证文化体制正常安全运行，以更好地保障国家文化方面的利益和主权的完整性。

不断地加强国家文化安全体系的构建，对于保护本国的文化发展是很有必要的，也是必须要重视的一件事。在经济全球化的今天，文化的交融和相互之间联系的形式也越来越丰富，虽然在一定程度上，这些活动的开展会促进一个国家文化多元化的发展，但是随着这种联系形式的不断增强，同样要注意隐藏的风险，作为一个国家重要的物质文明，保护当地文化的原创性和独特性不被破坏是必须要关注的一件事。保障文化安全无法完全依靠市场的运作实现，只有政府财政通过提供公共文化服务，从维护价值体系的角度，培育人们的核心价值观体系，形成具有凝聚力的价值观，才能更好地保证文化的完整性和独特性。

3. 公共文化服务的文化资源配置整合效应

文化资源是形成文化的资料来源，包括历史累积和留存下来的或当代投资建设而形成的物质和非物质文化物品。文化资源是稀缺的，而人们对文化物品的需求又是不断增加的，由此对文化资源的配置相当重要。构建公共文化服务体系是为了文化资源有机会得到最大限度的利用，文化资源的价值也正是在对其进行充分利用的过程中体现的，因此对它的闲置所造成的浪费绝不仅仅是可见的那一部分。对文化资源整合而形成的各种公共文化物品，对于经济社会整体发展及区域发展具有巨大而且显而易见的正外部效应。

随着经济全球化的发展，对于文化的需求和要求也在不断地增高。文化素养和信息获取能力更为深刻地影响着人的命运。但是大众的文化程度各有不同，掌握信息的条件及能力存在较大的差异，这是人们后期发展不均等现象的主要原因。在个人进行发展的过程中，个人的能力会影响人的发展，文化地域的差异也同样重要，积极地建设公共文化的服务体系可以有效地减小这种文化地域差异所带来的影响。政府必须最大限度地满足公众的需求，使得每一位公民都能公平享受社会资源。公共文化服务体系通过对文化资源的合理配置实现个人的信息公平，从而促进地区的和谐发展。同时通过财政支出，实现公共文化服务均等化，让公众都能得到基本的公共文化服务，减少不公平现象的发生和发展，提升落后地区的自身发展能力，竭力缩小各地区及城乡之间的差距。

在公共文化服务体系建设及其供给的过程中，政府发挥了很大的作用，但是需要注意的一点就是，帕累托效应在社会的发展和文化体系的构建过程中同样适用，只有更好地将优势资源向弱势群体逐渐倾斜，掌握好资源之间的配比才能更好地促进全民的发展和进步。同时，政府在进行公共文化体系构建的过程中要明确和遵守公共文化服务体系建立的目的，那就是服务大众的生活、学习和日常的活动，并最终形成良好的社会风气，要在此基础上来构建文化服务体系，同时要兼顾不同收入群体的公众，保证各个群体的人们都能真正地享受公共文化服务体系建设带来的福利。

传统文化多元化形式的背后，包含极为丰富的资源内容。文化资源的多样性直接导致整合模式的多样化，即公共文化设施及服务体系、社区文化资源网络，以及互联网平台文化信息网络三种形式。对于政府而言，文化资源的整合是实现一种基本的“文化福利”。对不同的传统文化资源通过公共文化服务体系进行功能性整合，是保护传统文化的手段。目前文化资源的整合方式除了政府制定文化发展政策之外，还有引导文化生产力的合理布局和文化经济结构的调整，优化文化结构和提高整体文化素质的能力。政府在配置文化资源时也要保持文化产业发展和文化物品市场供应的总量平衡，保持文化市场价格的稳定运行和文化分配的公平性，直接参与某些重大文化经济活动，投资建设社会无力创办的、事关国家文化安全、国家文化发展所必需的大型文化建设项目。此外，可以开发利用文化信息资源。文化信息资源体现了文化资源的信息形态，虚拟空间的广泛应用使文化资源能以最低的成本，在最短的时间内为最大多数的公众享用。在这一过程中，文化资源的价值也得到了极大的提升。

4. 公共文化服务的文化竞争力效应

随着国际竞争日益激烈，竞争的内容也产生了较大的改变，目前国际上的竞争更多的是一种科技的竞争和文化的竞争，在新发展形势的引导下，为了更好地增强国家的国际竞争力，不断地建设和发展本国的特色文化是行之有效的方式。同时随着时代的进步和发展，国家竞争的主力也在悄然地发生着改变，只有一个国家大部分人群的素质和文化水平有长足的进步和发展才能更有效地提升一个国家的国际地位，才能更好地提升国家的国际竞争力。一个国家要想追求更高层次的突破，就要注重科技创新和文化创新带来的巨大能量，不断地增强本国文化的创新形式和创新意识，大力发展国家的公共文化服务体系，促进全民文化成果共享，培养全民文化创新的意识，在充分遵守发展全球化的基础上，不断地推动国家文化体系的建设，积极地将国家的重要文化形式融入政策的建立、政策的执行、经济的发展、人文环境的构建等方面，这样文化才能真正地推动一个国家的发展。

相对于物质生活需要，精神文化服务属于满足人们对精神生活需求的公共文化服务，其直接影响到一国成员的精神健康和科学素质，在传播知识和激发创造力方面具有非常重要的地位，已经成为评估一国和地区软实力的重要尺度。公共文化服务的提供，对内能够积极保护与开发文化遗产，鼓励文化原创，推动文化共享，以达到凝聚核心价值并形成文化认同，促进社会和谐的作用；对外能够通过积极开展文化交流，塑造文化形象，传播文化理念，以提升国家竞争力。因此从战略的意义上而言，建立公共文化服务体系直接关联着国家竞争力的提升。作为公民精神服务中一项重要的内容，公共文化服务体系的构建和确立对于提升一个国家的综合国力是很有帮助的，其所提倡的全民创新的积极向上价值观将在国家体制的建设和完善中发挥很大的作用，能更好地促进和谐、文明、安定的社会新形势的构建（奥斯维特，1999）。由此公共文化服务体系为提升文化竞争力建构了传播途径。

3.3 文化资本理论

3.3.1 文化资本的内涵及外延

1. 文化资本的内涵

文化资本理论是社会学家 Bourdieu（1986）首次提出而后兴起的一个国际性学术热点。Bourdieu 认为，文化资本可视为社会权力分配和社会群体分化的重要根源。他以学术成就为例说明文化资本概念，解释不同社会群体的孩子取得不同学术成就差别的缘由。在学术市场上，不同群体的孩子获得的价值观念等导致的特殊利益是与群体之间资本的分布状况相对应的，学术成功和失败并非完全是天赋能力这种常识性观点的结果。一种代表了行动者社会身份的，且被当作正统化的价值观偏好、消费习惯、知识能力及教育背景等相关价值形式均可以被看成文化资本。就表现形式而言，文化资本属于身体化的价值观念，在实质上属于人类脑力及体力劳动成果的积累，具体凭借人本身的语言表达风格、教育素养、行为习惯、生活品位等展现，包含价值观引导下和知识素质形成的能力、价值观导致的习性，包含价值观和知识结晶的物品、蕴含价值观的制度在内的价值观体系总和。

马克思阐述资本这一概念，认为它是能够带来剩余价值的价值。作为对这一概念的延伸理解，Bourdieu（1986）认为资本是需要通过时间进行积累的劳动，而且是需要以身体化、具体化的形式进行积累，并能进行自身再生产的劳动。Bourdieu（1986）将资本具体划分为三种类型：经济资本、社会（关系）资本和文化资本。经济资本以货币为标记，以产权为制度化形式。社会（关系）资本以社会声望、社会头衔为标记，以社会规约为制度化形式。而文化资本则以家庭群体、文化物品、文凭、学衔为标记，以学位、文化政策等为制度化形态。货币、社会声望和社会头衔、家庭群体、文凭和学衔等均是通过时间积累的劳动凝结。根据Bourdieu的观点，经济资本能够在表现形式上直接转化成资金，还能够凭借私人产权制度化的方式推动转换顺利达成。文化资本能够通过行动者价值观、知识素养等相关文化因素方面的资本形态表现出来，在特定的条件下，通过利用教育资质制度化的办法使得其转变成经济资本。社会义务及其联系属于社会资本关键的组成部分，其能够以某种高贵身份的形式被制度化转换成经济资本。

1998 年，澳大利亚的经济学教授思罗斯比在巴塞罗那举行的第十次文化经济会议上，确切地把文化资本归类为经济学的内容。自此之后，经济学资本的内容除了包含物质资本、技术资本、人力资本、制度资本等，还包含文化资本。思罗斯比（2004）提出文化资本是利用财富形式来展现出的并能够引起包含文化价值和经济价值的商品及服务持续活动的文化价值积累。

在文化资本的理论研究持续深入的背景下，有关文化资本含义的解释也在不断增多，结合现有文化资本解释来看，部分解释涉及范围极广，也就造成想要得出各方一致认可的确切定义难度相对较大。最为广泛被接受、文献被引率最高的是以Bourdieu为代表的价值论和以思罗斯比为代表的文化价值积累论的观点。他们对文化资本的概念解释，不仅包括具体的物质内容，还包括抽象的和精神的内容。在Bourdieu和思罗斯比及其他学者对文化资本内涵解释的基础上，本节认为文化资本是未来能够带来收益的并以物质财富的形式表现出来的，以家庭群体、文凭、学衔、文化物品为标记，以学位、文化政策等为制度化形态的文化价值积累，包括文化能力（家庭群体、文凭、学衔等所能体现的能力）、文化习惯、文化物品及文化制度等相关价值观体系的积累，文化资本的充足程度会对财富创造能力产生极大的影响。

2. 文化资本的外延

在理解文化资本内涵后，对文化资本外延再进行分析，可以更确切地全面把握文化资本概念。由于 Bourdieu、思罗斯比的观点更具代表性，这里主要阐述他们的文化资本外延解释。

1）Bourdieu 的文化资本外延观点

根据 Bourdieu（1986）的观点，文化资本由身体化文化资本（体现在文化能力上）、客体化文化资本（体现在文化物品上）和制度化文化资本（体现在文化体制上）三种形式构成。

第一，身体化文化资本——文化能力。

文化能力是指个体具备的知识、技能、教养（如语言习惯、行为方式）、品位及感性等能力，文化能力是在家庭教育和学校教育的环境下获得的，并成为一个人精神与身体的组成部分。其实质是文化资本的个体身体化或具体化表现，也可以看成是文化资本精神和其具体化的持续状态，凭借精神与身体的形式长远存在。形成文化能力的过程是通过大量时间进行积累的劳动，最终导致个体的变化与某群体内同化，体现了一个身体化和实体化的过程。知识、技能、教养、品位等相关文化能力积累都是后天获得的。例如，行为人通过劳动力付出获得货币交换物质财富与直接把劳动力与生产资料相结合获取物质财富之间并无区别，其也能够花费时间精力到学习中，进而积累知识和提高文化修养获得文化能力。文化能力主要通过家庭、学校及工作场域等社会性空间形成，任何个体都处于具有独特运行规则的场域或社会空间中，均在家庭成长、学校教育、工作实践等社会交错影响过程中，逐渐习得、强化并把握其感知的一整套规律及社会规制，并将感知内化于思维模式和行为方式之中，由此形成了个体的思维和行为定式体系。同时，思维和行为定式系统又反过来影响个体所处的场域。不断与场域环境相互交错影响的思维和行为特点，就是个体的习惯。

个体文化能力尽管无法以买卖、交换或馈赠等方式在短时间内获得，但身体化文化资本可以通过家庭教育来传承并积累。相对于学校，家庭是社会结构的基本单位，是文化能力传承和积累更为重要的场所。家庭所具备的文化、经济及社会资本属于文化能力传承和积累的关键影响因素。每个个体的文化资本原始积累及文化资本后续快速积累，都起始于个体出生之时，一个家庭拥有丰硕的文化资本，其后人也尽得先天之利。某个个体文化能力原始积累的前提条件在于家庭的经济资本，经济资本决定了其获得的可以进行积累的自由时间的长度，以及能否延长其进行积累的时间长度。物质经济条件优良的家庭相对可以给父母教导孩子更多的自由时间，以及给孩子积累文化能力提供更多的自由时间。文化能力积累需要耗费个体大量的时间精力，需要一定的经济实力作为后盾，不同物质经济条件的个体的文化能力积累结果不一样。如果说家庭经济资本决定文化能力的深度，那么家庭社会资本决定文化能力的广度。家庭社会关系网络、社会威望都会给孩子拓展文化能力积累视野，让孩子的知识技能的广度和品位多样性等能获得延伸。我们经常会看到不具备全面的文化能力优势条件的个体，会因为文化能力的整体缺乏，难以获得内部群体的承认。关于文化能力传承与积累规律的观点，Dimaggio 和 Mohr（1985）、Lareau（1987）、Kaufman 和 Weintraub（2004）等提出身体化文化资本的代际传递规律。Dimaggio 和 Mohr（1985）认为家庭文化资本与孩子的学业成绩、大学及研究生入学率等均有显著相关性。Lareau（1987）认为家庭文化资本对父母参与教育及构建家庭与学校关系起到相当重要的作用。

文化能力形成并存在于人的大脑，是仍未形成物品的思想、理论、意识、观念和创意等文化资源。文化能力实质上可以说是价值观体系的表现，知识技能等文化能力能够影响个体价值观，教养、品位等文化能力是个体价值观的体现。文化能力投资积累实质是价值观体系的不断扩展。文化投资意味着文化能力的不断积累与变化，文化能力时常处在动态变化之中，伴随个体价值观体系的不断扩展与扬弃，文化能力得以不断积累与增长。在文化能力积累的过程中，文化资本也实现了代际传递，使文化能力在下一代身上得到了再生产文化资本所必需的传承。文化能力持有者投入时间进行积累获得继承的文化能力投资于生产领域，生产文化物品，再形成新的文化能力，使社会文化得以发展。所以文化领域可持续发展离不开文化能力积累的基础性作用。

第二，客体化文化资本——文化物品。

文化物品是指把思想、理论、意识、观念和创意等人们的思维凝结在书籍、绘画、古董、光碟等有形物质形态上的物质性文化财富和文化符号资源。家庭所具备的文化、经济及社会资本属于文化能力传承和积累的关键影响因素，是身体化文化资本的物化状态。这种物化状态为文化能力传承及新的文化物品生产提供基础，文化物品可以作为物质性经济资本被占有，也能以身体化文化资本为媒介被行为人象征性占有，即行为人的文化能力通过转化文化物品，发挥文化资本作用。

客体文化资本积累是物质财富形式的文化物品价值的积累，可以通过交换、买卖等市场化方式或馈赠方式传承，使获得文化物品积累的文化资本产生流通，作为私人物品或公共物品进入消费领域。持续的文化物品消费会增加文化能力的积累，从而影响个体所在场域或群体的积累氛围，也就是场域中不同个体在社会关系中紧密度的变化，场域氛围作为一种社会资本对于个人的文化能力和经济资本获取是非常重要的资源，有利于打通群体间的通道，也会为新的文化物品生产提供更多现实性。新的文化物品在文化能力与场域氛围的相互良性作用下不断地得到创造，进而促进文化资本积累。文化资本客观化的形态与身体化的形态常常存在相互分离的状态，占有文化物品并不必然表明对其有所理解，由此可以循着文化物品方向，在书籍、电影、音乐、图片、广告等文化物品中发掘其对文化能力的影响。

第三，制度化文化资本——文化制度。

文化制度是指利用考试授予合格者文凭及资格认定证书等方式来把知识技能制度化，对个体掌握的知识与技能予以认可。文化制度是文化资本体制化状态或形式，体现了个人持有的文化资本在制度上以各类文凭、证书等具体客观形式被承认。制度化文化资本是一种介于身体化文化资本与客体化文化资本之间的状态，包括学术资格和各类文化能力证书的文凭，是制度形态文化资本的典型形式，它给予其拥有者在文化能力认同上法规制度的保障。相比其他形态的文化资本，制度化形态的文化资本更容易在与经济资本或社会资本交换时获得合法保障，使文化能力得到承认，同时也是人们以物质、时间、精力的投入转化为经济资本或社会资本的凭证和桥梁。

制度化文化资本最重要的作用是使身体化文化资本也就是文化能力拥有合法保障。文化能力无法通过买卖、交换或馈赠完成即时的传承，并会随着个体身体的衰弱而减弱，甚至会随着个体消亡而消失。而制度化文化资本则体现了文化能力的存在，并显示文化能力的合法性，即得到官方认可，与一般的文化能力之间确立根本的差别，一般的文化能力需要不断去证明自身的合法性及能力程度。例如，学术资格的存在，会让资格拥有者之间的能力程度进行比较，甚至相互替代成为可能。此外，学术资格可以在身体化文化资本和经济资本之间明确转换。

投资者拥有文化资本的增量是身体化文化资本积累的收益，而这种投入进行的积累存在一定风险性，主要体现在其收益是否受到体制化的学术资格或证书的认可和保障。如果这种文化资本增量没能贴上体制化的标识，未能通过公正性权威力量明确体制化的学术资格或证书的认证，文化资本持有者为积累所做的努力则无法得到认同。体制化的学术资格或证书的认可和保障往往通过体制化或官方权力进行，由此体制化权力对文化能力增量认可就存在强制性干预。体制化权力设置体制化文化资本评价体系或者“游戏规则”，有可能导致体制化评判结果向着某些个人或团体倾斜。

Bourdieu 提出制度化文化资本后，学者们在文化制度、政策和法规方面把 Bourdieu 的制度化文化资本内涵做了较多的拓展。

第四，三种文化资本形态的对立统一关系。

身体化文化资本、客观化文化资本、制度化文化资本三者是对立统一的关系。一方面，三者是对立的关系。这三种形态的文化资本均有各自独特的形式和特点，包含着不同的内容，不同形态之间存在着分离的可能和状态。身体化文化资本与客观化文化资本的分离。例如，某一个体购买了文化物品，尽管他并不了解其文化内涵，没有将其文化价值内化，但不影响其客观化的文化资本积累，实际上该购买行为是经济资本向文化资本的转换，而文化物品的售卖行为则实现了相反方向的资本转换。此外，身体化文化资本与制度化文化资本的分离，表现在文化能力没有被“体制化”，即没能以文凭或学术资格的方式获得认可；或者文凭与文化能力实际上名不符实。另一方面，三者是统一的关系。三者可以相互转化，文化能力能够以官方认可的形式获得体制内的认可，依靠时间精力的投入获得的文化能力可以通过合法的途径获得体制性的承认，从而获得职称等头衔，身体化文化资本转化为制度化文化资本，文化能力凝结在文化物品中，文化资本的身体化形式转化为客体化形式，客观化文化资本存在相应价值，也可得到官方认可，获得相应的证明，此时，客体化文化资本会向着制度化文化资本转变。

2）思罗斯比对文化资本外延的理解

思罗斯比（2011）提出资本可分为物质资本、人力资本、自然资本、文化资本四种类型。文化资本是凭借财富形式获得具体表现的文化价值积累。此类积累能够引发物品与服务的流动，还可以得出自身所包含文化价值及经济价值商品，文化资本可分为存量和流量，并以有形的文化资本和无形的文化资本形态存在。

有形的文化资本，依托于存在文化意义的有形物体而存在，其中包含被叫作

“文化遗产”的建筑物、遗址、艺术品及油画，还包含其他以移动物品形式而存在的文化物品。这些文化资源导致服务的流通，并以私人物品或公共物品的形式进入最后消费阶段，同时有可能应用于广告和旅游产业，或通过“文化遗产”的利用激励现代艺术家、建筑师及音乐家投入时间，进行劳动积累去创造新的包括文化资本在内的物品和服务。

无形的文化资本，包括一系列存在于人的大脑之中的思想、理论、意识、信念和价值判断，以及文学、音乐、戏剧等口头形式的非物质遗产。这些无形的文化资源同样会引起服务的流通，这种流通形成部分的私人和公共领域最终消费，激发消费者的投入，也会形成新的文化能力和文化物品（金相郁和武鹏，2009）。

思罗斯比（2011）把文化资本作为一种经济要素，也就是文化资本和物质资本、人力资本、自然资本等其他资本形式一样，均能形成产出，带来价值增值，同样要考虑支出产出与成本收益问题。思罗斯比（2011）以文化遗产维护和市场收益评估为实例，采取“成本—收益”分析法展开对文化资本的支出产出的分析，在对文化资源的可认知价值做出的多个可供选择投资决策计划基础上测评文化资源的未来可获得价值。文化资本就是以资本品的形式表现文化价值的积累，这种积累会影响文化物品的价值增值和服务支出。假若未能进行必要的投资让文化遗产有效维持，而是让其自行衰落，人们并未能认识到其文化价值，而忽视文化资本积累的行为会严重影响文化遗产价值体系，必然导致经济产出及社会福利的损失。思罗斯比（2011）提出了文化资本积累模型，见式（3.5）：

$$K_{t+1}^{c}=K_{t}^{c}+\left(I_{mt}^{c}-d_{t}K_{t}^{c}\right)+I_{nt}^{c} \tag{3.5}$$

其中，K_{t+1}^{c} 表示新一期的文化资本存量水平；K_{t}^{c} 表示基期的文化资本存量水平；I_{mt}^{c} 表示维持现有文化资本存量需要的支出；d_t 表示文化资本存量的折旧率；I_{nt}^{c} 表示新的投资。

3）中国学者有代表性的观点

除了Bourdieu和思罗斯比在文化资本中经典的观点，我国学者也对文化资本的外延进行了分析，代表性的观点主要包括：一是李沛新（2006）借鉴了 Bourdieu 和思罗斯比的观点提出的文化资本主要由固体的文化资本、物品的文化资本及流动的文化资本三类构成。固体的文化资本具体为可以在商品生产中应用并且拥有特定文化含义的自然风光、地形地貌、建筑等难以移动，但是能够进行旅游开发的文化资源。物品的文化资本是人们利用思维创造的，依托于特定物质形态，并可用于商品生产的文化符号资源。流动的文化资本具体为人脑所创造，不需要依靠人脑之外的具体物质形态，并未产出物品的思想、理论、艺术等文化资源。二是金相郁和武鹏（2009）综合概括国内外学者关于文化资本的观点后提出，文化资本属于集合文化能力、文化物品及文化制度的文化资源，并且文化资本能够划分成有形文化资本及无形文化资本两种类型。其中，有形文化资本包含固体化与产品化文化资本，而无形文化资本包含身体化及制度化文化资本。

综合上述内容，Bourdieu 文化资本外延中的客体化文化资本并没有进行细化分类，没有把建筑物、遗址等有形物体的文化资本形态纳入文化物品。思罗斯比在 Bourdieu“客体化文化资本”的基础上对文化资本加以延伸，还把包含各种具备文化意义的物质形态纳入有形文化资本。后来学者们对文化资本的外延理解大多都是在Bourdieu和思罗斯比观点的基础上进行称谓上和内容上的综合。李沛新（2006）定义固体的文化资本和物品的文化资本实际上是把思罗斯比的有形文化资本细分为两类，李沛新的流动的文化资本实际上就是思罗斯比的无形文化资本。而思罗斯比的文化资本外延却没有考虑Bourdieu的制度化文化资本。综上所述，本节认同金相郁和武鹏（2009）对文化资本的划分：文化资本包含有形文化资本与无形文化资本这两种类型。有形文化资本包含固体化与产品化文化资本；无形文化资本包含身体化及制度化文化资本（图 3.1）。

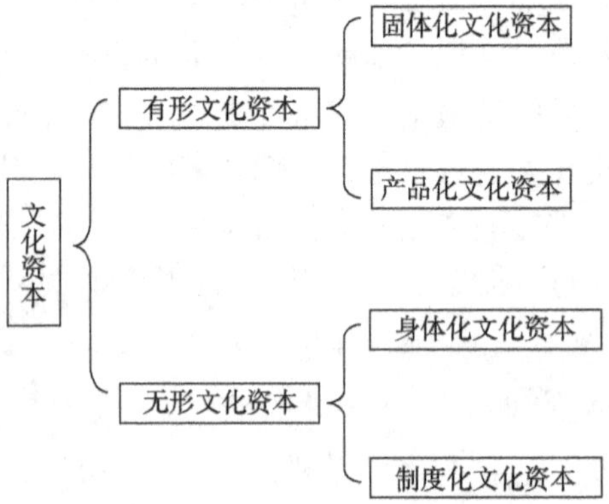

图 3.1　文化资本的构成

3. 文化资本的特征

通过以上对文化资本的内涵分析及外延界定可以看到，相较于经济资本、社会资本等其他资本形式，文化资本有较为明显的自身特点。

（1）文化资本内部结构的多层次性。文化资本不仅包括知识技能、思想信念、意识形态、教养习惯、生活态度等文化能力，还包含文化能力所具备的物化状态，也就是文化物品与遗产，还有文化能力的体制化状态。文化资本层次包含的文化能力就属于身体化的文化资本，处于最基础的位置。离开了文化能力，文化物品难以生产，其价值也无法体现。缺少了文化能力，制度化文化资本毫无意义。文化能力是个体乃至一个群体知识技能和价值观体系的总和，不同时代的文化物品均是该时期知识技能和价值观体系的表现，不同时期的文化凭证也就是文凭反映了不同时期对知识技能的价值观或认同程度。

（2）文化资本积累的时间性。经济资本可以通过直接融资或间接融资短期内得到积累，而文化资本需要花费较长的时间才能积累起来，如能够承载特定价值观体系的文化遗址、家庭理念、伦理道德、生活习俗等需要长期积累才能形成，并通过持续的维护才能得以保留。

（3）文化资本积累的可转换性及继承性。根据 Bourdieu 的观点，文化资本的身体化形态、客观化形态和体制化形态可以互相转化。这是以身体化文化资本为基础。文化能力能够转化为文化物品和文凭证明，从而使文化能力得以继承，如工具、书籍、绘画、纪念碑等客观化的文化资本就直接具备了继承性，否则文化能力会随着其拥有者的衰老及消亡而逐渐消失；文化物品能培养和形成文化能力；文凭证明能促进文化能力的再生产。此外，文化资本能和经济资本、社会资本等进行互相转化。各类资本的创造和积累都凝结了人类的社会必要劳动时间，衡量各种资本转换也可以其所耗时间的多少作为标准或尺度。

3.3.2　文化资本的估计与衡量

目前针对文化资本进行的研究基本属于定性分析，对文化资本进行定量测量相当必要，这有利于为与文化资本相关的因果关系研究奠定量化基础。文化资本的积累形成文化资本存量，对文化资本进行估量主要就是对文化资本存量进行估算。其中需要解决的问题主要集中在两个方面，即文化资本存量衡量方法和文化资本指标体系的设计。

1. 文化资本存量衡量方法

资本存量主要就是经济社会在某时点上的资本总量。资本增量属于在一定时间添加到资本存量里的资本流。投资属于增量资本的支出，若投资行为达成就会得到在全新时点上的资本存量。可以说，对于资本存量的衡量，Goldsmith 开创了永续盘存法。模型如下：

$$K_{it} = K_{it-1}(1-\delta_{it}) + I_{it} \tag{3.6}$$

其中，K_{it} 表示第 i 个区域第 t 年的资本存量；K_{it-1} 表示第 i 个区域第 t−1 年的资本存量；I_{it} 表示第 t 年的投资；δ_{it} 表示折旧率。

文化资本存量是指某时点上文化资本的总量，文化资本积累带来了文化资本增量。就文化资本存量的衡量而言，基于让文化资本的资本变量能更广泛应用到经济领域，思罗斯比（2011）提出文化资本存量模型，这个模型在前面介绍思罗斯比文化资本积累理论时做了介绍［式（3.5）］，t+1 期文化资本存量受 t 期文化资本存量、文化资本存量的折旧率及物质资源投入等因素影响。物质资源的投入主要包括维持现有文化资本存量需要的投入和新的投入。这些投入不仅带动了文化物品的生产，也带动了文化服务的发展，进而通过影响社会文化氛围，最终又影响文化物品的生产。该文化资本存量衡量模型肯定了文化资本的经济价值，体现了文化价值与经济价值的关系。

2. 文化资本指标体系的设计

目前，文化资本还没有形成一致的量化指标，较为权威的文化指标是联合国教科文组织和新西兰政府设计的文化指标体系，在此基础上不少学者建立了文化资本评价指标。下面分别介绍联合国教科文组织和新西兰政府的文化指标体系及一些国内学者的文化资本指标体系。

1）联合国教科文组织和新西兰政府的文化指标体系

联合国教科文组织于 1997 年提出了一套用于文化定量分析的指标体系。该指标体系划分成两个层次，共设置了4个一级指标与11个二级指标。其中，一级指标包括文化自由、文化交流、发展和生活预期及创意成果等。在指标的设置上，主要考虑到所设指标对应的数据是可以获得的。

新西兰政府于 2006 年提出了新西兰的文化指标体系。该指标体系划分成两个层次，共设置了 5 个一级指标和 14 个二级指标。其中，一级指标包括经济发展、雇用、文化同质性、多样性和社会凝聚力等。有些二级指标设计带有新西兰的文化特色，社会凝聚力没有下设二级指标。

上述两个文化指标体系都是两个层次的划分，这给后来学者提供了参考。但这些指标体系着眼于“文化”，并且此“文化”的范畴要比“文化资本”范畴宽泛些，因而文化指标与文化资本指标存在一些差异，两者不能替代。

国内学者在参考上述两个文化指标体系的基础上，设置了各自的文化资本指标。

2）金相郁和武鹏的文化资本指标体系

金相郁和武鹏（2009）在“文化资本与区域经济发展的关系研究”一文中，在兼顾数据可操作性的基础上，参考上述两个文化指标体系，设计出新的估计区域文化资本存量水平的指标体系。

该指标体系分成两个层次，共设置了4个一级指标与12个二级指标，任意一级指标又设立了 3 个指标。其中，一级指标包含固体化文化资本、产品化文化资本、身体化文化资本及制度化文化资本等，二级指标包含文化遗产、文化产业、文化教育和文化支持等，具体见表 3.2。

表 3.2　文化资本指标体系

一级指标	二级指标	说明
固体化文化资本B_1	重点文物C_1	人均重点文物保护单位数
	文化藏品C_2	每万人文化藏品数量
	文化遗产C_3	每万人重点文物保护单位建筑面积
产品化文化资本B_2	文化产业C_4	人均文化产业增加值
	文化设施C_5	人均文化机构固定资产累计投资额
	文化就业C_6	文化、教育、娱乐类就业人数占总就业人数的比重
身体化文化资本B_3	文化教育C_7	人均受教育年限
	文化消费C_8	人均文化、教育、娱乐消费支出
	文化交流C_9	每万人涉外文化交流次数
制度化文化资本B_4	文化支持C_{10}	人均文化机构财政拨款支持
	文化管理C_{11}	每万人文化管理机构从业人员数
	文化稽查C_{12}	每万人文化市场稽查机构人员数

注：参见金相郁和武鹏（2009）

《文化资本与区域经济发展的关系研究》还运用层次分析法（analytical hierarchy process，AHP）对一级指标B和二级指标C进行了权重的估计，一级权重最大值为 0.455（B_3对应的）、最小值为 0.076（B_1对应的）。

3）孙维的文化资本指标体系

孙维（2010）构建了包括两个层次的文化资本指标体系，共设置了 4 个一级指标和 12 个二级指标，所有一级指标下设 3 个二级指标。其中，一级指标包含固体化文化资本、文化服务、文化氛围、新文化物品等，二级指标包含非物质文化遗产、文化事业财政拨款、人均教育文化娱乐服务消费及音乐和表演艺术的新演出等。

孙维认为上述 4 个一级指标对文化资本动态积累过程影响程度最大，所以进行了选取，并且创新地引入了文化服务这个指标。

4）徐明生的文化资本指标体系

徐明生（2011）结合联合国教科文组织、新西兰政府的文化指标体系及我国统计现状，构建了包括两个层次的文化资本指标体系，共设置了 2 个一级指标，下设 9 个二级指标。其中，一级指标包括有形文化资本和无形文化资本，前者下设了文物藏品、公共图书馆数等 5 个二级指标，后者下设了演出观看、专利申请文物藏品等 4 个二级指标。该文化资本指标体系在设置上尽量采用文化资本存量指标，如果没有，就采用与文化资本存量指标有正相关性的流量指标替代。

第4章　公共文化服务财政支出的宏观经济效率：适度规模的确定

4.1　中国公共文化服务财政支出的制度变迁及支出特征

4.1.1　中国公共文化服务财政支出的制度变迁

公共文化服务财政支出，是指基于特定的社会制度政府在公共文化领域的支出，政府文化职能的转变是公共文化服务财政支出面临的重要制度环境变迁。主要体现为政府对物质文化，即文化产业部门、文化资源部门、文化行政部门的管理；政府对制度文化的管理，如文化体制的改革、文化法律法规的颁布和实施；政府通过相关社会价值观念与属性的塑造和培育，实现对社会精神文化的管理。然而，由于社会结构在不断演变，社会价值体系可能发生重塑。

公共文化服务财政支出是政府为完成文化职能，获得需要的文化物品和服务而进行的财政资金支付，能够给政府的公共文化活动提供资金保障。作为履行政府文化职能的经济手段，公共文化服务财政支出的责任就是为政府实现文化职能提供财力保障。因此，公共文化服务财政支出的范围和结构主要取决于政府行为取向及其活动范围。社会公共文化的财政支出力度和广度，从侧面上体现了政府对于公共文化事业建设的重视程度。在不同的经济发展阶段和不同的经济体制背景下，政府的文化职能作用和活动范围是不同的，与此相适应，公共文化服务财政支出的范围、规模和结构也是不同的。随着社会经济发展，需要适应政府文化职能范围的变化，合理界定公共文化服务财政支出规模与范围，并以此为参考对财政支出结构做出合理调整。所以公共文化服务财政支出和政府在社会公共服务事业中的职能转变两者具有相互体现和制约的关系。

1. 1978 年前计划经济时期文化职能政治化导向下的公共文化服务财政支出

在中华人民共和国成立之后，国家实行的是计划经济体制，该阶段（计划经济阶段），社会秩序的主导为政治，文化的政治教化功能自然被放在重点位置，公共文化的政治属性极为显著，国家开展的有关公共文化建设工程其实施理念极易受到国家意识形态的影响。该阶段，文化、经济等领域的分化程度很低，政治、经济、文化领域基本合一。文化职能也是政治职能，虽然该时期我国制定了有关文化建设的专门方针、政策，但总体而言还是注重文化的政治教化功能。

该时期，在政府文化政治导向的职责与功能下，公共文化服务财政支出被称作文化事业支出，文化事业支出主要依照行政指令对各种资源在文化领域进行计划配置，几乎包揽了所有的文化类支出，个人和民间组织难以举办公益性文化活动。文化生产的规划、内容、服务对象及管理职能由中央文化管理部门授予，地方文化管理机构具体实施，从上至下，中央文化管理部门和地方文化管理组织均有向社会提供规范、有序文化物品的基本职责，且是文化市场供给的第一主体。政府相关文化主管部门对其所属文化事业单位，提供物质、资金、人员、信息及技术要素，文化物品生产和服务供给的所有资金都来源于政府财政拨款。政治教化功能在民众文化物品中属性十分突出，政府的公共投资几乎都用于科教文卫体的基础设施，并提供了相对均等的公共文化服务。所以公共文化服务财政支出GDP 占比是比较大的，从“一五”到“五五”时期平均值为 0.12%，公共文化服务财政支出占财政支出的比重从“一五”到“五五”时期分别为 0.39%、0.39%、0.41%、0.39%、0.42%，而“十五”“十一五”时期分别为 0.39%和0.38%。但由于经济水平和财政收入水平的低下，社会总供给严重不足，公共文化服务支出的绝对规模也是比较低的，公共文化服务财政支出总量从“一五”到“五五”时期分别为 4.97 亿元、7.99 亿元、10.36 亿元、15.36 亿元、22.04 亿元，合计起来总额都不及 2000 年一年的公共文化服务财政支出额（63.16 亿元）。

此外，计划经济阶段的支出效率水平较低。政府各职能部门以单位的形式安排生产任务和利润上缴，分配资金、物资、劳动力等生产要素，检查和考核计划执行情况，政府文化职能部门体系包括文化、新闻出版、电视广播、文物等职能机构，在政府有关纲领规划中，确立了党委和政府文化主管机构、政府文化主管机构和文化事业单位、文化事业单位和基层事业单位的基本组织框架。在这种模式下，文化物品生产和文化服务供给的决策权集中于组织内的最高层，并下达到下一层级单位，然而上级部门决策信息充分性低、信息传输链条长、信息失真率高、文化物品供给的群众需求吻合度低等均使文化的财政支出决策和资源配置效率低下，以及管理效率低下。同时，因为文化物品生产和文化服务劳动数量难以测量，成员的报酬收益难以与劳动成果直接关联，计划经济体制下几乎所有单位都统一规定了固定工资制度滋生部分的机会主义行为，文化物品生产者和文化服务供给者主观能动创造的积极性受到抑制，导致文化物品生产效率低及文化服务供给效率低。

2. 1979~1992 年转型时期市场化导向下的公共文化服务财政支出

自我国进入改革开放时期，在社会主义市场经济的影响下，文化产业领域发生根本转型，以“经济建设为中心”取代“以阶级斗争为纲”，我国文化产业和经济基础属性分离的状况发生了极大的变化。20 世纪 80 年代以来，我国的文化市场迅速形成，大量文化行业涌现。这个时期文化领域开始走市场化的道路，高度集权的管理体制开始发生松动，转型为由上至下的分权体制。具体的改革内容包括：对文化部门及团体布局进行调整；参照经济体制改革措施，开始对事业单位结构改制进行探索和尝试，以期用市场收益来补充其财政空缺。为解决文化单位分配不均等体制僵化问题，文化单位也实行了“承包责任制”改革，主要是实施了以文补文、多业助文等改革措施，允许不同性质的艺术团体引入社会力量筹集资金，鼓励部分文化事业单位通过市场化、多元化经营获得资金来源，以解决文化单位出现的资金短缺困境。这个时期改革成果主要是开始放开文化市场，并认可文化市场的发展及其地位。在文化市场化的演变和催化下，公共文化服务财政费用项目从范围到规模都在减少，支出结构调整范围明显，支出效率低下。基于市场经济秩序的日趋完善，公共文化物品的全面市场化远不足以有效保障公共文化产出的拓展，反而致使越来越多的文化物品企业和基本文化属性相脱离。综合考量公共文化服务中公共物品所具备的基本外部特征，不少公共文化部门通过市场化增加收益比较困难甚至无法进行，导致原本逐渐减少的公共文化服务更是几乎被完全放弃，改为进行更多的具有市场化收益的运营。继而公共文化服务财政支出所形成的公共文化服务规模不断下降，公共文化服务供给的数量和质量难以长期维持。其财政支出的 GDP 占比平均数值为 0.09%，而 1978 年前的平均数值为 0.12%。

3. 1993~2004 年文化产业化导向的公共文化服务财政支出

随着我国生产力发展和市场经济机制的日臻成熟，文化物品服务消费发展规模扩大，消费范围也在持续扩张。文化物品和服务通过不同形式被展现出来，并逐步融入人们日常生活中，各种文化消费品层出不穷，如电视剧、电影、音乐会、展览会、杂志、动漫产品等，文化消费产业群初具雏形，文化产业成为新的经济增长点。在这样的现实背景下，国务院为进一步规范和加强国内文化产业市场，于 1998 年正式成立了相应的管理机构——文化产业司。

以“产业化”为主导特征的改革阶段，开始对前期过度市场化所致的各种问题进行纠正，主要体现在四个方面：一是在文化事业单位内部进行改革。针对各类型文化事业单位不同的性质和特点，建立和健全文化事业单位激励竞争机制以增强其生机。同时推动经营性文化事业单位转为经营性文化企业，组建各类文化集团，进而发展和壮大各类经营性文化产业。二是继续培养市场体系，其主要构成体系有三个方面，即文艺表演市场、旅游产业和音频视频产业市场。三是通过转变职能和提高效率进一步加强文化管理部门的改革。四是建立引导文化单位将社会效益放在首位的保障机制，并继续完善文化经济政策。这一时期的改革进一步下放了政府主管部门在业务、人事和财务上的权力，但是政府行政管理体制改革的进展仍然滞后于文化事业单位的市场化改革进程。公共文化服务财政支出 GDP 占比平均值为 0.067%，在 1995 年和 1996 年达到最低值，为 0.05%，由于对文化体制改革的重视，公共文化服务财政支出 GDP 占比呈现先降后升趋势（图 4.1）。

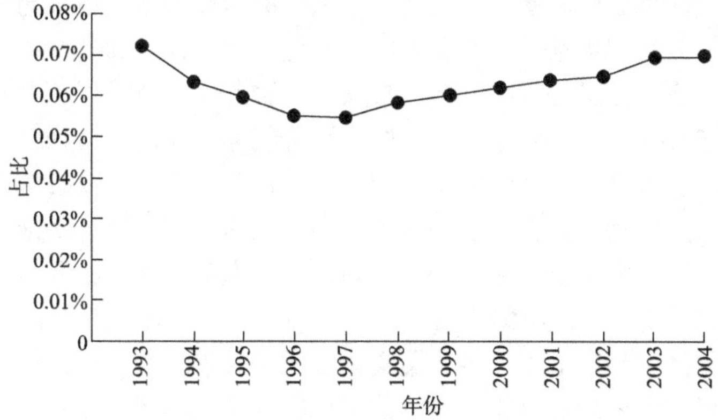

图 4.1　1993~2004 年的公共文化服务财政支出 GDP 占比

4. 2005~2015 年公共文化服务被重视程度不断提高的公共文化服务财政支出

2004~2005 年，在中共中央领导下，政府行政管理体制进入以服务型政府为改革方向的深化转型期。公共文化服务体系建设成为服务型政府改革的一项主要内容。2005 年，《中共中央关于制定国民经济和社会发展第十一个五年规划的建议》明确提出，加大政府对文化事业的投入，逐步形成覆盖全社会的比较完备的公共文化服务体系。2006 年，第十届全国人民代表大会第四次会议在北京召开，会议上通过的《政府工作报告》中“深化文化体制改革，发展文化事业和文化产业。加强文化基础设施建设尤其是农村基层文化建设，完善公共文化服务体系”。当年9月，政府再次通过了《国家“十一五”时期文化发展规划纲要》，其中首次将“公共文化服务”列为单独的一个章节，对公共文化服务体系构建的实施细则和内容加以具体阐述，以此表明，政府在公共文化服务建设关注度和解决方案上实现了历史突破，并将公共文化服务建设作为一项重要的战略政策进行实施。

到2007年，第十届全国人民代表大会第五次会议召开，该会议上发布的《政府工作报告》中对我国公共文化服务的发展做出具体规划，“着眼于满足人民群众文化需求，保障人民文化权益，逐步建立覆盖全社会的公共文化服务体系，突出抓好广播电视村村通工程、社区和乡镇综合文化站建设工程、全国文化信息资源共享工程、农村电影放映工程、农家书屋工程。继续建设一批国家重大文化工程”。立足当下现实，充分考量和满足广大民众文化物品市场需求，积极倡导符合社会主义价值观的各类公共文化物品，如新闻出版物、音频视频产品、文艺作品等。在实践发展中，要注重维护和保障人们的文化权益，逐步建立覆盖全社会的公共文化服务体系。善于利用现有文化资源，有重点地发展公共文化服务，广泛开展各类电视广播工程，建立社区型综合服务站，通过充分调动和利用信息资源，推进具有典范效益的重大国家文化工程建设。2007年6月，中共中央召开专门的政治局会议，其中就国内公共文化服务体系建设思路和理念开展研讨和规划。2007年8月，中共中央办公厅、国务院办公厅通过公众媒体下发了《中共中央办公厅、国务院办公厅关于加强公共文化服务体系建设的若干意见》，该意见对政府未来公共文化服务建设的方向和途径加以明确。特别强调，“各级党委和政府一定要高度重视，采取有效措施，立足当前，着眼长远，有重点分阶段地把公共文化服务体系建设抓紧抓好”。2011年，中共中央出台了《中共中央关于深化文化体制改革推动社会主义文化大发展大繁荣若干重大问题的决定》，该决定对于规范和加大财政体系中公共文化服务投入比例做出具体要求，还在前者的基础范畴之上，对公共文化服务财政扶持的范围和类型进行了延拓，建立相关的财政保障制度，提高财力使用效率，从机制建立的根本上促进社会公共文化体系的建设进程。2015年，中共中央办公厅、国务院办公厅印发《关于加快构建现代公共文化服务体系的意见》，该意见明确提出公共文化服务的标准化建设概念，并为保障人民群众的基本文化权益提出实施细则。2017年3月1日，《中华人民共和国公共文化服务保障法》正式实施，表明我国公共文化建设全面进入法制建设时期。

1993~2004年的公共文化服务财政支出占GDP平均数值从0.067%上升到2005~2010年的0.077%。2015年，全国文化事业费为323.06亿元，与2005年的133.82亿元相比，增幅达141.4%。“十一五”时期，全国文化事业费累计超过1 200亿元，“十一五”时期年均增长率为19.3%；国家对城市和农村地区文化建设的支出 5 年间增幅分别达到 110.6%和 226.1%，均已实现“翻一番”的目标；人均文化事业费从 2005 年的 10.23 元增加到 2010 年的 24.11 元，增幅为 135.7%。由此可知，政府逐渐认识到在公共文化服务方面所需要承担的责任，公共文化服务水平也从低谷重新提升。

4.1.2　公共文化服务财政支出的规模与结构特征

1. 公共文化服务财政支出规模变化趋势

1）绝对指标的增长趋势

公共文化服务财政支出规模主要通过绝对指标和相对指标衡量。从绝对规模上看，公共文化服务财政支出规模呈递增趋势，图 4.2 给出了公共文化服务财政支出规模绝对数值的变化趋势，可以看到其变化是呈递增趋势的。为了说明在不同时期公共文化服务财政支出绝对数值增长状况，把每个五年计划公共文化服务财政支出值都取平均值进行对比（图 4.3），也可得出不同时期的时间序列上公共文化服务财政支出规模是递增的，在“十二五”时期公共文化服务财政支出的增长速度达到了高点，表示公共文化服务财政支出规模不断加大，进一步说明了政府对公共文化服务财政支出的重视程度在增加。

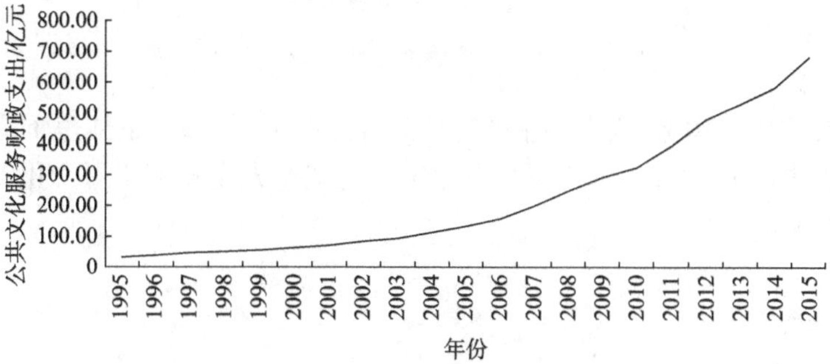

图 4.2　公共文化服务财政支出规模

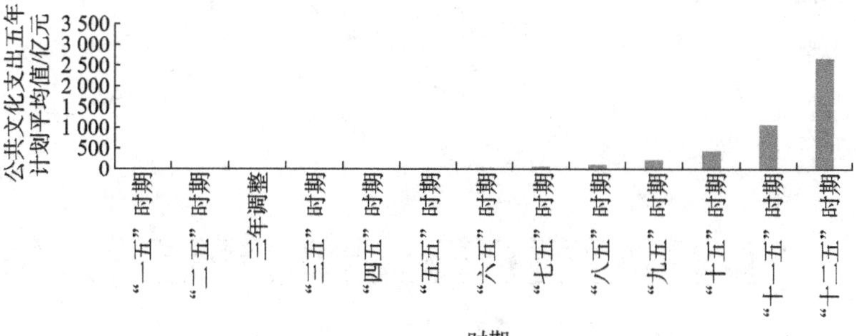

图 4.3　各时期公共文化服务财政支出规模

2）相对指标变化趋势的不同结果

表示公共文化服务财政支出的规模变化状况的还有相对数值，公共文化服务财政支出相对规模主要由公共文化服务财政支出占财政总支出比重、公共文化服务财政支出占 GDP 比重及公共文化服务财政支出占科教文卫比重等指标进行衡量。

公共文化服务财政支出占财政总支出比重可以反映出公共文化服务财政支出力度强弱。从公共文化服务财政支出占财政总支出比重（图 4.4）上看，该指标几乎都处于 0.3~0.5，公共文化服务财政支出规模呈先递增后递减趋势，1995~1998 年该指标处于较高时期，在 0.47~0.50 的数值上下小幅波动；1998 年之后整体处于下降趋势，最低值为 2010 年和 2011 年的 0.36。这说明财政对公共文化服务财政支出支持力度与其他领域相比并没有增加。

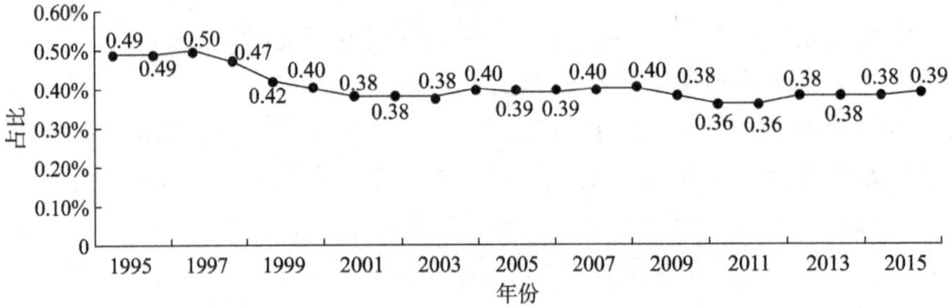

图 4.4　公共文化服务财政支出占财政总支出比重

公共文化服务财政支出占科教文卫支出比重（图 4.5）整体呈下降趋势，说明财政支出中政府对教育、科研和卫生发展的支持力度要大于对文化发展的支持力度。

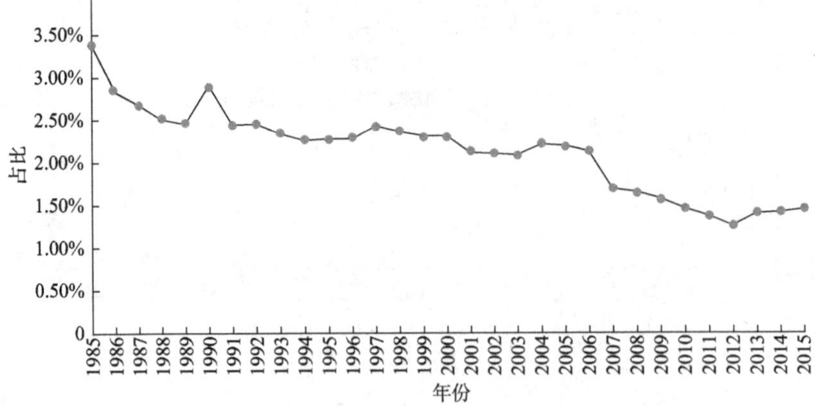

图 4.5　公共文化服务财政支出占科教文卫支出比重

与公共文化服务财政支出占财政总支出比重先递增后递减趋势及公共文化服务财政支出占科教文卫比重递减趋势不同的是，公共文化服务财政支出相对指标——公共文化服务财政支出占 GDP 比重呈递增趋势（图 4.6），长期以来财政增长速度大于 GDP 增长速度在一定程度上对这一差别做了解释。公共文化服务财政支出占 GDP 比重指标反映了公共文化服务财政支出在总产出资源中分享到的份额，这个指标上升的趋势说明我国公共文化服务财政支出在总产出资源中享受的份额在增多。虽然财政对公共文化服务财政支出的支持力度呈现相对下降趋势，公共文化服务财政支出占用的社会资源却是增加的。

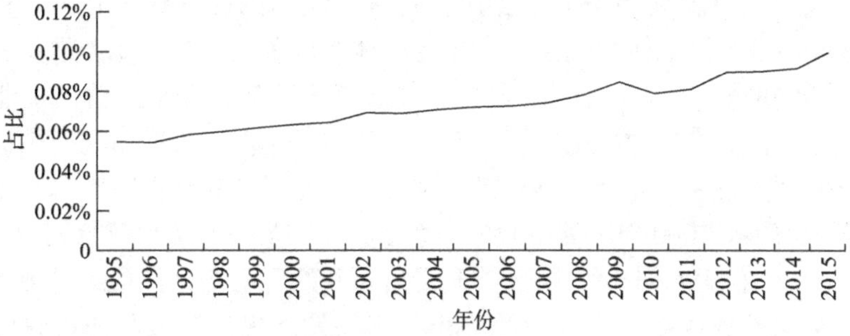

图 4.6　公共文化服务财政支出占 GDP 比重

众多的财政学家从多国的公共文化服务财政支出规模变化趋势研究中得出几乎达成共识的观点，不管是公共文化服务财政支出的绝对额还是相对额，其整体的支出规模始终都呈现逐渐增长态势。财政学家阿道夫·瓦格纳对瓦格纳法则经济原因做出解释，他提出教育、文化、娱乐、保健及福利服务方面的公共支出增长的主要原因就在于其服务需求所具备的收入弹性相对较大，也就是在人均实际收入不断上升的情况下，这部分服务需求量开始持续增大，进而使公共文化服务财政支出、公共教育支出等相关的公共支出的绝对值处于逐步增长态势，而且要比 GDP 的增长更快。财政学家马斯格雷夫（Musgrave，1959）和罗斯托（Rostow，1959）认为教育、文化方面的财政支出占财政总支出的比重会随着经济增长的发展呈增长趋势：在经济发展的早期，在社会投资之中政府所占比重相对较大，因而公共支出中属于公共投资部分的份额也相对较大，增速极快，而用于公共文化、教育等方面财政支出所占比重并不大；在经济发展的中期，政府公共投资持续开展，只是公共投资大多属于私人投资的补充，并且政府消费性及转移性支出都在持续增大，投入占公共文化服务的财政支出的比重开始持续增大；在经济发展成熟期，处理社会公平等问题的转移性支出呈现出明显的递增态势，文化、教育及卫生方面的支出比重持续增大。之后不少学者也通过不同的数据实证了这个观点，公共文化服务财政支出规模是追随经济增长路径的（Horlacher，

1979；Getzner，2002）。从国家的公共文化服务财政支出的实际数值可以看到，尽管公共文化服务财政支出绝对值从中华人民共和国成立到 2015 年是呈递增趋势的，这与鲍莫尔（Baumol，1968）的观点一致，但能反映公共文化服务财政支出变化的相对指标——公共文化服务财政支出占财政总支出比重的变化趋势，是与马斯格雷夫和罗斯托的结论相悖的。按照西方学者对公共文化服务财政支出和经济增长关系的研究，在我国经济快速增长的背景下，公共文化服务财政支出占财政总支出的比重应该也是呈递增趋势的，然而现实数据与传统理论观点不一致，是什么原因呢？

1992 年是公共文化服务财政支出占财政总支出的比重数据变化的转折点，正是在这一年市场经济体制确立，文化经济体制改革进一步深化。根据各种文化事业单位不同的性质和特点，建立健全激励竞争机制，推动经营性事业单位的“转企改制”，组建各种文化集团，不少文化事业单位被推向市场，由此文化财政支出减少，在一定程度上可以解释公共文化服务财政支出占财政总支出的比重变化的个中原因。2000 年之后，政府出台了一系列的财政优惠政策大力支持文化事业的发展①，在 2005 年十六届五中全会后召开的每次全会都重点提出需要增加构建公共文化服务体系方面的财政支出，多项发展规划都强调加大政府财政支出，增加对文化事业的支出。政治客观环境在一定程度上对公共文化服务财政支出产生极大的影响，具有重视文化经济发展意识的政党在财政文化政策方面会出台更多优惠政策来对其予以支持，公共文化服务财政支出相对规模也必然会增加（Alesina and Perotti，1994）。然而我们可以看到 2000 年之后的公共文化服务财政支出占财政总支出的比重数据总体趋势还是下降的。从上述经济体制与文化体制改革的分析中没有足够的理由解释这个问题。本书将在后面研究中从财政分权导致的政府行为中寻求其中的原因。

2. 公共文化服务财政支出主要以地方支出为主

从中央与地方公共文化服务财政支出比例看，公共文化服务财政支出主要是地方的支出，从表 4.1 和图 4.7 可以看到，1985~2015 年地方财政公共文化服务财政支出占公共文化服务财政总支出的 90%以上，平均值为 93.9%，也就是说，这 30 年公共文化服务财政总支出中平均有 93.9%是由地方支付的，而只有 6.1%是由中央支付的。此外，从图 4.8 中可以看到，公共文化服务财政总支出绝对数值的增长主要来自地方公共文化服务财政支出的增长。

---

① 2000 年，国务院下发了《国务院关于支持文化事业发展若干经济政策的通知》，并出台了一系列财税优惠政策，对文化事业发展进行支持；2002 年“十六大”明确提出“积极发展文化事业和文化产业”；2004 年十六届四中全会把提高建设社会主义先进文化的能力作为加强党的执政能力建设的一项重要任务。

表 4.1　公共文化服务财政支出中央与地方支出的数额及比例

年份	中央财政支出/万元	地方财政支出/万元	中央比重	地方比重
1985	5 125	113 981	4.3%	95.7%
1986	6 043	145 850	4.0%	96.0%
1990	12 224	238 007	4.9%	95.1%
1991	11 425	276 512	4.0%	96.0%
1995	20 973	312 880	6.3%	93.7%
1996	20 283	367 371	5.2%	94.8%
1997	25 901	447 587	5.5%	94.5%
1998	34 514	486 987	6.6%	93.4%
1999	34 263	536 806	6.0%	94.0%
2000	55 498	576 093	8.8%	91.2%
2001	35 784	674 404	5.0%	95.0%
2002	44 257	792 019	5.3%	94.7%
2003	52 046	888 227	5.5%	94.5%
2004	102 027	1 034 531	9.0%	91.0%
2005	113 028	1 225 166	8.4%	91.6%
2006	137 350	1 442 934	8.7%	91.3%
2007	190 924	1 798 701	9.6%	90.4%
2008	200 875	2 279 522	8.1%	91.9%
2009	207 120	2 716 018	7.1%	92.9%
2010	152 788	3 077 861	4.7%	95.3%
2011	184 867	3 741 359	4.7%	95.3%
2012	212 300	4 588 719	4.4%	95.6%
2013	269 177	5 035 731	5.1%	94.9%
2014	358 420	5 474 959	6.1%	93.9%
2015	369 620	6 829 708	5.1%	94.9%

资料来源：相关年份《中国文化文物统计年鉴》

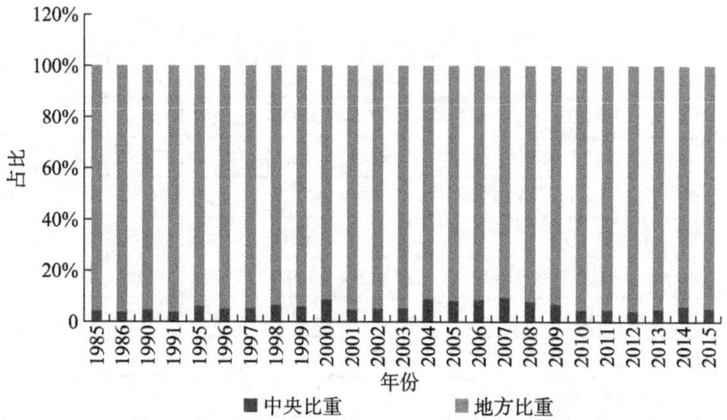

图 4.7　中央和地方公共文化服务财政支出比例

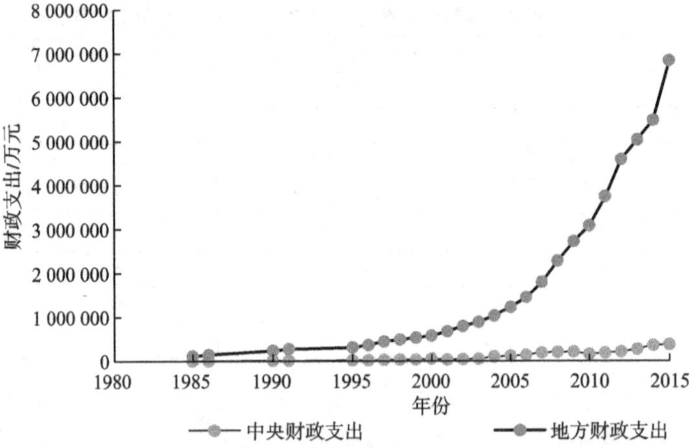

图 4.8 中央与地方公共文化服务财政支出变化趋势图

3. 在地区结构上东部公共文化服务财政支出占多数，城乡结构上城市支出占多数

根据我国现行经济统计的分类方法，把我国地区分为东部、中部和西部，以便于考察、统计和分析。东部包括北京、天津、河北、辽宁、上海、江苏、浙江、福建、山东、广东、海南 11 个省市；中部包括山西、吉林、黑龙江、安徽、江西、河南、湖北、湖南 8 个省；西部包括重庆、四川、贵州、云南、西藏、陕西、甘肃、青海、宁夏、新疆、内蒙古、广西 12 个省区市。从表 4.2 中可看到，东部公共文化服务财政支出无论在绝对值还是比重上都高于中部和西部。2005~2015 年东部占全国支出比重基本在 50%左右。从表 4.3 可见，城市的公共文化服务财政支出占全国支出比重的 70%以上，城市公共文化服务财政支出占多数。

表 4.2 公共文化服务财政支出地区结构

项目	地区	2005年	2006年	2007年	2008年	2009年	2010年	2011年	2012年	2013年	2014年	2015年
总量/亿元	全国	133.82	158.03	198.96	248.04	292.31	323.06	392.62	480.10	530.49	583.44	682.97
	东部	74.86	79.72	98.26	120.69	138.53	153.12	187.22	228.76	250.41	263.42	342.87
	中部	29.42	31.96	40.20	51.36	66.70	72.76	78.32	90.59	101.00	113.03	109.08
	西部	29.54	34.25	42.70	58.76	70.15	85.78	108.59	139.53	152.16	171.05	193.87
比重	全国	100%	100%	100%	100%	100%	100%	100%	100%	100%	100%	100%
	东部	55.94%	54.63%	54.24%	52.29%	50.31%	49.13%	50.04%	49.85%	49.73%	48.10%	50.20%
	中部	21.98%	21.90%	22.19%	22.25%	24.22%	23.35%	20.93%	19.74%	20.06%	20.64%	15.97%
	西部	22.07%	23.47%	23.57%	25.46%	25.47%	27.52%	29.02%	30.41%	30.22%	31.24%	28.39%

资料来源：相关年份《中国文化文物统计年鉴》

表 4.3　公共文化服务财政支出的城乡差异

年份	总量/亿元			比重		
	全国	农村支出	城市支出	全国	农村支出	城市支出
2012	480.10	135.87	344.23	100%	28.3%	71.7%
2013	530.49	144.29	386.20	100%	27.2%	72.8%
2014	583.44	155.78	427.66	100%	26.7%	73.3%
2015	682.97	203.53	479.44	100%	29.8%	70.2%

资料来源：相关年份《中国文化文物统计年鉴》

4. 公共文化服务财政支出资金使用结构上趋向于满足公众基本文化需要的支出

公共文化服务财政支出资金使用方向主要是艺术表演团体、艺术表演场所、公共图书馆、群众文化事业、中等专业学校和干部训练及其他支出。其他支出主要是指用在文化市场执法机构、文化艺术研究机构、文化部门教育机构、文物与文化保护及博物馆等方面的支出。从图 4.9 可以看到，反映人们基本公共需要的艺术表演团体、公共图书馆及群众文化事业支出，所占份额基本保持在小幅波动下的相对平稳状态，其他支出所占比重呈增大趋势；所占份额非常小的干部训练支出也自 2007 年开始取消。

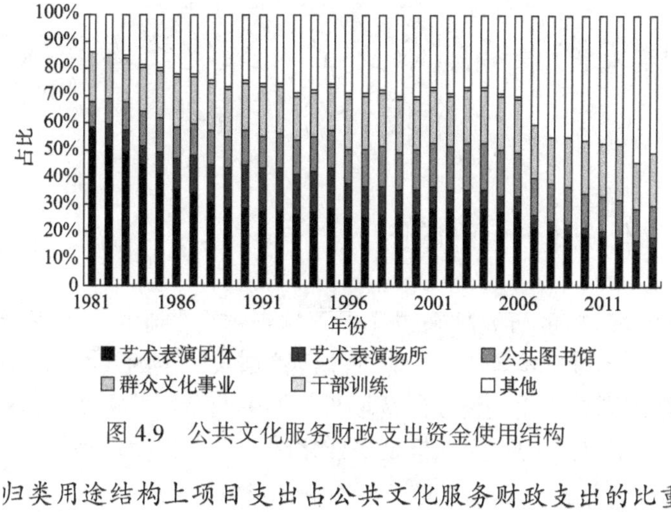

图 4.9　公共文化服务财政支出资金使用结构

5. 资金归类用途结构上项目支出占公共文化服务财政支出的比重较低

公共文化服务财政支出在资金归类用途结构上的支出主要包括文化部门基本支出、项目支出和经营支出。基本支出主要是指财政文化费用中用于文化部门人员工资、社会保障、福利费、个人及家庭补助费、维修费及各种设备的购置费。项目支出主要是指用于文化发展项目的费用。经营支出是指在文化部门非营利经营过程中所发生的费用。从图 4.10 可以看到，基本支出的比重呈下降趋势，从 2005 年的 53.34%下降到 2015 年的 37.26%；项目支出比重尽管呈增加趋势，但仅是 2014 年和 2015 年超过 40%，最高的是 2014 年的 41.7%。相对于基本支出，项目支出能够有目标地使用资金，在项目立项、项目管理及项目绩效评价方面都有相应的制度考核，公共文化服务的项目支出更能起到满足人们公共文化需要，提高支出资金使用效率的作用，这部分支出的比重还应有所提高。

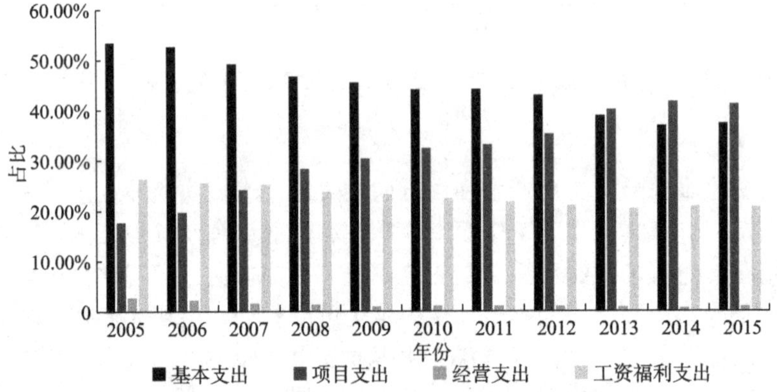

图 4.10　公共文化服务财政支出资金归类用途结构

4.2　公共文化服务财政支出、文化资本与经济增长：一个理论分析框架

4.2.1　文化资本与经济增长

随着对资本范畴的研究越来越深入，越来越多的业内人士开始关注技术资本、物质资本和制度资本等不同因素对于经济增长产生的效益和影响。从根本而言，文化因素的制约作用始终在经济增长效能中起着至关重要的作用。古典经济学家认为，“经济人”的行为动机是多样化的，很大程度提到了文化因素对经济增长的影响。

亚当·斯密所著的《道德情操论》一书明确提出了道德情感的多元化发展是影响经济增长的关键因素。然而在新的古典经济学理论中，人们具备的信仰、情感、道德、伦理等都属于外生化因素，这为问题的简化路径提供了新的方式，从特定的层次上推动了经济学的研究进展。但是随着社会的不断演变和推进，经济学需要为此做出更深层的研究时，假设条件的范畴也在逐步地拓展并最终和现实世界接轨。例如，以圣地亚哥州立大学在 1999 年召开的 SABE①为契机，在该协会的支持下进行了经济学科与其他学科的相互沟通和交流，首次明确了经济发展和文化资本的关系科研讨论项目话题。基于该课题的研讨和论证，著名的经济学家思罗斯比首次提出"文化资本对于经济增长的现实价值和意义所在"的研究内容。在该议题的讨论过程中，越来越多的经济学家开始关注文化物品对于经济发展的基础支持作用，从而概括出一种全新的文化价值对于经济增长的效能理论。

文化资本的实际意义和价值体现在对人们行为选择的根本参考依据上。同时，文化资本的存在还会对技术发展、制度制定等方面产生决定性作用。由于文化资本的不同，必将引起个体、组织和不同区域的收入出现明显差别。

1. 身体化文化资本对经济增长的影响

对于个体而言，身体化文化资本表现为个人的知识、教养、技能、品位及感性，实际上就是个人的价值观、信念、看法和思维方式总和的外在反映。不论个体在接受教育类型方面的差异性大小，或者其产生的人力资本大小，他具备的价值观体系在一定时期是固有的，而从产生角度方面考虑，可以将该价值观体系看作身体化文化资本的体现。上述文化资本的效益不仅体现在人们对相关活动的安排程度上，还将影响到人们需求的更替和改变。它可以依靠企业家的职业选择、管理层的经营管理决策从而提升企业生产效率，间接地对总的国民生产效率及经济增长产生效应；以价值观、信念、看法和思维方式存在的文化资本，对总生产函数发生相应的作用，并最终影响经济的增长方式和速度。

1）身体化文化资本的边际报酬递增特性与经济增长

经济增长取决于总生产率，而最终由企业生产率决定。除了生产投入的基本生产要素，对企业生产率造成影响的因素还有很多，包括区位、组织内在结构、技术和市场结构等方面，但是当所有这些因素都相近时，仍然会出现巨大的生产率差异，这归因于企业家精神（格罗斯曼和赫尔普曼，2003），也就是企业家价值观体系差异的构成，它的主要构成类别有企业经营宗旨、企业理念等，以上不同因素的存在对企业生产率形成制约。因而，我们可以得出，单纯地依靠人力和物质资本两种因素不足以决定企业的最终生产率，这和企业的性质并无关系，不论其是国有企业、私营企业或家庭业主类型的公司组织，对企业发展产生最终影响还要取决于企业高层管理的决策，而企业家的创新及决策又是由其价值观体

① SABE：Society for Advancement of Behavioral Economics，行为经济学促进协会。

系，即身体化文化资本决定的。企业在国家和地区经济发展结构中扮演着重要的支撑作用，而其中的文化资本在当地的经济增长中发挥决策效应。因此，科学、客观地分析经济增长内涵，必须建立在影响企业生产率的文化因素基础之上。文化资本具有的边际报酬递增特性对企业生产率乃至经济增长有着不可估量的作用。

通过建立在收益递增层面上的研究可得出，企业家的决策效应和非凸性是紧密相连的（汪丁丁，1995）。换言之，企业家能力的表现因素——文化资本是最终保障边际报酬递增的基础。企业家的文化资本每增加一单位所带来的收益都是递增的，这部分文化资本的增加积累意味着价值观体系的扩展，对于企业家而言价值观体系的扩展表现为如下几种形式：新方式、新产品、新市场、新资源等组织类型的实现。以消费者需求层次为例，企业家将消费者的价值列入其内在的价值体系。在此基础上还能够实现自身价值的不断拓展和演变，并获取消费者更深的消费需求。因而，企业家增加更多文化资本积累，新产品、新方法、新市场、新资源和新组织带来企业收益的递增（高波和张志鹏，2004）。

更进一步，以上这些创新要想得以推进，需要企业实现价值观体系的扩展。首先，文化资本在企业投入中既是一种必备条件同时也是一种稀缺资源。文化资本的实施是企业建立的根本保障，只有实现完备、科学的文化资本支出，最终才保障相关劳动力和资本要素的支出。基于该前提条件，企业家和资本拥有者所约定的不仅为合约中的相关规定，还表现为深层次的心理契约。可以说，企业的构建基础是具备相同或相近文化素养的个体集合。于是，在企业家的文化资本支出下企业建立是企业实现价值观体系扩展的前提。

当企业中出现技术革新、管理制度改变等创新时，往往面临强烈的反对。而推进创新又是价值观体系也就是文化资本的积累从企业家个人扩展到员工的过程。企业家在该价值体系的拓展活动中承担着主要角色，他们的作用随后还会影响到员工的行为。一些规模较大的企业组织往往十分注重意识形态的教育培养工作，以此来说服基层员工对其合法性的信任。同时意识形态的分析在制度安排方面效益十分显著，包括基本道德、伦理素养等（诺思，1994），也就是企业总体价值观体系的扩展。企业价值观体系实质就是企业文化。管理学对于企业文化的重要作用给予了充分的肯定：企业文化不仅是企业核心能力，还对企业生产率有着重大影响，是企业成败的关键。企业文化的内涵和根本体现为文化资本的积累，而文化资本最直接收益为创新理念的树立及相应价值体系的构建；或者说文化资本增加，带动企业生产率的增加，使文化资本表现出边际收益递增的特性，企业家的价值理念可以依靠文化资本积累的方式影响更多的内部人员，并在此基础上实现生产率的增长和提升（罗浩，2009）。

此外，身体化文化资本的不断沉淀融合发展会对企业利益增长产生积极效益。而利润的迅速增长和社会认同，必将造成越来越多的个体或组织效仿这种文化资本。一旦某个国家或地域认同此种文化资本类型，必然会巩固这种文化资本的形成路径并持续进行。真正引发经济增长的文化资本因素会自然地和其他与之相近的思想融合渗透，并不断延续和拓展。对于提升经济增长方面发挥特殊效益的文化资本，会依靠自我强化的作用拉动相应类型的国家发展。在特定的历史时期，该国人均收入水平会持续上升并长期保持。报酬递增主要体现为“溢出效应”，即在一定人群组织中一旦有某一方面文化资本被普遍认同，那么相应的群体规则也会被制定并普及。例如，行为主体所处的市场，假如每个个体都认真遵守基本的信用守则，那么市场的整体信用度自然会得到提升。相反，假如一个市场失信成风、欺诈横行，市场的整体道德水准也就不言而喻。同时，文化资本的积累需要经过较长的过程，因此对其加以改革需要耗费较多精力。相关经济历史研究发现，当外来文化引入社会时，只有在其基本符合传统文化理念的前提下，才能实现大众化的普及。文化的改革过程并非一蹴而就，而是要有选择性和针对性地进行。例如，在对西方文化的引入选择过程中，假如前者的渗透和吸纳不会对传统的社会组织造成冲击和破坏，相对而言就更容易被人所接纳。

2）文化资本制约其他生产因素从而对经济增长产生影响

文化资本可以通过其身体化形态的文化资本对生产要素、制度体系、生产技术等要素间接造成影响，由此可以文化资本对这些要素的制约影响程度作为评价其影响经济增长程度的依据。

第一，文化资本对要素支出的影响。

一方面，文化资本在劳动力供给方面的作用效果。从经济学层面出发，对某区域的有效劳动支出指标的分析可分为如下几大要素：劳动时间、劳动效率、实际参与率、人口总量等。以上要素的存在和作用都和文化资本存在紧密关联性。例如，多数的发展中国家十分倾向人口生育的价值观念，由此造成以上国家人口数量和规模的急剧膨胀。相对而言，发达国家在人口生育价值观念上较为淡薄，多数家庭养育子女数量极少，造成国家的人口增长率较低。在一定的范围内，当人口与其他要素的数量和增长相匹配时，人口数量多有利于经济增长；但当人口数量超过这个范围时，会导致用于维持人口生存的各方面资源增多，占用了用于经济发展的资源从而抑制经济的增长。一个区域的价值观念也会影响人口结构，如老中青幼结构与男女比例结构，从而影响劳动参与率，并最终导致人力资本和经济发展的效应受到影响。劳动意愿可从两个层次加以论述，即努力程度和劳动时间。其主要体现在当地对工作的态度等相关要素的评价上。制度的改变无法从根本上实现地区经济的增长，只有社会价值体系的构建和塑造才能维持地区发展的长期性。此外，不同地域自然环境、生活条件和风俗文化的差异，从客观上也会影响当地劳动力身体、智力等方面的发展，使得个体在身体素质培养方面差距加大，从而影响人力资本及经济增长（蔡旺春，2010）。

另一方面，文化资本和资本积累的关系。通常而言，资本积累主要包括三项内容，即投资率、储蓄率和折旧率。文化资本对这些因素差异的影响也是显著的。文献显示，不少经济学家对宗教和信仰这些文化资本因素对经济增长的影响都进行了论述。

刘易斯（1999）在工作态度、冒险精神和节约意识三要素的条件之上，较为全面地阐述了人们在工作、生育、创新等方面的价值观念最终对经济发展发挥的作用和表现。根据其理论解释，影响经济增长的态度可分为如下几种：首先是人们对财富的态度，他认为人们有限的视野影响了其努力获取财富的意愿，社会积累的物质资本和文化资本习惯，以及禁忌和纯粹的愚昧无知都会造成人们认知程度上较大的差异。其次是人们为追求财富而付出的努力态度，宗教和价值观的差异往往会影响人们的工作态度。

邹恒甫（1993）通过对宗教代表的文化要素进行分析，最终建立具有创新意义的经济增长函数，并排除消费内容，将资本代入效用方程式，最终表明资本主义的积累是地区储蓄率提升的基础条件，同时高储蓄率还可转变为高的生产增长效益。陈峰君（1999）论述了儒家文化对东亚经济发展的决定意义，在业内他的理论还被称为“东方型或情感型模式”[①]。

从社会成员组成的整体看，当一个地域大多数社会成员对该地域生活工作拥有共同的信念、看法、价值观时，这些总体共同的信念、看法、价值观可以看成民族精神。民族精神反映了长期历史进程和积淀中形成的民众所拥有的价值观念和价值追求、意识、习俗、性格、信仰、宗教等共同特质，对民族意志和思想具有相当的促进、维持和保障效应。从更高层次而言，它直接决定和影响民族的凝聚力、价值体系和发展前景。包含宗教、信仰等在内的民族精神是个体文化资本在总体上的集合，同样影响经济增长。文化资本除了对劳动供给和资本积累产生影响，对物质资本同样也会产生影响。文化资本在一定程度上对物质资本和自然开发利用产生了较大的影响。例如，地域内的一些风俗禁忌会限制这些国家或地区利用自己丰富的自然资源；或者即使要利用这些资源，也要考虑与当地价值观的融合。这些都在一定程度上阻碍了经济的发展。

第二，文化资本对技术创新的影响。

熊彼特（1990）提出，具有社会典范的企业经营者，必须具备非享乐主义基本素养。他们的首要心理需求是个体梦想和意志的实现，外在表现为对自己私人

---

① 他认为这种情感型文化对东亚经济发展起到重要的促进作用。一是东亚的企业与公司不仅是经济单位，还是社会实体，贯彻社会价值观念和保障社会团结。二是东亚民族一向以勤俭持家、刻苦耐劳和储蓄著称。三是强调教育，重视智力投资。四是倡导爱国主义、国家至上、社会为先、以和为贵、宽容协调、求同存异、同舟共济等，这些精神因素都在不同程度上对东亚社会的稳定与发展起着重要的积极作用。

财富帝国的支配。另外，他们具备征服的意志、战斗的欲望，奋发图强的目的不仅在于成功的结果还有成功本身所具有的超越性。此外，创新的兴趣通过个体才华的发挥将事业发展到新的历史高度。以上企业经营者的价值体系发展是文化资本的精髓表现，假如某地域在内在价值体系培养方面注重灵活、公平机制的建立，那么在该区域内进行技术创新的成功率也将大大提升。

此外，人们发生的知识和技术的革新，其内在动力为新社会观念的树立和培养。也就是说，假如个体长期故步自封、傲慢自负，他是不可能接纳和吸收新的社会价值观念的。人们只有在认真、客观地吸纳不同意见和思想的过程中，才能使得新理念深刻发展。不过，假如新的社会价值体系和当地传统的观念发生冲突，必将导致新技术和制度创新的滞缓甚至恶化（刘易斯，1999）。

第三，文化资本对制度变迁的影响。

世界新制度经济学的创始人是著名的经济学者诺思（1994），他将新制度经济学定义解释如下：人们从事社会相关活动的基本博弈准则，以及可能涉及的人为互动关联机制等。一般来讲，制度的表现形式包括如下几类：正式制约，如公认的法规、制度、法律；非正式制约，如风俗习惯、社会规则、宗教信仰等，以及与之相应的各类实施行为。他提出制度是经济绩效的基础条件和保障，而以文化形式表现的非正规制度将决定个人行为的实际高度。他还提出制度的适应效率是制约经济增长的主要决定因素，而非人们传统观念下的资源配置效率。概括言之，经济发展的长期效益差异受制度演化方式的影响（诺思，1994）。

经济学者鲍尔斯（2006）通过对行为经济学理论的研究和分析，基于社会个体偏好存在的基本差异，较为科学、全面地推演了制度、文化和偏好等不同因素的作用过程。通过前者的理论概括，十分完整地阐述了异质个体参与人互动的基本模型，并建立起相应的社会秩序模型和概念①。

总的来说，若是缺乏文化资本的持续支出作为动力，想要达成经济增长的目标难度相对较大，就算科技成果已经积累到一定程度，想要使其被高效地利用也极为困难。纵观经济革命的发展历程，其都离不开文化资本的积累和扩张，部分国家及地区经济发展止步不前的关键原因就在于文化资本的匮乏。

2. 文化物品与经济增长

文化资本的客体化表现就是文化物品，具体来说，就是书籍、绘画、古董、

---

① 鲍尔斯的思路：偏好异质且有限理性的个体，处于不同群体当中，作为群体的一员进行社会交往，在组群内部及组群之间行动，为协调群组及群组之间存在的各种各样的利益矛盾和冲突，个体通过互动形成规则，即制度，所以制度取决于个体的偏好。同时制度反过来会影响个体偏好，制度通过群体规范等形式来塑造个体偏好，这就表现出社会对个体行为的决定。因此，在这个互动过程中，个体偏好和制度共生演化。

道具、电影拷贝、录像带、光碟、工具及机械等物质性文化财富。这些文化物品作为消费品经历生产、交换、分配，最后进入消费领域，这部分文化资本直接形成了一个国家或地区一定时期内最终物品和劳务，即 GDP 的一部分，文化物品的消费需求、投资需求和国外需求（净出口）形成了经济增长点，从宏观角度看，文化物品生产总和构成了文化产业。

文化产业能够推动市场向着更为成熟的方面发展，其属于经济结构中的重要组成部分，目前不少国家的文化产业正往国民经济的支柱产业发展，推动第三产业的文化产业不断发展，促进我国产业结构的优化升级与转型，并使得经济不断向着可持续的方向发展。文化产业具有经济属性，它除了让人们拥有精神消费享受，也可带来经济效益及创造就业岗位，能够形成自我积累和自我发展的良性循环。产业下游化是全球经济发展的一条重要规律，作为新兴朝阳产业的文化产业处于产业链的中后端是未来经济发展的重点。美国经济学家马克·卢普的研究表明：对经济增长起决定性作用的主导产业正在发生质的变化，包括文化产业在内的“知识产业”在国民生产总值中所占比重越来越大①。在文化产业化进程中，大众文化物品的大量生产和消费使得人们开始转变以往片面地把文化产业当成社会发展过程中辅助性产业的观念，逐渐把其当成社会经济发展过程中的重要推动力。大量文化物品的高科技含量的出现意味着高科技与文化的融合将为社会经济持续高速发展提供不竭动力（高波和张志鹏，2004）。

3. 文化制度与经济增长

Bourdieu 之后，人们把这种制度化的文化资本内涵扩大了许多。人们把制度化文化资本从文化能力的证书、文凭证明等的解释扩展到可以获得社会的未来收益，而若是想要建立与保持此制度就需要消耗极大的成本，文化政策及法规等均属于文化资本的表现形式。而在理论层面上进行的研究基本依托于制度主义，绝大多数是探析文化体制及制度对企业、国家及世界经济产生的影响。

制度经济学分析制度对经济增长的作用一直是经济学界的热点问题，如今受到学术界一致认可的就是制度变迁对经济增长起到极为关键的推动作用，而本身属于制度重要组成部分的文化制度，其变迁与供给同样也会影响文化产业领域的增长。有关文化物品生产的法律秩序和所有权的定义能够对文化产业或经济增长产生极为关键的影响。

---

① 马克·卢普把知识产业分为教育、研究与发展、通信媒介、信息设备和信息服务五个分支，计算出 1958 年美国以印刷出版、摄影录音、戏剧、音乐电影、广播电视、广告等为主要代表的通信媒介业占知识产业总价值的 31%，占国民生产总值的比例为 8%，仅次于教育产业。

4.2.2　公共文化服务财政支出规模与文化资本积累

1. 文化资本积累

就微观个体而言，文化资本积累是指个体花费了较长时间和较多精力从文化物品和文化服务中获得的能力、行为方式、语言风格、教育素质、品位与生活方式等文化资本，这些文化资本或者文化资本转换为经济资本或社会资本的结果能以制度等形式赋予其拥有者一种约定俗成的、经久不变的、具有合法保障的价值，主要表现为个体价值观体系的扩展。个体通过文化资本积累获得更多的文化资本，通过文化资本投资进行文化生产得到新发明、新著作等文化成果，又以知识产权的形式或通过生产文化资本品直接转化为经济资本，文化资本持有者得到收益与增值。本身具备文化资本较多的个体，其在某领域占据相对明显的地位，获取他人的认可及尊重，进而获取象征性的权力，即文化权威。而文化权威又能够引起极为显著的社会及经济效应，某领域文化资本相对雄厚的个体，即具备文化权威的个体会变成此领域中其他个体学习及效仿的目标，并且其具备的文化资本种类也能够变成其他个体的重要参考，进而使得其他个体在对文化资本进行积累过程中产生一种趋同性。就像企业家长时间积累得到的文化资本，形成一定新的价值观念上的象征性权利和示范性作用，能够影响其所在企业或行业内其他成员的行为（姚俭建和岑文忠，2004）。

就总体而言，文化资本积累从身体化文化资本角度可以体现为某一种价值观体系，如信仰、宗教、意识形态、风俗、禁忌等在总体人群中的扩展，从客体化文化资本的角度可以体现为文化产业的发展，从制度化文化资本的角度可以体现为文化领域制度变迁与制度供给。

2. 文化资本积累的途径

在一定程度上文化资本积累的过程和拥有者的生命过程是保持一致的，也就是获取这部分积累必然需要消耗其他类型的资本。因而想要实现文化资本的积累就必须进行投资，二者是密切相连的。就资本投资层面而言，文化资本的具体化投资能够划分为两种类型：第一就是针对自身内在所进行的自我投资；第二就是外在因素对个体进行的投资，而这些外在因素影响的文化资本投资又包括早期家庭教育、体制化教育（如学校教育）与非体制化教育（如社会影响）三个方面。

1）文化资本积累的自我投资

想要获取文化资本积累就需要付出相对较多的时间、精力，还需要付出舍弃一定程度经济资本的机会成本。时间、精力是个体资本，投入这些个体资本舍弃经济资本能获得最大收益。具体化的文化资本积累具有不同于其他形式资本积累的特点：文化资本积累面向的是自身，持有者凭借投资并利用习得、修养等方式把各种类型的资本进行合理转化，使得其成为本身内在资源的一部分。就此过程而言，必须要花费一定的时间，不存在即时传递也就是通过如馈赠、购买或交换的市场法则获得的可能性。因此个人努力对文化资本的积累具有不可估量的作用（姚俭建和岑文忠，2004）。文化资本的持有者只有持续地花费时间及精力，才可以确保其本身的文化资本变得更为雄厚，这种积累行为会一直持续到持有者的生理能力的终结。

2）早期家庭教育对文化资本积累的影响

不管是人们开展的生产、交换或分配还是消费，都必须拥有符合其实际需求的价值观体系，这样才能够做出正确的判断及决策。就实际而言，特定文化观念逐渐形成的时间源头极早，可以说在婴儿时期就是时间的起点，无论何人均是凭借在家庭、学校及社会中进行的学习而在原本并不包含任何理念的脑海中逐渐形成一套价值观体系。可以说，特定的价值观体系给个体的工作生活带来相对较多的好处，其能够有效地缩减人们在对一些事进行判断之时必须花费的时间及精力。个体的初始文化资本基本是在早期家庭教育中获取的，其在年少阶段要接受众多伦理道德和观念信仰的熏陶。家庭对文化资本的积累有着重要作用。家庭会随着子女年龄的增长，随着接受身体化文化资本积累到制度化文化资本积累的转变，发挥着越来越重要的作用，前者是文化资本内部的作用机制，是文化资本对文化资本的影响，而后者更多的则是文化资本以外的资本对文化资本积累的影响，存在不同的特征。Bourdieu 在《区隔》一书中阐述了早期家庭教育对文化资本积累的这一方式："在人们对此还未形成意识的早期就从各方面开始了。其主要由幼年时期的家庭体验而获得。毫无疑问，家庭是文化资本最初生产场所，也是最主要的再生产场所，其往往是通过继承的方式进行的。"在家庭中，其主要的文化资本的积累形态还是局限于身体化形态的文化资本的积累。早期家庭教育所做的努力导致的文化资本积累最后凭借家庭文化资本来达成代际传递的目的，确保继承文化资本的人能够给其将来的教育打下坚实的基础。早期家庭教育中家长起到主体教育作用。

此外，家庭具备的经济资本在早期家庭教育甚至是文化资本积累过程中产生了极为关键的影响。家庭具备的经济资本越多，其早期文化资本积累也就越便利。经济资本在此过程中的表现形式主要是家庭教师的聘请、文化物品的购置等。凭借投资对象的习得过程内化，依靠其本身后续能够进行的劳动服务或文化生产方式，转变为经济资本，而经济资本凭借此种隐蔽式的形式能实现其代际继承的目的。并且，家庭具备的经济资本越多，其在维持平时经济生活方面需要消耗的时间就越少，因而其就能够把相对较多的时间用在对下一代的教育方面，以此来达成家庭文化资本的代际传递。

3）体制化教育对文化资本积累的影响

学校是除家庭之外最重要的产生文化资本的场所，学校给孩子提供的是经过预先设计、内容统一的集体教育。文化资本的传递必然“从较晚的时期开始，以一种系统的、速成的学习方式”（Bourdieu，1986）进行。在目前社会中，家庭和学校对文化资本承担发挥的传承作用是不一样的。一般而言，家庭主要是培养教养及规矩等基本价值观的场所。学校在对知识与技能进行传授的过程中要更为注重系统性及专业性，因而学生最终得到的知识和技能也具备明显系统性及专业性属性。一般情况下，此类知识和技能形成的文化资本基本是凭借考试的办法来获取社会认可的，还使用颁发文凭的形式来使得其变得固定化。可以说，自身内在的文化资本能够凭借此种方式转化成以制度化形式而存在的文化资本。

体制化教育如学校教育投资是文化资本积累的有效途径。主要体现：一方面，学校教育集中社会上相关的文化资源，从而使受教育者把其转变成本身的一类可获得性资源。另一方面，学校教育让受教育者花费相对充足的时间及精力来对文化资本进行积累，就实质而言，学校教育属于社会化资本的代际传递，使得社会文化能够被持续地传承下去；学校教育也属于文化资本积累的结构性差异中的社会结构再生产过程。

凭借学校教育，文化资本习得性劳动被进一步强化。教育投资在充分结合受教育者本身实践的基础上让文化资本的积累变得更为高效。文化资本能够凭借能力、素养及生活习惯等方面有效地反映出来，若是个体本身拥有相对较多的文化资本，并且其能够获取社会的认同，就可以取得更多的社会和经济回报。

4）非体制化教育对文化资本积累的影响

非体制化教育主要是指家庭教育与非学校教育以外的社会影响，最主要的是社区、企业及其他公共交流空间的影响。可以说文化资本除了和个人的发展存在密切的关联，也属于社会必不可少的部分。联系实际得知，宗教、哲学等在文化资本的投资方面展现出了突出的作用。而从经济增长的推动方面来看，文化资本投资的方式主要就是教育及获取外在世界的全新理念。而政府在意识形态导向方面的投入与影响也是非常重要的。就民族经济增长情况来看，相较于文化素质，产生影响更大的是政府的政策，其在经济增长过程中既有可能产生促进作用也有可能产生抑制作用，只是在实质上推动经济不断增长的因素还是文化资本自身。

进行不同文化的交流属于促进文化资本拓展的关键渠道。若是仅仅让单一的国家及地区积累文化资本，不但需要花费漫长的时间，还会出现中断的情况。不同文化的沟通与交流属于达成文化资本积累目标的最为有效的方式。纵观全球经济的发展历史得知，对外开放属于发展的必然过程。汪丁丁（1995）得到的研究结论和此一致，其提出，多元文化的交流和竞争推动文化的不断发展与变迁。而想要让“观念”有效地转变成“生产力”，就需要在观念方面具备“主体间性”，也就是参与生产过程的社会成员均认可此观念并对其进行解释。

3. 公共文化服务财政支出规模与文化资本积累

公共文化服务财政支出属于财政在公共文化服务方面的支出，能够产生公共文化服务，依照上述对于公共文化服务理论的介绍得知，公共文化服务具体包含五种类型：第一就是公共文化设施及物品，具体内容有博物馆、公共图书馆、文化馆、组织公益演出等；第二就是大众传媒的发展和管理，具体包含报刊、电视、网络等方面的规范性发展；第三就是文化遗产的保护，包括物质和非物质文化遗产保护等；第四就是科学知识的普及，包括自然科学、社会科学知识的传播；第五就是文明及健康风气与行为的提倡，主要有公民素质教育、公共行为规范等。这部分公共服务的供给是有利于文化资本的积累的。公共文化服务财政支出规模越大，文化资本积累越多。

第一，在公共文化服务财政支出形成的公共文化空间进行文化交流，价值观体系的相互渗透，对早期家庭教育主体——家长、学校教育主体——教师及自我教育主体——个体三个方面产生价值观体系的影响，进而限制个体文化资本的积累。

一般而言，具体化文化资本的积累往往是通过交流形成的，而这种交流需要有一定的空间。政府通过文化支出，于公共文化服务体系中构建公共文化活动空间，创造大量文化消费的供给，民族文化得以生存和延续，为形成积极向上的价值观体系提供一个具体的载体，让任意一位公民都可以获取这部分文化。可以说公共文化服务的公共文化设施及大众传媒都使得人们能够获取进行公共文化学习及交往的空间，确保其拥有看电视、听广播、参与公共文化活动的权益，在这个过程中，一定程度提高了早期家庭教育主体——家长、学校教育主体——教师及自我教育主体——个体三个方面的科学知识的普及率，以及提升了公民素质教育、公共行为规范和思想道德教育与价值观认识的水平。此外，人们在政府提供的公共文化设施的基础上，在参与文化活动，在文化交流及交往过程中增进文化融合与认同，提高精神满足程度。“阅览室和剧院、博物馆和音乐厅中的讨论”渐渐形成一种公共文化意识，“展览馆像音乐厅和剧院一样使得关于艺术的业余判断机制化：讨论变成了掌握艺术的手段”（奥斯维特，1999）。同时，公共文化服务形成的积极向上的价值观氛围逐步建立起文化创造的空间与机制，促进人们开展文化创造。更多的文化物品被生产出来，进一步繁荣文化产业，客体化文化资本进一步积累。

体制化教育能够对受教育时间和工资收益间具备的关系进行有效的解释，只是其无法有效解释在发达国家及发展中国家都存在的这样一个情况，也就是实际生活中的大多数毕业生都属于学非所用。就算其专业与工作对口，实质上能够应用到工作中的相关专业知识也不多。我们的解释是，企业关注的是毕业生具备的文化资本，也就是凭借大学阶段的学校学习而认识到的社会规则及形成的知识技能，此种凝结在身体里的文化资本除了让企业管理变得更为便利，还是其充分发挥自身作用的基础。对中国区域发展差异的研究表明：体制化教育形成的知识技能是经济发展存在差异的关键影响因素。人们在正式或者非正式的公共文化空间进行的交流，使得人们的价值观体系得以扩展，文化资本得以积累，形成独特的创新理念。所以在一定程度上，政府创造公共文化交流空间能带来文化资本的积累。

第二，公共文化服务体系向公众提供的持续性的社会教育及培训的机会，进而变成国家整体文化资本开发过程中的重要部分。公民凭借其在公共文化物品方面进行的消费获取终身学习的机会，其正外部性促使其做出有助于社会发展的合理行为。可以说文化资本的不断积累在社会和谐稳定、经济文明的进步与发展等多方面发挥出积极的作用。

第三，公共文化服务财政支出对文化制度的确立与监管给文化物品的创新生产提供了制度基础与条件，使得客体化及制度化文化资本得以不断积累。

文化制度主要就是和文化资源的所有、分配等相关的制度，具体为文化检查、市场及知识产权的制度，其决定者是政府及市场。纯粹文化领域中的文化制度具体能够通过官方语言、文化检查、法律体系、文化多样性、文化遗产的保护等多个方面表现出来；而文化实施领域中文化制度具体能够通过出版设施、文化设施体系、广播电视和电影设施等多个方面表现出来。文化制度的构建及不断健全使得文化产业拥有了坚实的制度保障，这对于客体化文化资本的积累而言属于极大的推动力，并且文化制度的建设属于制度化文化资本的积累，所以通过政府支出构建有利于文化创新的总体文化制度与政策环境，在激励创新的同时尽可能减轻或化解风险，有利于文化资本的积累。

4.2.3　公共文化服务财政支出规模与经济增长

从上述分析可得，公共文化服务财政支出形成公共文化空间，在公共文化空间的相互交流会影响文化资本积累途径主体（早期家庭教育的家长、体制化教育的老师及自我教育的个人）的价值观，从而扩展各行为主体的价值观，即对具体化文化资本积累产生影响。政府在公共文化服务的支出主要培育的公众价值观是在公民素质教育、公共行为规范和思想道德教育等方面的核心价值观，目的是形成积极向上的信仰与民族精神，而这些从总体上说也是具体化文化资本的积累。

公共文化服务财政支出对文化物品的制度监管形成制度化文化资本，有利于客体化文化资本的积累。公共文化服务财政支出对文化遗产的保护形成固体化文化资本。由此可见，这些公共文化服务财政支出是有利于文化资本积累的。而文化资本边际报酬递增特性，文化资本对要素投入、技术创新和制度变迁的制约，客体化文化资本对文化产业的促进，制度化文化资本对文化产业的保障及制度的补充都对经济增长有着正效应。所以，公共文化服务财政支出通过文化资本的传导对经济增长有着积极的贡献，我们可以从下面的逻辑关系图（图 4.11）得以说明。

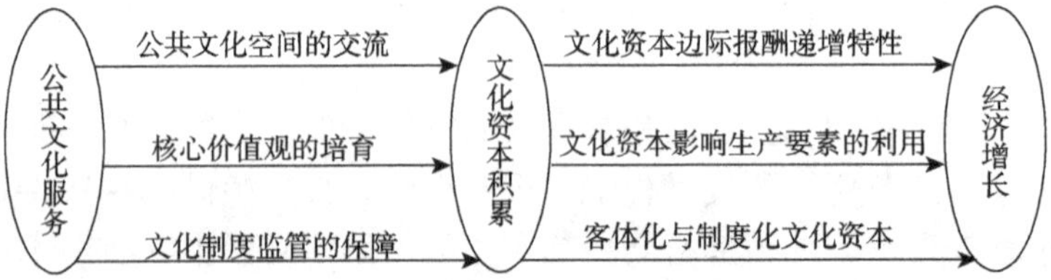

图 4.11 公共文化服务财政支出、文化资本积累与经济增长的逻辑关系图

从公共文化服务财政支出、文化资本积累与经济增长的逻辑推理结果可以得到，公共文化服务财政支出通过文化资本的作用对经济增长有正效应。下面从生产性支出与经济增长的关系角度，对公共文化服务财政支出与经济增长正相关关系做进一步的论述。

1. 公共文化服务财政支出的公共支出归属

根据公共支出是否直接性地获取等价补偿的划分标准，公共支出又可划分成两种类型，分别是转移性支出与购买性支出。转移性支出主要就是政府面向企业及个人进行的单方面无偿支付。政府为执行各项职能而对商品与劳务进行的购买是购买性支出，它包括生产性支出和消费性支出。关于政府生产性支出与消费性支出的定义与范畴学术界存在较大的区别，关于财政支出项目中哪些属于生产性支出或消费性支出，目前在财政学界及研究财政支出与经济增长的国内外文献中并没有形成各方一致认可的意见。部分经济学者把国防、教育文化开支均看作政府消费，所以可将其划分到消费性支出或非生产性支出方面（石淦，2011）。我国传统的关于购买性支出的解释中，消费性支出主要就是为了达成政府相关职能机构平时进行政务活动要求而引起的各种类型的支出，具体包含政府各个相关部分的行政支出、在科教文卫等方面的支出；生产性支出具体就是政府各个部门或公共事业引起直接性产出的投资拨款，如基础设施的投资等。按照这些解释，教育、文化、卫生和科研等支出是归入消费性支出的。

结合内生增长理论进行的研究可知，一般情况下政府的生产性支出基本属于政府购置可以对私人部门生产起到推动与补充作用的公共物品及服务，其能够直接进入生产函数之中，凭借对资本及劳动边际生产率的影响而对经济增长产生影响。非生产性支出也被叫作消费性支出，是指政府用于购买那些与家庭效用函数相关公共物品和服务的支出，消费性公共支出能够直接地进入人们的效用函数中，可以有效地提升民众的福利水平。依照此定义，巴罗（Barro，1988）提出，公共教育支出也就是人力资本支出、国防支出能够给产权保护提供有力的保障，在教育与国防两方面进行的投资能够大大增强边际资本产出的概率。因此他把教育、科研和国防等看作生产性支出。之后不少文献沿用了巴罗的生产性支出划分，如德沃拉俭等，其并未在一开始进行定性分析，也就是没有考虑生产性支出范围划分的争议，而是凭借计量实证获取的结果展开判断：能够推动经济增长的政府支出均属于生产性支出；只要可以解决市场拥挤的政府支出都可以看作生产性支出；教育、科研属于生产性支出（郭庆旺和贾俊雪，2006）。在赵志耘和吕冰洋（2005）对生产性公共支出与消费性公共支出的划分中，生产性支出具体包含财政基本建设、财政教育及财政科研三个方面，其均能够当成政府物质资本、人力资本的积累及研发方面的投资。之后不少学者也采用了这样的划分方法。此外，在实践中科教文卫并未被划归消费性支出的范围：依照联合国在1980 年正式划定的政府支出科目，公共消费支出具体包含一般公共服务支出、公共秩序与安全支出和国防支出；而就我国已有的支出科目而言，公共消费支出具体包含行政管理支出与国防支出两大类。

从内生增长的角度看，公共文化服务财政支出主要就是政府购置能够对私人部门的生产起到促进与补充作用的公共物品及服务，文化、教育、科研和卫生都是能从长远促进经济增长的，由此本节接受巴罗为代表的生产性支出划分，即把文化、教育、财政基本建设支出和科研等支出划归生产性支出的分类方式，分别看作文化资本投资、人力资本投资、物质资本投资、科学研究开发投资。

2. 生产性支出与经济增长

在 20 世纪 80 年代，Romer 和 Lucas 的内生经济增长理论为了解决新古典增长理论对人均产出持续增长等相关实践情况解释乏力的问题，正式提出了经济内生是技术进步的决定性影响因素，凭借 AK 模型、外部性模式和 R&D 模型探析技术进步具备的内在机理。外部性模型中最为典型的就是 Romer 的知识溢出模型、Lucas 的人力资本模型及巴罗的公共物品模型。巴罗的公共物品模型具体就是把政府支出纳入复杂程度不高的内生增长模型，探析政府生产性支出及消费性支出存在的关系，明确了政府支出拥有生产性，还能够和私人投资相互作用、相互补充，验证了政府生产性支出在经济增长率及消费者效用提升方面能够发挥有力的功能，政府生产性支出在经济增长方面可以发挥正面作用的观点（Barro，

1988）。

Turnovsky（2000）基于内生劳动供给探析了政府生产性支出在经济增长方面起到的作用，使用拥有政府生产性支出内容的内生增长模型对稳态劳动供给水平的决定机制展开探析。Turnovsky 做出了劳动供给内生的假设，科学地分解了经济增长的均衡状态，构建出政府生产性支出、消费性支出、劳动收入税等与经济增长的关系，求得最优化的生产性支出、消费性支出规模和税率，验证了政府生产性支出在经济增长方面发挥的积极作用，实现了跟最优生产性支出规模有效匹配的最优税率。之后不少学者基于内生劳动供给视角的研究延续了 Turnovsky 的思路，将 Turnovsky 对政府生产性支出最优规模的判断引入分析框架，也获得了与 Turnovsky 相同的生产性支出对经济增长的积极影响及最优税率配置方案。例如，严成樑和龚六堂（2009）。此外，不少国内学者通过对科学研究、教育及社会文教费等方面的支出展开实证检验，得出这些生产性支出与经济增长正相关的结论，如郭庆旺等（2003）、郭庆旺和贾俊雪（2006）等（石淦，2011）。

政府生产性支出与经济增长的已有文献为作为生产性支出组成部分的公共文化服务财政支出与经济增长的研究提供了思路：在生产性支出与经济增长的理论分析中存在多种可用的基于内生增长理论的模型，可以为公共文化服务财政支出与经济增长理论深入研究提供方法与框架；大多数理论分析和实证检验的结论验证了政府生产性支出在经济增长方面发挥的正面作用，还针对政府生产性支出本身规模及结构等方面提出了建议，基于这些方法寻求公共文化服务财政支出规模贡献率与最优规模都是有益的途径。

3. 公共文化服务财政支出最优解的存在

从公共文化服务财政支出、文化资本积累与经济增长的逻辑推理中得知，公共文化服务财政支出通过文化资本的传导促进经济增长。此外，生产性公共支出规模越大，资本及劳动回报率也就相对越高，进而使得家庭储蓄和劳动积极性变得更高，经济就会呈现出持续增长的态势，因而生产性公共支出规模越大，经济增长率就会越高。被划分为生产性公共支出的公共文化服务财政支出的规模越大，资本及劳动的边际回报率也就越高，进而有效地提升家庭储蓄额度与劳动积极性，促进经济增长。从上述两方面原因，笔者认为公共文化服务财政支出对经济增长存在正效应。

但是，政府公共支出主要是通过税收融资（通常将不同的税种归为消费税、劳动所得税与资本所得税）实现的，而税收包含扭曲性，税收的扭曲作用具体表现如下：政府凭借征税使得资本及劳动边际回报率明显降低，也就导致家庭储蓄与劳动的积极性降低，进而阻碍投资和经济的增长。虽然公共文化服务财政支出对经济增长存在正效应，但公共文化服务财政支出对经济增长的影响不是单调递增的，而是存在最优规模水平，即此时的公共文化服务财政支出水平能达到产出最大化，支出规模过大过小形成的产出效果都会偏离产出最大化状态。

下面参照 Barro（1988）、Turnovsky（2000）、严成樑和龚六堂（2009，2010）的内生增长模型和基本分析框架对上述问题进行理论模型的分析。

1）家庭

假设经济属于连续同质、无限寿命并且由仅具备一个个体的家庭构成，且不出现人口增长。家庭的休闲或劳动可以在单位时间内进行选择。自身消费、休闲和政府消费性公共支出是家庭效用得以存在的基础，家庭具备的财富约束对消费与休闲选择形成了制约。家庭的效用和预算分别为

$$\max\int_0^{+\infty}\mathrm{e}^{-\rho t}\frac{\left[Cl^{\nu}G_C^{\eta}\right]^{1-\sigma}-1}{1-\sigma}\mathrm{d}t \tag{4.1}$$

其中，C 表示个人消费；l 表示休闲；G_C 表示政府的消费性公共支出；ν 和 η 分别表示休闲和消费性公共支出对家庭福利的影响；σ 表示消费跨期替代弹性的倒数；ρ 表示主观贴现率。此外，$\nu>0,\eta>0$，$(1+\nu)(1-\sigma)<1$，$(1+\nu+\eta)(1-\sigma)<1$。

家庭的预算约束方程是

$$\dot{K}\geqslant[1-\tau_K]rK+[1-\tau_W]W[1-l]-[1+\tau_C]C \tag{4.2}$$

其中，K 表示资本；r 表示利率；rK 表示资本所得；W 表示工资，因为 l 表示闲暇，所以 $[1-l]$ 表示劳动，$W[1-l]$ 表示劳动所得；τ_K 表示资本所得税税率；τ_W 表示劳动所得税税率；τ_C 表示消费税税率。

上述优化问题可用如下现值的汉密尔顿函数进行求解：

$$H=\frac{\left[Cl^{\nu}G_C^{\eta}\right]-1}{1-\sigma}+\lambda\left\{[1-\tau_K]rK+[1-\tau_W]W[1-l]-[1+\tau_C]C\right\}$$

其中，λ 是资本的影子价格，表示资本存量的边际值。得到一阶条件如下：

$$\frac{\partial H}{\partial C}=\left[Cl^{\nu}G_C^{\eta}\right]^{-\sigma}l^{\nu}G_C^{\eta}-\lambda[1+\tau_C]=0 \tag{4.3}$$

$$\frac{\partial H}{\partial l}=\left[Cl^{\nu}G_C^{\eta}\right]^{-\sigma}C\nu l^{\nu-1}G_C^{\eta}-\lambda[1-\tau_W]W=0 \tag{4.4}$$

根据上述一阶条件可得欧拉方程：

$$\dot{\lambda}\geqslant\rho\lambda-\frac{\partial H}{\partial K}=\rho\lambda-\lambda[1-\tau_K]r \tag{4.5}$$

此外，可得横截性条件为 $\lim\limits_{t\to+\infty}\lambda K\mathrm{e}^{-\rho}=0$。

2）企业

根据 Turnovsky（1996，2000）、严成樑和龚六堂（2009，2010），企业选择雇用资本及劳动的方式生产物品，而政府生产性公共支出对生产产生正面促进作用，被纳入生产函数中。假定厂商生产函数是

$$Y = AK^{a}L^{1-a}\left[G_{Y}\right]^{1-a} \tag{4.6}$$

其中，Y 表示产出；K、L 分别表示企业雇用的资本与劳动；G_Y 表示生产性公共支出。在工资、利益确定的情况下，企业会选取最优化的劳动、资本数量来获取最大化的利润。生产要素针对私人要素的支出（资本与劳动）符合常数规模报酬，企业获取的竞争性利润是零。

令 $G_Y = \dfrac{G_W}{n}$，G_W 是公共文化服务财政支出，n 是公共文化服务财政支出占生产性文化支出的比重，可得

$$Y = AK^{a}L^{1-a}\left[\frac{G_W}{n}\right]^{1-a} \tag{4.7}$$

依照一阶条件得知，企业对资本及劳动的需求分别满足：

$$rK = aY\text{，}\quad WL = \left[1-a\right]Y \tag{4.8}$$

3）政府

政府把其征收的资本所得税、劳动所得税及消费税作为公共支出（包括公共文化服务财政支出、其他生产性公共支出和消费性公共支出）融资，政府的预算约束方程为

$$G = \tau_K rK + \tau_W W\left[1-l\right] + \tau_C C \tag{4.9}$$

$$G = G_Y + G_C = G_W + G_{Yo} + G_C$$

$$G_Y = \theta\left\{\tau_K rK + \tau_W W\left[1-l\right] + \tau_C C\right\} \tag{4.10}$$

$$G_W = n\theta\left\{\tau_K rK + \tau_W W\left[1-l\right] + \tau_C C\right\} \tag{4.11}$$

$$G_C = \left[1-\theta\right]\left\{\tau_K rK + \tau_W W\left[1-l\right] + \tau_C C\right\} \tag{4.12}$$

式（4.9）右边三项分别是资本所得税、劳动所得税及消费税；G 表示公共支出。假设在税收收入里，$0<\theta<1$ 属于生产性消费支出，$0<n\theta<1$ 属于公共文化服务财政支出，$0<1-\theta<1$ 属于消费性公共支出。

4）竞争性均衡

这里的竞争性均衡是指存在一个财政政策序列 $\{\tau\}$、要素序列 $\{C,G_C,K,L\}$ 及价格序列 $\{r,w\}$，使得家庭通过选择 $\{C,G_C\}$ 最大化终身效用；企业通过选择 $\{K,L\}$ 最大化企业利润；劳动市场出清；资本市场出清，即 $a=K$；政府的预算约束 $G_C+G_Y=\tau\left(w+ra\right)$ 恒成立；同时满足给定 $K(0)=K_0$ 时，经济的平衡增长

路径$\{C,K,Y,G,G_C,G_Y,L,l\}$中的 C、K、Y、G、G_C 、G_Y 的增长率均是常数 γ；L、l 是常数。

5）求解竞争性均衡

根据式（4.3）、式（4.5）和平衡增长路径的定义，求得平衡增长路径上的经济增长率：

$$\gamma=\frac{C>}{C}=\frac{[1-\tau_K]r-\rho}{\sigma[1+\eta]-\eta} \tag{4.13}$$

由式（4.7）、式（4.9）及劳动力市场出清条件得

$$G_W=n\theta\left\{a\tau_K+[1-a]\tau_W+\tau_C\frac{C}{Y}\right\}Y \tag{4.14}$$

把式（4.14）代入式（4.7），再由式（4.8）及劳动力市场出清条件，求得利率：

$$r=aA^{\frac{1}{a}}[1-l]^{\frac{1-a}{a}}\left\{n\theta\left[a\tau_K+[1-a]\tau_W+\tau_C\frac{C}{Y}\right]\right\}^{\frac{1-a}{a}} \tag{4.15}$$

把式（4.15）代入式（4.13）得

$$\gamma=\frac{\overbrace{[1-\tau_K]}^{1}\overbrace{aA^{\frac{1}{a}}[1-l]^{\frac{1-a}{a}}}^{2}\overbrace{\left\{n\theta\left[a\tau_K+[1-a]\tau_W+\frac{C}{Y}\tau_C\right]\right\}^{\frac{1-a}{a}}}^{3}-\rho}{\sigma[1+\eta]-\eta} \tag{4.16}$$

根据式（4.3）、式（4.4）、式（4.8）及劳动市场出清条件得

$$\frac{l}{1-l}=\frac{\nu}{1-\alpha}\frac{1+\tau_C}{1-\tau_W}\frac{C}{Y} \tag{4.17}$$

把式（4.8）代入式（4.2），同时将式（4.2）的两端同除以 Y，再由式（4.13）及平衡增长路径需满足的条件得

$$\frac{C}{Y}=\frac{1}{1+\tau_C}\left\{\left[1-a\tau_K-[1-a]\right]\tau_W-\frac{a[1-\tau_K]\gamma}{\left[\sigma[1+\eta]-\eta\right]\gamma+\rho}\right\} \tag{4.18}$$

把式（4.18）代入式（4.17）得

$$\frac{l}{1-l}=\frac{\nu}{[1-a][1-\tau_W]}\left\{\left[1-a\tau_K-[1-a]\tau_W\right]-\frac{a[1-\tau_K]\gamma}{\left[\sigma[1+\eta]-\eta\right]\gamma+\rho}\right\}$$

将上式的右端记为 Ω，则休闲可进一步简化为

$$l=\frac{\Omega}{1+\Omega} \tag{4.19}$$

把式（4.18）代入式（4.11）得

$$G_W = n\theta G = \frac{n\theta}{1+\tau_C}\left\{\tau_C + a\tau_K + [1-a]\tau_W - \frac{a\tau_C[1-\tau_K]\gamma}{[\sigma[1+\eta]-\eta]\gamma+\rho}\right\}Y$$

为简化上式，把上式右边记为ΦY，由式（4.16）、式（4.18）、式（4.19）得

$$[\sigma[1+\eta]-\eta]\gamma+\rho = [1-\tau_K]aA^{\frac{1}{a}}\left[\frac{\Phi}{[1+\Omega]}\right]^{\frac{1-a}{a}} \qquad (4.20)$$

根据式（4.20），将γ表示为模型各参数的函数，即$\gamma=\gamma$（$A, a, \rho, \sigma, v, \eta, \tau C, \tau W, \tau K, \theta, n$）。根据式（4.18）、式（4.19）和式（4.20），C/Y和l也能够表示成模型各参数的函数。依照式（4.16），消费税、劳动所得税、生产性公共支出和公共文化服务财政支出比例会凭借人们劳动-休闲选择、储蓄-消费选择和生产性公共支出在总支出中所占比重来对经济增长产生影响。就资本所得税而言，其除了凭借以上两种方式对利率产生影响，还能够凭借降低资本回报率而使得税收利率和经济增长率出现下降。

6）数值模拟及结果

由于上述理论模型较为复杂，γ无法得到显示解，故将以 2000 年以来的中国经济为样本，通过选取合理的模型参数运用 Matlab 软件进行简单的数值模拟，以更直观地刻画公共文化服务财政支出对经济增长的影响。依据 Turnovsky（2000）的模型，选择基准参数值如下：a=0.92，$v=\eta$=0.3，ρ=0.04，σ=2，τC=0，$\tau W=\tau K$=0.28，θ=0.33，A=0.206。把以上参数值代入式（4.20），得出基准经济增长率γ=0.02。根据严成樑和龚六堂（2009）针对财政政策对经济增长的影响稳健性所进行的一系列敏感性分析结果①，结合郭庆旺和贾俊雪（2009）的数值模拟方法，凭借数值模拟得知，在政府利用增加消费税的征收来给公共支出融资之时，消费税的税率越高，经济增长率越高；而政府利用增加劳动所得税或资本所得税来给公共支出融资之时，所得税率和经济增长率会表现出不确定的关系；而在税率确定的条件下，公共文化服务财政支出的规模越大，经济增长率越高，但当支出规模达到一定程度时，由公共文化服务财政支出影响的经济增长率会下降，也就是说，存在着最优的支出规模。

---

① 严成樑和龚六堂（2009）给出了 3 种代表性的情形，其中，第一种情形的基准参数取值是a=0.02，$v=\eta$=0.3，ρ=0.04，σ=2，τC=0，$\tau W=\tau K$=0.28，θ=0.33，A=0.206；第二种情形的基准参数取值是a=0.8，$v=\eta$=0.3，ρ=0.04，σ=2，τC=0，$\tau W=\tau K$=0.28，θ=0.33，A=0.412；第三种情形的基准参数取值是a=0.92，$v=\eta$=0.3，ρ=0.04，σ=2，τC=0.2，$\tau W=\tau K$=0.28，θ=0.33，A=0.202。他们借鉴了 Devereux 和 Love（1994）的方法，通过调整A值使得某一基准参数值改变后，基准的经济增长率仍为0.02。他们认为也可以选择不调整A值，从而基准的经济增长率不一定为0.02。在这种情况下，尽管经济增长率在数值大小上会有变化，但随财政政策变化的整体趋势不变。

4.3 实证研究

4.3.1 文化资本的估算

1. 文化资本指标设置及数据说明

本节在综合参考金相郁和武鹏（2009）、孙维（2010）、徐明生（2011）文化资本指标设置的基础上，对已有文化资本指标进行调整。已有文献中的文化资本指标设置几乎都把文化事业费放在指标中，但文化事业支出在一定程度上形成了固体化、产品化、身体化和制度化等各方面的文化资本，文化事业费是后面各方面文化资本形成的原因之一，把原因和结果放在一起分析事物的结果，这是不符合逻辑的，所以本节分析把文化事业费指标删去；文献中固体化文化资本中文化遗产数用每万人世界文化遗产数量表示，该数值很小，对于不同省份数据相差很大，因此用万人重点文物保护单位建筑面积代替（表 4.4）。

表 4.4　文化资本指标设置

一级指标	二级指标	数据单位
固体化文化资本	重点文物C_1人均重点文物保护单位数	个/万人
	文化藏品C_2万人文化藏品数	件/万人
	文化遗产C_3万人重点文物保护单位建筑面积	米^2/万人
产品化文化资本	文化产业C_4人均文化产业增加值	元/人
	文化设施C_5人均文化机构基本建设累计投资	元/人
	文化就业C_6城镇文化教育娱乐就业人数占总就业人数之比	
身体化文化资本	文化教育C_7人均受教育年限	年/人
	文化再教育C_8人均公共图书馆流通人次	次/人
	文化参与度C_9人均群众文化机构举办展览次数	次/万人
制度化文化资本	文化管理C_{10}人均文化市场管理机构数	个/万人
	文化稽查C_{11}人均文化市场管理机构从业人员数	人/万人

注：根据金相郁和武鹏（2009）等的相关资料调整所得

经调整后，本节所用文化资本指标相应的 4 个一级指标设置为固体化文化资本、产品化文化资本、身体化文化资本和制度化文化资本（表 4.4）。固体化文化资本是指经过文化资本积累环节沉淀下来的物质化存量，其主要包括重点文物、文化藏品和文化遗产三个方面，政府财政在这方面的支出主要起到维修保养保持的作用。这一部分除了用重点文物保护单位建筑面积代替已有文献中用每万人世界文化遗产数量表示文化遗产指标，基本接受已有文献的研究成果。产品化文化资本分别用文化产业、文化设施与文化就业表示，文化产业发展对文化物品的规模、结构与质量都有重大影响，文化设施主要是政府财政上对公共文化服务基础设施的支出，这是进行公共文化空间交流的物质基础。身体化文化资本主要用文化教育、文化再教育和文化参与度表示。文化教育用人均受教育年限表示，这个指标通常在研究分析中作为人力资本的代理指标，在一定程度上说明文化资本的范围比人力资本的范围更广；文化再教育表示在学校教育以外接受的自我教育，所以用人均公共图书馆流通人次作为代理指标；文化参与度能够增加人们的交流，使得人们价值观体系得以扩展。制度化文化资本用文化管理与文化稽查作为二级指标。

针对这 11 个指标，整理了我国 31 个省（区、市）（不含港澳台地区）2000~2015 年共 15 年的平衡面板数据，拟估算出这 15 年各省（区、市）的文化资本数值。“城镇文化教育娱乐就业人数占总就业人数之比”指标的数据来源于国家统计数据库，“人均受教育年限”数据是基于《中国人口统计年鉴》（2001~2016 年）提供的调查抽样统计数据，按照“文盲=0 年、小学=6 年、初中=9 年、高中=12 年、大专及以上=16 年”的算法整理得出的。其余数据来源于《中国文化文物统计年鉴》。采用因子分析（factor analysis，FA）法进行估算。

2. 因子分析法

因子分析法是将多个实测变量转换为少数几个不相关的综合指标的多元统计方法。实际上就是用几个潜在的但不能观察的互不相关的随机变量去描述许多变量的相关关系，这些随机变量被称为因子。

假定对某个问题的研究涉及 P 个指标，且 P 个指标存在较强的相关性，则基本的因子分析模型可以由下面的矩阵表示：

$$\boldsymbol{Z} = \boldsymbol{LF} + \boldsymbol{\varepsilon} \tag{4.21}$$

其中，$\boldsymbol{Z} = (Z_1, Z_2, \cdots, Z_P)$，$Z_1, Z_2, \cdots, Z_P$ 表示 P 个指标；$\boldsymbol{F} = (F_1, F_2, \cdots, F_m)$，$F_1, F_2, \cdots, F_m$ 表示 m 个公共因子；$\boldsymbol{\varepsilon} = (\varepsilon_1, \varepsilon_2, \cdots, \varepsilon_m)$，$\varepsilon_1, \varepsilon_2, \cdots, \varepsilon_m$ 表示特殊因子，其中包含了随机误差，ε_i 只和第 i 个变量有关；$\boldsymbol{L} = (L_1, L_2, \cdots, L_m)$ 是一个 p 维 m 列的矩阵，其中任意一个元素 L_{ij} 表示第 i 个变量在第 j 个因子上的载荷，因此 $\boldsymbol{L}$ 即因子载荷矩阵。

标准的正交因子模型需要对矩阵 $\boldsymbol{F}$ 和 $\boldsymbol{\varepsilon}$ 做一些基本的假设，使得模型具有某些特定的且能验证的方差结构。这些假设包括：

$$E(\boldsymbol{F}) = 0, \mathrm{Cov}(\boldsymbol{F}, \boldsymbol{F}) = \boldsymbol{I} \tag{4.22}$$

$$E(\boldsymbol{\varepsilon}) = 0, \mathrm{Cov}(\boldsymbol{\varepsilon}, \boldsymbol{\varepsilon}) = \boldsymbol{\psi} \tag{4.23}$$

$$\mathrm{Cov}(\boldsymbol{\varepsilon},\boldsymbol{F})=0 \tag{4.24}$$

式（4.22）中 $\boldsymbol{I}$ 表示单位矩阵，式（4.23）中 $\boldsymbol{\psi}=\mathrm{diag}(\psi_1,\psi_2,\cdots,\psi_P)$，式（4.24）表示 $\boldsymbol{F}$ 和 $\boldsymbol{\varepsilon}$ 相互独立。根据以上假设，易得

$$\mathrm{Cov}(\boldsymbol{Z},\boldsymbol{F})=\boldsymbol{L} \tag{4.25}$$

$$\mathrm{Cov}(Z_i,F_j)=l_{ij} \tag{4.26}$$

$$\mathrm{var}(Z_i)=l_{i1}^2+l_{i2}^2+\cdots+l_{im}^2+\psi_i \tag{4.27}$$

令 $l_{i1}^2+l_{i2}^2+\cdots+l_{im}^2=h_i^2$，则有

$$\mathrm{var}(Z_i)=h_i^2+\psi_i=1 \tag{4.28}$$

其中，h_i^2 反映了公共因子对 Z_i 方差的贡献，称为公共方差；ψ_i 称为剩余方差。h_i^2 越大，说明越多 Z_i 包含的信息被公共因子解释。因此，矩阵 $\boldsymbol{L}$ 的第 j 列元素反映了第 j 个因子 F_j 对原始变量 $\boldsymbol{Z}$ 的影响，记为

$$g_j^2=\sum_{i=1}^{p}I_{ij}^2 \tag{4.29}$$

称为公共因子 F_j 对原始变量 $\boldsymbol{Z}$ 的方差贡献，g_j^2 是衡量公共因子相对重要性的一个尺度，其值越大说明 F_j 对原始变量 $\boldsymbol{Z}$ 的方差贡献越大。

3. 数据分析过程

1）数据标准化

为了消除数据之间量纲的差异造成的影响，在因子分析之前需要将数据进行无量纲标准化。本节采用均值法对数据进行标准化。

$$Z_{ij}=\frac{u_{ij}-\overline{u}_j}{\delta_j} \tag{4.30}$$

式中，Z 是变量 $i(i=1,2,\cdots,P)$ 的观察值；$\overline{u}_j$ 是变量 $i(i=1,2,\cdots,P)$ 观察值矩阵的均值；δ_j 是指标标准差。经标准化后，指标 Z_{ij} 的均值是 0，方差是 1，消除了量纲和数量级的影响。

2）因子载荷的估计

本节采用极大似然（maximum likelihood）法估计因子载荷矩阵 $\boldsymbol{L}$。假定随机变量 $\boldsymbol{Z}$ 的协方差矩阵为 $\boldsymbol{\phi}$，易得 $\boldsymbol{\phi}=\boldsymbol{L}\boldsymbol{L}^{\mathrm{T}}+\boldsymbol{\psi}$，因此似然函数可以表示为 $\boldsymbol{L}(\boldsymbol{U},\boldsymbol{L},\boldsymbol{\psi})$。求解似然函数的最大值问题，可以得到一个关于 $(\boldsymbol{L},\boldsymbol{\psi})$ 的方程组，再对方程组施加求解的唯一性条件：$\boldsymbol{L}^{\mathrm{T}}\boldsymbol{\psi}\boldsymbol{L}$ 是对角矩阵，于是得到因子载荷矩阵 $\boldsymbol{L}$。

以上运算过程通过 EViews 6.0 来完成，其输出结果如表 4.5 所示。

表 4.5　文化资本因子载荷矩阵估计结果

二级指标	F_1	F_2	公共因素方差	唯一性方差
C_1	0.155 691	0.475 333	0.250 181	0.749 819
C_2	0.344 770	0.668 156	0.565 298	0.434 702
C_3	−0.011 662	0.037 957	0.001 577	0.998 423
C_4	0.093 622	0.755 356	0.579 328	0.420 672
C_5	0.145 549	0.087 270	0.028 800	0.971 200
C_6	−0.283 277	0.624 713	0.470 512	0.529 488
C_7	0.818 366	0.195 355	0.707 887	0.292 113
C_8	0.625 253	0.395 828	0.547 621	0.452 379
C_9	0.168 142	0.173 984	0.058 542	0.941 458
C_{10}	−0.786 223	0.372 277	0.756 738	0.243 262
C_{11}	−0.564 208	0.378 978	0.461 954	0.538 046

因子	方差	累积	差分	比例	累积
F_1	2.278 852	2.278 852	0.129 263	0.514 595	0.514 595
F_2	2.149 589	4.428 440		0.485 405	1.000 000
合计	4.428 440	6.707 292		1.000 000	

	模型	独立性	饱和
差距	0.487 526	3.448 201	0.000 000
卡方统计	150.644 9	1 065.495	
卡方概率	0.000 0	0.000 0	
巴特利特卡方	147.801 6	1 049.978	
巴特利特概率	0.000 0	0.000 0	
参数	31	12	65
自由度	33	54	

表4.5分为4部分，其中第1部分是估计设置的基本信息及信息的基本状态。可以看到采用的估计方法是极大似然法，而因子数目的确定方法则采用最小平均偏相关（minimum average partial）法，模型经过4次迭代以后收敛。

第2部分是估计得到的没有经过旋转的正交因子载荷、共性方差和剩余方差。

第3部分反映了公共因子的方差贡献，即两个公共因子 F_1 及 F_2 对原始变量的解释程度。

第4部分是模型的基本检验结果。从表4.5中可以看出，Bartlett统计量的 P 值为0，说明原始变量之间具有很大的相关性，适合进行因子分析。

3）因子旋转

为了使因子具有实际意义，可以对初始回归结果进行因子旋转。假设 $\boldsymbol{L}$ 是估计的因子载荷矩阵，令

$$\boldsymbol{L}^{1} = \boldsymbol{L}\boldsymbol{Q} \text{ 且 } \boldsymbol{Q}\boldsymbol{Q}^{\mathrm{T}} = \boldsymbol{I}$$

则

$$\boldsymbol{L}\boldsymbol{L}^{\mathrm{T}} = \boldsymbol{L}^{1}\boldsymbol{L}^{1\mathrm{T}} = \boldsymbol{\phi} - \psi \tag{4.31}$$

因此，因子载荷矩阵不是唯一的，对任意正交矩阵 $\boldsymbol{Q}$，$\boldsymbol{L}\boldsymbol{Q}$ 也是一个因子载荷矩阵。在实际中求得一个因子载荷矩阵 $\boldsymbol{L}$ 之后，可以右乘正交矩阵 $\boldsymbol{Q}$，使得 $\boldsymbol{L}\boldsymbol{Q}$ 更加具有实际意义，这种变换过程称为因子轴旋转。正交矩阵 $\boldsymbol{Q}$ 的不同选取方法，构成了正交旋转的各种不同方法，如最大方差旋转法、全体旋转法、四分旋转法等。本节选取最大方差旋转法，输出结果如表 4.6 所示。

表 4.6　文化资本估算因子旋转结果

指标	F_1	F_2
C_1	0.030 407	0.499 256
C_2	−0.074 321	0.748 181
C_3	0.024 828	0.030 990
C_4	0.191 287	0.736 707
C_5	−0.103 153	0.134 759
C_6	0.493 531	0.476 382
C_7	−0.688 806	0.483 149
C_8	−0.435 413	0.598 362
C_9	−0.092 205	0.223 697
C_{10}	0.868 077	0.056 389
C_{11}	0.664 151	0.144 423

从表 4.6 可以看出，公共因子 F_1 在 C_{10}（人均文化市场管理机构数）及 C_{11}（人均文化市场管理机构从业人员数）2 个指标上的载荷比较大，因此可以将 F_1 看成制度化文化资本因子，F_2 在 C_2、C_4、C_6、C_7、C_8 等 5 个指标上的载荷比较大。

4）因子得分

求因子得分就是将公共因子表示成原始变量的线性组合，对每个样本都计算公共因子的估计值。求因子得分有加权最小二乘法、回归法等不同方法。本节采用回归法求因子得分，EViews 输出结果如表 4.7 所示。

表 4.7　文化资本估算因子得分

因子系数			
	F_1	F_2	
C_1	0.015 750	0.111 801	
C_2	0.003 749	0.284 724	
C_3	0.003 814	0.005 568	
C_4	0.088 072	0.299 447	
C_5	−0.012 085	0.021 522	
C_6	0.138 858	0.164 660	
C_7	−0.290 402	0.239 631	
C_8	−0.108 505	0.205 937	
C_9	−0.009 445	0.038 155	
C_{10}	0.481 845	0.093 984	
C_{11}	0.169 591	0.063 940	
不确定性指数			
	R^2	$\overline{R^2}$	最低正确率
F_1	0.930 580	0.865 978	0.731 957
F_2	0.912 706	0.833 033	0.666 066
有效性系数			
	有效性		
F_1	0.930 580		
F_2	0.912 706		
唯一性（行=因子；列=因子得分）			
	F_1	F_2	
F_1		−0.016 973	
F_2	−0.016 647		

表 4.7 包括 3 部分，第 1 部分给出了因子得分计算的基本信息。第 2 部分是 F_1 和 F_2 分别在 11 个指标变量上的得分系数。第 3 部分是对因子得分计算过程的假设检验。从表 4.7 中可以看出，F_1 的多元相关系数 R^2=0.930 580，修正后的多元相关系数 $\overline{R^2}=0.865\ 978$，$F_2$ 的多元相关系数 $R^2=0.912\ 706$，修正后的多元相关系数 $\overline{R^2}=0.833\ 033$，说明模型的拟合情况较好。同时，两个因子的有效性系数分别是 0.930 580 和 0.912 706，与多元相关系数没有差别，且都大于 0.8，因此结果理想。此外，单一性指标值很小，也满足理论要求。

4. 分析结果

根据 F_1 和 F_2 的因子系数，可以计算出 F_1 和 F_2 的实际因子得分值。根据公式 $\boldsymbol{F} = 0.514\,595 \times F_1 + 0.485\,405 \times F_2$，可以估算出 2004~2015 年我国 31 个省（区、市）（不含港澳台地区）的文化资本值。具体结果如表 4.8 所示。

表 4.8　各省（区、市）文化资本估算值

省（区、市）	2004年	2005年	2006年	2007年	2008年	2009年	2010年	2011年	2012年	2013年	2014年	2015年
北京	3.19	2.14	2.02	2.79	2.72	2.69	2.68	2.71	2.71	2.72	2.73	2.71
天津	1.49	1.09	0.93	1.42	1.41	1.38	1.41	1.45	1.49	1.49	1.51	1.50
河北	0.59	0.63	0.65	0.52	0.54	0.64	0.67	0.62	0.63	0.58	0.67	0.69
山西	1.17	2.07	1.44	1.21	1.34	1.19	1.07	1.23	1.26	1.34	1.19	1.22
内蒙古	1.00	1.07	1.10	1.13	1.19	1.30	1.07	1.10	1.13	1.19	1.30	1.31
辽宁	0.79	0.92	0.97	0.85	0.85	0.90	0.93	0.95	0.92	0.96	0.94	0.95
吉林	0.84	0.87	0.84	0.76	0.84	1.02	0.92	0.97	0.94	0.96	0.98	1.05
黑龙江	0.62	0.85	0.84	1.03	0.95	0.73	0.82	0.96	0.95	0.98	1.02	1.05
上海	1.89	2.08	2.12	2.09	2.13	2.10	2.16	2.25	2.18	2.21	2.13	2.15
江苏	0.74	0.76	0.78	0.82	0.89	0.93	1.01	1.03	1.06	1.08	1.12	1.10
浙江	1.29	1.21	1.29	1.16	1.16	1.34	1.39	1.32	1.39	1.36	1.36	1.38
安徽	0.56	0.62	0.64	0.73	0.71	0.60	0.66	0.68	0.68	0.73	0.76	0.79
福建	0.74	1.99	0.83	0.69	0.71	0.81	0.91	0.92	1.05	0.96	1.03	1.08
江西	0.94	1.22	1.38	1.21	0.83	0.82	0.85	0.92	0.89	1.01	0.99	1.02
山东	0.55	0.60	0.55	0.48	0.50	0.59	0.56	0.61	0.63	0.60	0.59	0.62
河南	0.56	0.55	0.62	0.61	0.67	0.70	0.68	0.67	0.62	0.70	0.71	0.70
湖北	0.76	0.66	0.72	0.72	0.80	0.84	0.79	0.81	0.83	0.81	0.84	0.85
湖南	0.79	0.75	0.72	0.81	0.96	0.73	0.79	0.83	0.86	0.80	0.81	0.82
广东	0.84	0.60	0.63	0.64	0.64	0.73	0.70	0.71	0.69	0.73	0.70	0.73
广西	0.67	0.75	0.86	0.62	0.65	0.67	0.68	0.67	0.65	0.69	0.70	0.72
海南	0.70	0.99	0.92	0.72	0.72	0.87	0.83	0.81	0.84	0.83	0.86	0.85
重庆	0.47	0.70	0.85	0.73	0.71	0.83	0.81	0.82	0.86	0.84	0.82	0.84
四川	0.97	1.36	0.79	0.63	0.74	0.80	0.88	0.92	0.81	0.83	0.86	0.85
贵州	0.52	0.54	0.58	0.62	0.69	0.66	0.68	0.63	0.65	0.64	0.65	0.71
云南	0.96	1.66	1.18	0.82	0.84	0.90	0.91	0.88	0.86	0.90	0.93	0.91
西藏	4.17	5.22	2.75	3.36	2.42	3.10	3.02	3.01	2.98	2.87	3.04	3.02
陕西	1.12	1.05	1.30	0.82	0.88	1.15	1.05	1.12	0.99	1.08	1.05	1.13
甘肃	1.07	1.04	0.99	0.85	0.93	1.03	1.02	1.05	1.06	1.03	1.07	1.09
青海	1.70	1.74	1.82	1.15	1.05	1.36	1.38	1.41	1.38	1.39	1.42	1.48
宁夏	1.84	1.22	1.20	0.80	0.84	0.89	0.87	0.88	0.86	0.85	0.91	1.01
新疆	0.99	1.00	1.05	0.95	1.08	1.27	1.20	1.21	1.19	1.18	1.23	1.26

从表 4.8 可以看到 2004~2015 年，一部分省（区、市）的文化资本是呈递增趋势的；一部分省（区、市）的文化资本呈先降后增趋势，如北京、广东、西藏、青海、宁夏等省（区、市），特别是在 2004 年、2005 年或 2006 年达到峰值；也有个别省（区、市）变化趋势不明显，如河北等。

4.3.2　公共文化服务财政支出的文化资本贡献度

1. 理论模型设定与数据说明

1）理论模型设定

4.2 节中论述了公共文化服务财政支出对文化资本积累是具有积极作用的，下面对该观点进行经验数据的验证。从已论述的文化资本积累形成途径看，文化资本主要来源于公共文化服务财政支出、公共教育支出、家庭教育支出和家庭文化支出，由此这几方面是考察文化资本积累的重要支出变量，经过文化资本积累而形成的文化资本存量是产出变量。这几方面要素与文化资本存量存在明显的支出产出关系，所以本模型采用 C-D 生产函数进行设定：

$$K_c = AG_c^{\beta_1} C_{cm}^{\beta_2} M^{\beta_3} \tag{4.32}$$

其中，K_c 是文化资本存量；G_c 是公共文化服务财政支出；M 是财政教育支出；C_{cm} 是私人文化教育娱乐消费支出（指标的可操作性，以此作为家庭教育支出和家庭文化支出的代理指标）；参数 $A>0$ 是一常数。

对模型进行线性化处理，方程两边同时取对数，可得

$$\ln K_c = \alpha + \beta_1 \ln G_c + \beta_2 \ln C_{cm} + \beta_3 \ln M + \varepsilon \tag{4.33}$$

其中，α 是常数；ε 是随机扰动项。

2）数据说明

模型的实证分析采用了 2000~2015 年我国 31 个省（区、市）（不含港澳台地区）的平衡面板数据。其中文化资本存量 K_c 的数据来源于 4.3.1 小节中的计算结果，公共文化服务财政支出 G_c 数据来源于《中国文化文物统计年鉴》（2001~2016 年）中各地区文化事业费指标的数据；财政教育支出（M）及私人文化教育娱乐消费支出 C_{cm} 数据来源于《中国统计年鉴》（2001~2016 年）中各省财政及人民生活统计指标下的相关数据。因为文化资本存量 K_c 的数据事实上是人均文化资本的数据，因此 G_c、M、C_{cm} 三项数据都是原始数据除以各地年末人口之后的人均数据。

2. 回归分析与模型验证

1）实证模型设定

本模型采用 EViews 6.0 合成数据（pooled data）模组作为分析工具。通过 EViews 6.0 建立起一个截面单元数 N=31，时期 T=10 的平衡面板 Pool 对象。建立多元回归方程：

$$\ln K_{cij} = \alpha_{ij} + \beta_1 \ln G_{cij} + \beta_2 \ln C_{cmij} + \beta_3 \ln M_{ij} + \varepsilon \qquad (4.34)$$

其中，K_{cij} 是第 i 年第 j 省文化资本存量；G_{cij} 是第 i 年第 j 省公共文化服务财政支出；C_{cmij} 是第 i 年第 j 省私人文化教育娱乐支出；M_{ij} 是第 i 年第 j 省公共教育支出。式（4.34）是一个变系数回归模型，其中，$\ln G_{cij}$、$\ln C_{cmij}$ 是固定系数；$\ln M_{ij}$ 是变系数。该模型假设在截面成员上既存在个体影响，又存在结构变化，即允许个体影响由变化的截距项 $\alpha_{ij}\left(i=1,2,\cdots,10;j=1,2,\cdots,31\right)$ 来说明的同时，还允许 $T\times n$ 维系数向量 $\boldsymbol{\beta}$ 依截面成员不同而变化，用以说明截面成员之间的结构变化。

2）回归分析

模型估计采用最小二乘（least squares，LS）法，截面单元的效应形式选择固定效应，时期的效应形式选择不包含截距。模型估计时的权重选择截面加权的广义最小二乘（cross-section weights generalized least squares）法。Cross-section Weights 方法做出现截面异方差的假设，对模型进行广义最小二乘估计，因此在模型的检验部分将不考虑是否出现异方差性的情况。模型估计的 EViews 输出结果如表 4.9 所示。

表 4.9　回归参数估计及统计检验

变量	系数	标准误差	统计量	概率
C	−1.224 383	0.316 822	−3.864 556	0.000 1
LOG（Gc?）	0.294 249	0.061 622	3.282 082	0.001 1
LOG（Ccm?）	0.190 031	0.061 621	3.083 758	0.002 2
北京	0.436 906	0.172 458	2.533 438	0.011 8
天津	0.145 786	0.120 890	−1.205 938	0.228 9
河北	0.285 321	0.062 181	−4.588 437	0.000 0
山西	0.181 873	0.088 541	−2.054 102	0.041 1
内蒙古	0.109 023	0.058 242	−1.871 967	0.062 3
辽宁	0.117 632	0.067 687	−1.737 821	0.083 4
吉林	0.160 327	0.064 503	−2.485 577	0.013 2
黑龙江	0.027 068	0.144 262	0.187 637	0.851 1
上海	0.290 477	0.122 013	2.380 732	0.018 1
江苏	0.024 105	0.061 757	−0.390 324	0.696 5
浙江	0.233 467	0.073 295	−3.185 372	0.001 6

续表

变量	系数	标准误差	统计量	概率
安徽	0.005 991	0.074 504	0.080 393	0.935 8
福建	0.274 265	0.219 513	−1.249 421	0.212 5
江西	0.149 958	0.133 292	−1.125 043	0.261 6
山东	0.208 916	0.068 793	−3.036 822	0.002 5
河南	0.084 922	0.068 251	−1.244 303	0.214 5
湖北	0.073 701	0.064 511	−1.142 492	0.254 3
湖南	0.114 496	0.114 252	1.002 148	0.317 1
广东	0.337 975	0.103 881	−3.253 532	0.001 1
广西	0.097 473	0.086 143	−1.131 565	0.258 7
海南	0.169 173	0.104 281	−1.622 274	0.106 1
重庆	0.047 012	0.115 361	−0.407 513	0.684 1
四川	0.055 018	0.120 371	−0.457 055	0.647 8
对数（*M*）				
贵州	0.015 125	0.069 277	−0.218 313	0.827 2
云南	0.207 968	0.149 925	−1.387 136	0.166 6
西藏	0.223 238	0.185 783	1.201 621	0.230 5
陕西	0.181 874	0.088 542	−2.054 102	0.041 1
甘肃	0.199 717	0.058 063	−3.439 605	0.000 6
青海	0.429 366	0.083 575	−5.137 388	0.000 0
宁夏	0.419 093	0.116 516	−3.596 822	0.000 2
新疆	0.062 134	0.067 332	−0.922 821	0.357 1
固定效应（交叉）				
北京	3.330 631			
天津	0.389 733			
河北	0.836 896			
山西	0.633 481			
内蒙古	0.175 252			
辽宁	0.013 876			
吉林	0.277 861			
黑龙江	0.866 352			
上海	2.483 209			
江苏	0.686 887			
浙江	0.889 894			
安徽	0.849 385			
福建	0.892 823			
江西	0.461 851			
山东	0.148 856			
河南	0.265 901			
湖北	0.315 023			

续表

变量	系数	标准误差	统计量	概率
湖南	1.357 508			
广东	1.039 323			
广西	0.194 022			
海南	0.310 406			
重庆	0.564 142			
四川	0.317 528			
贵州	0.718 734			
云南	0.811 863			
西藏	0.866 582			
陕西	0.633 481			
甘肃	0.760 201			
青海	2.517 634			
宁夏	2.066 088			
新疆	0.043 623			
效应规模				
固定横截面（虚拟变量）				
加权统计				
R^2	0.933 773	因变量均值	−0.283 645	
$\overline{R^2}$	0.916 812	因变量标准差	0.613 655	
S.E. 回归	0.169 488	残差平方和	7.066 692	
F统计量	55.056 77	D-W统计量	1.769 873	
概率（F统计量）	0.000 000			
未加权统计				
R^2	0.867 402	因变量均值	−0.128 844	
残差平方和	7.639 051	D-W统计量	1.544 491	

EViews 输出结果包括 4 部分，第 1 部分是估计设置的基本信息和样本、时期等信息的基本状态。第 2 部分是被解释变量参数估计的结果，其中，常数项 α_{ij} 及 $\ln G_{cij}$ 和 $\ln C_{cmij}$ 前面的参数为所有截面不变系数，t 检验的 P 值均小于 0.001，在 1%的显著性水平下通过了 t 检验，说明参数拟合得非常好。$\ln M_{ij}$ 为变系数变量，不同的截面有不同的估计参数及 t 检验结果。第 3 部分是评价模型总体估计

效果的统计量。其中，多元相关系数 $R^2 = 0.933\,773$ ，修正后的多元相关系数 $\overline{R^2} = 0.916\,812$ ，说明模型整体拟合优度较高。D-W统计量为1.769 873，在1%的显著性水平下，$d_1 < \text{D-W} < 4 - d_u$ ，模型通过 D-W 检验，不存在自相关性。第 4 部分是未加权情况下评价模型总体估计效果的统计量。

此外，需要对模型进行固定效应检验，该检验的原假设是固定效应。固定效应检验输出结果如表 4.10 所示。从表 4.10 可以看出，截面固定效应的 F 统计量为6.084 212，伴随概率P=0.000 0，在1%的显著性水平下拒绝原假设。因此，考虑模型的固定效应是合理的。

表 4.10　固定效应检验输出结果

冗余固定效应检验			
检验横截面固定效应			
效应测试	统计	自由度	概率
横截面F	6.084 212	（30，245）	0.000 0

3. 结论

通过模型的参数估计及统计检验，可以得到：被解释变量文化资本存量K_{cij}与解释变量公共文化服务财政支出G_{cij}、私人文化教育娱乐消费支出C_{cmij}、财政教育支出M_{ij}具有较强的多元相关性。对于所有截面单位，解释变量G_{cij}、C_{cmij}参数为正。本书前面论述的公共文化服务财政支出对文化资本存量的积极影响也得到了验证，公共文化服务财政支出对文化资本存量的弹性系数为0.294，且在1%显著性水平下显著，说明每增加一单位的公共文化服务财政支出，将会增加 0.294 单位的文化资本，公共文化服务财政支出对文化资本存量的贡献度为0.294。

4.3.3　公共文化服务财政支出对经济增长的贡献度

1. 回归模型设定与数据说明

1）回归模型的设定

从 4.2 节的逻辑推理中可知公共文化服务财政支出对经济增长具有正效应，关于公共文化服务财政支出与经济增长的关系，目前文献中尚没有相关的计量方面的研究，本书在这方面将做一尝试。根据巴罗模型，借鉴严成樑和龚六堂（2009）关于生产性支出与经济增长回归模型，设定公共文化服务财政支出与经济增长的回归模型，具体如下：

$$\gamma_{(t,t+2)}^{i}=\alpha+\beta_1 k_t^i+\beta_2 l_t^i+\beta_3 g_{wt}^i+\beta_4 g_{ct}^i+\beta_5 g_{et}^i+\beta_6 g_{rt}^i+\varepsilon_t^i \tag{4.35}$$

其中，i 和 t 分别表示省份和年份；$\gamma_{(t,t+2)}^{i}$ 表示第 i 个省份第 t 年，第 t+1 年和第 t+2 年经济增长率之和的平均值，主要是为了避免样本量不至于过小，所以假设滞后期数为 2 期；k_t^i 和 l_t^i 分别表示投资率和劳动力增长率，是影响经济增长的主要变量；g_{wt}^i 表示公共文化服务财政支出规模；g_{ct}^i 表示财政基本建设支出规模；g_{et}^i 表示财政教育支出规模；g_{rt}^i 表示财政科研支出规模；ε_t^i 表示随机误差项。

2）数据说明

本模型分析使用了 1995~2015 年共 21 年我国除重庆和西藏外 29 个省（区、市）（不含港澳台地区）的平衡面板数据。模型变量及数据来源见表 4.11。

表 4.11　模型变量及数据来源

变量名称	变量含义	数据来源
γ	由GDP平减指数调整后的GDP求得	《中国统计年鉴（2016年）》及各地区统计年鉴
k	由GDP平减指数调整后的资本存量求得	《中国统计年鉴》（1996~2016年）
l	由全社会劳动力人数（从业人员数量）求得	《中国统计年鉴》（1996~2016年）
g_w	经过GDP平减指数调整后的公共文化服务财政支出占财政总支出的比重	《中国文化文物统计年鉴》（1998~2016年）
g_c	经过GDP平减指数调整后的财政基本建设支出占财政总支出的比重	历年《中国财政年鉴》
g_e	经过GDP平减指数调整后的财政教育支出占财政总支出的比重	历年《中国财政年鉴》
g_r	经过GDP平减指数调整后的财政科研支出占财政总支出的比重	历年《中国财政年鉴》

在这里需要特别说明的是资本存量的测算。我国不存在真实资本存量的总量和结构数据，因此本节根据投资流量数据和永续盘存法测算资本存量。在文献中，资本存量包括四种测算方法：固定资产原值加流动资金；固定资产原值；固定资产净值加流动资金；固定资产净值。本节对资本存量的测算采用固定资产净值加流动资金方法。鉴于第 t 年的固定资本存量是第 t 年以前各年的固定资产投资形成的积累，因此可按照历年的固定资产投资或形成额来计算我国历年的固定资本存量，测算公式见式（4.36）。

$$\mathrm{KC}_t=\mathrm{KC}_{t-1}\left(1-q_{t-1}+f_t\right) \tag{4.36}$$

其中，KC_t 表示第 t 年固定资本存量；KC_{t-1} 表示第（t−1）年的固定资本存量；q_{t-1} 表示第（t−1）年的固定资产折旧率；f_t 表示第 t 年的固定资产投资或固定资本形成额。

一般情况下流动资本的统计指标是指存货增加，主要是指存货的期末价值减去存货的期初价值所得的差额。由上述对固定资本存量和流动资本的界定，我国历年的资本存量可以通过式（4.37）测算而得到，即

$$K_t = \mathrm{KC}_t + \mathrm{KV}_t = \mathrm{KC}_{t-1}\left(1 - q_{t-1} + f_t\right) + \mathrm{KV}_t \tag{4.37}$$

其中，K_t表示第t年的资本存量；KV_t表示第t年的流动资本支出；KC_t表示第t年的固定资本存量。根据以往文献的假定，固定资产折旧率为5%，固定资本投资数据以1978年为基期的缩减指数进行平减。

2. 回归分析

采用最小二乘法对回归方程进行估计，截面单元的效应形式选择固定效应，时期的效应形式选择不包含截距。模型估计时的权重选择截面加权的广义最小二乘方法。模型估计的EViews输出结果如表4.12所示。

表 4.12　参数估计的 EViews 输出结果

变量	系数	标准误差	统计量	概率
C	−0.225 513	0.003 803	−59.275 11	0.000 0
K变量的对数	0.375 538	0.005 363	145.787 5	0.000 0
I变量的对数	0.198 052	0.004 787	182.998 0	0.000 1
gw变量的对数	0.001 978	0.000 262	6.188 656	0.000 4
gc变量的对数	0.073 235	0.006 781	81.989 72	0.000 2
ge变量的对数	0.056 753	0.007 386	175.994 4	0.002 0
gr变量的对数	0.196 596	0.003 987	117.998 2	0.200 7
固定效应（交叉）				
加权统计				
R^2	0.966 192	因变量均值		0.015 235
$\overline{R^2}$	0.935 805	因变量标准差		1.034 294
S.E. 回归	0.065 423	残差平方和		1.812 497
F统计量	3 628.174	D-W统计量		0.897 03
概率（F统计量）	0.000 000			
未加权统计				
R^2	0.960 772	因变量均值		0.026 976
残差平方和	1.759 733	D-W统计量		0.803 156

从表 4.12 可知，方程采用了固定效应变截距模型；模型参数的 t 检验伴随概率 P 值大部分接近于 0，可以认为模型参数拟合得较好；其中多元相关系数 R^2= 0.966 192，修正后的多元相关系数 $\overline{R^2}$ =0.935 805，说明模型整体拟合优度较高。D-W 统计量为 0.897 03，在 1%的显著性水平下，$d_1 < \text{D-W} < 4 - d_u$，模型通过 D-W 检验，不存在自相关性。对模型的固定效应进行检验，输出结果如表 4.13 所示。

表 4.13　模型固定效应检验

冗余固定效应检验			
检验横截面固定效果			
效应检验	统计	自由度	概率
横截面 F	843.715 771	（28，401）	0.000 1

由表 4.13 可以看出，F 统计量的伴随概率 $P = 0.0001$，说明在 1%的显著性水平下，拒绝原假设，即采用固定效应模型估计是合理的。

3. 结论

模型拟合的回归方程参数 $\beta_3 = 0.001978$，且在 1%的显著性水平下显著，表示公共文化服务财政支出与经济增长存在正相关关系，公共文化服务财政支出对经济增长具有正效应，公共文化服务财政支出每增加一个单位，可以促使经济增长提高 0.001 978 个单位。

4.3.4　公共文化服务财政支出最优规模估计

从 4.2 节分析中可知，由于在利用税收为公共支出筹集资金时，作为生产性支出的公共文化服务财政支出与经济增长不是单调递增的，经济增长是公共文化服务财政支出的凹函数，存在最优公共文化服务财政支出规模。该规模在理论模型中等于公共文化服务财政支出的产出弹性。但前述的经验分析没有采用理论模型设定的技术，因此，其估计出的弹性系数并不是公共文化服务财政支出的最优规模。

本节将最优政府支出模型（Barro，1988）的政府总支出 G 分为“公共文化资本支出” G_w 和“政府其余财政支出” G_o 引入生产函数，得到公共文化服务财政支出的边际产出与最优规模理论模型，将生产函数定义为

$$Y = F\left(K, N, \frac{G_w}{N}, \frac{G_o}{N}\right) \tag{4.38}$$

令 $g_w = G_w/N$、$g_o = G_o/N$，根据 3.1 节中巴罗模型最优政府规模的推导，得出：

$$\frac{Y^*}{Y} = \alpha\frac{N^*}{N} + \mathrm{MPK}\frac{K^*}{Y} + \gamma_w\frac{g_w^*}{g_w} + \gamma_o\frac{g_o^*}{g_o}$$

得出相应的回归方程：

$$\frac{Y^*}{Y} = C + \alpha\frac{N^*}{N} + \mathrm{MPK}\frac{K^*}{Y} + \gamma_w\frac{g_w^*}{g_w} + \gamma_o\frac{g_o^*}{g_o} + \mu \qquad (4.39)$$

其中，被解释变量 $\frac{Y^*}{Y}$ 表示 GDP 增长率；解释变量 $\frac{N^*}{N}$ 表示从业人口增长率；$\frac{K^*}{Y}$ 表示新增资本占 GDP 的比重；$\frac{g_w^*}{g_w}$ 表示人均公共文化服务财政支出增长率；$\frac{g_o^*}{g_o}$ 表示人均其他财政支出增长率；C 表示常量；待估系数 γ_w 表示所求公共文化服务财政支出最优规模。

将我国 1995~2015 年的经济增长率、劳动投入和公共文化服务财政支出占 GDP 的比重作为样本数据，采用最小二乘法对式（4.39）进行回归，估计结果如下：

$$\frac{Y^*}{Y} = 10.231\,2 + 0.139\,92\frac{N^*}{N} + 0.698\,46\frac{K^*}{Y} + 0.000\,919\,3\frac{g_w^*}{g_w} + 0.214\,39\frac{g_o^*}{g_o}$$

$$(0.687\,32^*) \quad (0.038\,68^*) \quad (0.076\,422^{**}) \quad (0.098\,336^{**}) \quad (0.013\,288)$$

$$R^2 = 0.857\,5,\ \overline{R^2} = 0.814\,69,\ \text{D-W} = 2.099\,51,\ F = 22.8$$

从中可见，估计的效果比较好，拟合系数在 80%以上，不存在序列相关问题，系数联合检验显著。系数 $\gamma_w = 0.092\%$ 为所求公共文化服务财政支出最优规模。

公共文化服务财政支出占 GDP 比重为 0.092%，是我国公共文化服务财政支出的最优规模，相比之下，公共文化服务财政支出占 GDP 比重的获得更利于财政部门调整支出额，便于公共部门对公共文化服务财政支出预算的操作。根据我国公共文化服务财政支出占 GDP 比重均值与公共文化服务财政支出占财政总支出的比重均值相差 5.3 倍的数值，估算出公共文化服务财政支出占财政的合理比重约为 0.488%。下面对我国公共文化服务财政支出占财政总支出的比重的实际数值与最优值进行比较分析。

从表 4.14 可以看到 1978~1997 年我国公共文化服务财政支出相对规模。公共文化服务财政支出占财政总支出的比重呈上升趋势，1986~1997 年公共文化服务财政支出规模基本高于最优规模，规模过高意味着资源的浪费，这跟我国财政文化支出在计划经济的长期影响下对文化事业发展大包大揽有关，并不利于文化领域和社会经济的发展。自 1998 年后公共文化服务财政支出占财政总支出的比重呈下降趋势，均低于公共文化服务财政支出的最优规模，2010 年、2011 年达到历史的最低值，尽管 2012~2015 年有所回升，但仍然远远低于最优规模值。

表 4.14　公共文化服务财政支出占财政总支出的比重

年份	1978	1979	1980	1981	1982	1983	1984	1985	1986	1987	1988
支出比重	0.40%	0.42%	0.45%	0.44%	0.42%	0.47%	0.47%	0.47%	0.49%	0.48%	0.49%
年份	1989	1990	1991	1992	1993	1994	1995	1996	1997	1998	1999
支出比重	0.48%	0.49%	0.51%	0.52%	0.48%	0.50%	0.49%	0.49%	0.50%	0.47%	0.42%
年份	2000	2001	2002	2003	2004	2005	2006	2007	2008	2009	2010
支出比重	0.40%	0.38%	0.38%	0.38%	0.40%	0.39%	0.39%	0.40%	0.40%	0.39%	0.36%
年份	2011	2012	2013	2014	2015						
支出比重	0.36%	0.38%	0.38%	0.38%	0.39%						

资料来源：相关年份《中国文化文物统计年鉴》

我们可以对比其他国家公共文化服务财政支出规模状况（表 4.15），这些国家的公共文化服务财政支出占财政总支出的比重都比较高，1980 年韩国和新加坡的人均 GDP 分别为 1 846 美元和 5 436 美元，其公共文化财政支出占财政总支出的比重分别为 0.762%和 1.432%，2015 年我国人均 GDP 为 7 600 美元，而公共文化服务财政支出占财政总支出的比重仅仅为 0.39%，所以从横向对比看，我国公共文化服务财政支出规模也是比较小的。

表 4.15　1980 年部分国家公共文化服务财政支出占财政支出比重

国家	韩国	新加坡	加拿大	美国	法国	澳大利亚	墨西哥
支出比重	0.762%	1.432%	0.786%	0.543%	0.524%	1.056%	0.800%

资料来源：国际货币基金组织《政府财政统计年鉴（1981）》

目前来看，我国的公共文化服务财政支出仍然不足，远远低于最优规模。因此，政府部门仍要继续努力，进一步增加公共文化支出，以达到最优规模为宜。

导致我国公共文化服务财政支出规模远远低于最优规模的原因如下：一方面，过度文化产业化，文化产业化市场化的改革使得政府在属于文化市场领域的支出减少，这是符合客观规律的，却出现了矫枉过正的情况，一些不属于市场领域的文化部门与机构也被推向市场，使得人们的公共文化权利与需求难以得到实现。对文化市场热衷的同时忽略了公共文化服务的供给，使得公共文化服务财政支出显著不足，远远低于最优规模。

另一方面，财政分权和部分干部 GDP 导向的政绩观，使得公共文化服务财政支出相对规模偏离最优规模。这可以运用公共选择理论分析政治市场下各行为主体选民、政治家、干部、利益集团对达到最适公共文化服务财政支出规模的影响。在 5.1 节将对财政分权下政治市场各行为主体对公共文化服务财政支出规模的影响进行进一步论述。

4.4 结论与政策建议

通过前述关于公共文化服务财政支出与经济增长关系的理论分析和实证检验，得出如下结论：公共文化服务财政支出对文化资本具有显著的正效应；公共文化服务财政支出对经济增长具有正效应，公共文化服务财政支出对文化资本的贡献度为 0.294，公共文化服务财政支出对经济增长的贡献度为 0.001 978，且均在 1%显著性水平上显著。在合理区间范围内，政府增加公共文化服务财政支出，则经济增长率提高；相反，政府减少公共文化服务财政支出，则经济增长率下降。但是这并不等于公共文化服务财政支出越多越有利于经济增长，它并不是单调递增的，而是在一定的客观条件下存在一个最优规模。在我国目前宏观经济和公共支出的背景下，我国公共文化服务财政支出的最优规模：公共文化服务财政支出占 GDP 比重应为 0.092%，公共文化服务财政支出占财政总支出的比重应为 0.488%，最优规模可以作为一个国家或地区公共文化服务财政支出规模状况的参照，越接近于最优规模值则说明公共文化服务财政支出越优化，越能实现该时期文化领域公共资源的优化配置。

针对我国公共文化服务财政支出规模现状，公共文化服务财政支出要保持合理规模。因为在一定时期内存在最优公共文化服务财政支出规模，如果该时期公共文化服务财政支出远远小于该规模，会导致公共文化资源萎缩和公共文化发展滞后，从而不能满足公众的文化需求，在一定程度上影响文化资本的形成，长远上影响经济社会的发展；相反，如果公共文化服务财政支出远远超过该规模，一方面可能造成公共文化资源的浪费，另一方面会挤占其他公共服务的支出，进而降低公共财政支出的整体效率。因此，根据现阶段的社会经济发展情况，安排适宜的支出规模支持公共文化服务体系建设，提供适当的公共文化服务是非常必要的。从目前来看，我国地方公共文化服务的财政支出规模不足，文化事业的财政支出占财政总支出的比重偏低，远低于公共文化服务财政支出的最优规模。因此从总体上来看政府应该尽量加大公共文化服务财政支出的规模，建立健全文化事业费的稳定增长机制。应以规范性政府文件的方式，明确规定公共文化事业费的增幅不低于同级财政经常性收入的增长幅度。专项研究，制订一个公共文化服务体系建设的中长期计划，不断增加公共文化服务财政支出在财政支出中的比重，使公共文化服务财政支出占财政总支出的比重达到 0.488%左右。

第5章　公共文化服务财政支出中观结构配置效率：优化调整设计

公共文化服务财政资源的配置效率不仅可以通过规模予以体现，还可以反映在公共文化服务财政支出的结构上。此类结构，既涵盖各级政府对于公共文化服务财政支出的纵向配置，也涵盖地区或城乡间实现均等化的公共文化服务采取的横向配置。

5.1　纵向政府间结构：财政分权、政府行为与地方政府公共文化服务财政支出

中央与地方的关系是历久常新的经济学话题，因为几乎任何一个国家的政府体系都是分为若干级别的。在市场经济的背景下，政府主要履行社会公共需求的供给、制定与实施公共政策及供给公共物品等基本经济职能，中央和地方财政收入权力分配与财政支出责任分配的程度，通常使用财政收入与财政支出中中央与地方所占比重等指标表示。中央将一定的财政收入及其支配权交给地方，同时将支出结构和规模的预算交给地方自主决策。公共文化服务财政支出是公共财政支出中不可或缺的一部分，在公共文化领域，公共文化服务的支出也是由中央和地方共同承担的，在我国，公共文化服务财政支出长期且绝大部分来源于地方（1978~2015年平均为93.88%），而对于地方而言，其作用的发挥必须以相关财政制度为基础，所以财政分权、地方行为都会影响公共文化服务的供给及财政支出。因而应从地方行为、财政分权的角度研究公共文化服务资源在中央与地方中的配置状况，了解政府间公共文化服务财政支出结构是否合理及如何进行结构优化。

5.1.1 公共支出中的财政分权理论

归纳起来，财政分权与公共支出关系的国内外文献主要有两种观点：一是传统分权理论所支持的分权改善了地方公共物品服务使地方增加公共支出，改善了公共物品的供给；二是财政分权对地方公共支出存在着负面效应。

1. 地方承担公共支出的理论根源

在理论上中央和地方一般都应该共同承担公共物品供给职责，在不考虑区域性差异及各级政府对公共物品供给影响的条件下，当各级政府被看成一个统一整体的时候，林达尔的自愿交换理论、庇古的边际效用理论、道尔顿的最大社会收益原则和萨缪尔森的一般均衡理论分析都证明了公共物品的提供要达到最优社会供给量必须依靠政府部门参与（傅勇，2007）。但由于公共物品地域性差异、信息和激励等因素，在公共物品的提供上，中央和地方是各有优势的。按照传统联邦主义理论，中央承担供给全国性的公共物品的职责，而地方则需要以本地居民的需求为依据有针对性地提供所需的地方性公共物品，也就是说，政府层次不同供应的公共物品在类型方面也会有所不同。中央与地方发挥自身效用，履行自身职责，对于地方的财政决策，中央不适宜过度干涉。

（1）与中央受制于信息不对称不同，地方具有当地居民的信息优势，可以更好地满足当地居民的需求。

自从哈耶克（Hayek，1945）提出地方能够更好地实现地方性信息的获取观点后，学者们对地方的研究进行了大量的关注。特别是施蒂格勒，于 1957 年出版的学术论文《地方政府功能的有理范围》中，通过中央与地方分工合作的角度对地方之所以存在的必然性与合理性进行了论述。他提出：相较于中央，地方与公众的距离更近，能够对辖区内公民的偏好与需求有更清晰的了解；既然中央无法通过成本更节约的方式进行公共物品的统一供给，那么则应交由地方自主决定本地公共物品的种类与数量。所以若想有效地配置公共资源，需要在较低层级政府实施相关决策，而中央则发挥协调地区关系及处理不平等问题的功能。

奥茨（Oates，1972）指出，居民异质性偏好的存在使得信息的获取成本较高，而信息的不对称则代表着地方在信息获取方面将拥有更大优势，分权使消费者异质性需求和公共物品供应相符，使消费者剩余增加，地方供给公共物品比中央更具有效率。King（1992）提出，如果职责不是分级行使，而是由中央统一行使，那么官员将面临更多的工作压力，又因信息不充分等因素的存在，中央政府部门的运行效率也会日趋下降，公共物品的供给也会受到影响。若对政府职能进行明确划分，并进行分级行使，则不仅可以提高相关机构的工作效率，还能有效处理政府部门中激励和控制相互间的权衡问题。罗森（2000）认为，财政分权与多级政府结构可以促使政府本身更加强大，特别是地方当中的激励机制，有利于良好竞争机制的形成。奥茨（Oates，1998）提出，若在分级基础上实施政策实验，管理者属于多个单个个体，而多数人相较于一个人而言，肯定能汇集更多的创新性政策主张。除此之外，在地方实施政策实验有助于绕开那些中央方面难度较大的政治性障碍。总的来说，实行多层级政府能够提供更多创新机会和政策实验，更利于公共物品的有效提供。

相对于中央，地方更清楚所辖区域内的资源优势和公共物品的生产成本，因而政府在财政上的决策的合理性就可以得到提高，最终也使得地方能提高公共物品供给效率。

（2）因为存在“用手投票”和“用脚投票”机制，受选民压力的影响，地方各级政府间会产生竞争，在供给公共物品时，各地方政府的效率会更高。

“用手投票”机制也就是选举约束机制，指由居民选举而形成的地方更有利于了解并满足当地公众所需；各地居民有权借助“用手投票”机制来选择公共物品的供应数量及水平（Stigler，1957）。而“用脚投票”机制，则是指不同政府可按照地方居民的偏好供给差异化的公共物品与制定不同的税收标准，而居民也可按照自身喜好对地方进行选择，这种双向选择实现的途径为人口流动。“用脚投票”机制是指，人们愿意聚居于某一地区的原因在于，他们想获取服务（公共物品包含在内）和缴纳税款总额（可视为购买公共物品与服务的价格）之间更为高效的一种组合，进而实现自己最大化的效用。若某一地区的组合能够使其效用得到最大化发挥，那么人们便会在此定居下来，从事工作，并接受辖区政府服务。若所有居民均按照这种方法自由寻找居住地，那么地方在税收和公共服务供给的组合方面就会竞相模仿、互相学习，长久下去，便能实现最大化社会福利。如此一来，存在于地方供给的公共服务与物品成本方面的差异将会消失。地方赋予了公民公共消费自由选择的前提，并为其最大化效用的实现奠定了基础。

在“用手投票”机制和“用脚投票”机制的影响下，存在于不同地方政府间的竞争将激励着地方积极主动地选用相应措施以提升公共物品供给效率，进而使整个社会的福利水平提高。

2. 财政分权对地方公共支出的负面效应

西方国家财政联邦主义在一定程度上就是财政分权，传统的财政联邦主义观点不同意给予各州太多自主权，因为各州权力一旦过度极有可能会引发区域不平等、配置扭曲及财政不稳定等问题。同时，1995~2015 年，分权研究领域出现了越来越关注分权负面效应的倾向，赞成传统财政联邦主义反对过多给予各州自主权的观点。为了更清晰地了解这些理论发展动向，本节把学者们在这方面的观点列在表 5.1 中。

表 5.1 财政分权对地方政府公共支出的负面效应观点

学者	观点
West和Wong（1995）	对我国河北、贵州、山东三个省份政府支出和居民福利的关系进行探究，得出财政分权直接导致政府减少了科教文卫的财政支出
Qian和Roland（1996）	受到户籍和迁移成本的限制，与资本相比劳动力的流动性较小，而流动性大的资本具有退出选择，资本所有者就拥有相对优势，因而主动把资本投放到回收期短的基础设施和生产领域而不是公共服务领域；为了经济的发展，地方把大量的财物注入基础设施领域，甚至把税率往下调整，公共物品的供给更加缺乏
Bardhan（2002）	地方与中央在员工素质、技术状况和管理能力方面，均存在明显差距，分权会造成地方公共物品供给效率的下降
严冀和陆铭（2003）	我国存在着“自上而下”的“标尺竞争”，导致地方保护主义和市场分割越来越明显，在支出结构方面的严重扭曲，导致地方注重基础建设，轻视人力资本及公共服务的支出
Faguet（2004）	Tiebout模型的“用脚投票”机制在发展中国家不能发挥作用，所以分权并没有普遍地提高公共物品的供给效率。居民不会因公共服务的差异而完全流动，较低的国内人口迁移率不能确保Tiebout机制很好地运作；同时公共服务的差异往往并不能成为主要的流动因素
Cai和Treisman（2005）	当地理位置、人力或自然资源等初始禀赋存在过大差异时，落后地区或许就会放弃努力，地方相互竞争或许使地区分化更加剧烈
乔宝云等（2005）	财政分权导致地方对小学义务教育的财政支出不足
平新乔和白洁（2006）	政府在财政上的激励促使了公共支出的偏差，不仅使公共支出结构出现变化，也令政府预算内及预算外的支出模式发生改变。地方预算内的支出往往承担支农、教育和城市维护等基本公共物品支出的责任，而预算外的支出则主要承担基础设施建设的责任
傅勇（2007）	财政分权显著且可观地降低了基础教育的质量，也减少了城市公用设施的供给支出
庞凤喜和潘孝珍（2012）	收入分权制度与地方社会保障支出规模呈负相关关系，支出分权制度与地方社会保障支出规模呈正相关关系
张宇（2013）	政府生产性财政支出占财政总支出的比重会随着收入及分权程度的增加而呈现先增后减的倒U形非线性变化特征；支出分权程度的增加则会导致该转变临界水平的降低，使财政收入分权与生产性财政支出占财政总支出的比重之间更易于呈现负相关关系
雷万鹏和钱佳（2015）	“财政分权、政治集权”的体制导致我国地方教育支出存在“重物轻教”“重城轻乡”“重物轻师”等行为偏差，此种状况对教育和资源配置效率均带来不利影响

资料来源：根据相关文献整理所得

5.1.2 财政分权、政府行为与公共文化服务财政支出：一个理论框架

1. 中国的财政分权状况——制度背景

1）1979 年前的统收统支财政制度

1979 年以前的计划经济时期，中央和地方之间是一种“统收统支”的财政

关系。在该体制下，中央决定地方的预算，地方代为国家征收财政收入，全部财政收入归国家所有；中央对地方实施财政收入的统一管理及分配，此外出于各个地区能基本保持平衡的目标，中央对地方实行转移支付的调节行为，其调整的额度是地方支出限额与地方征收的财政收入二者的差额。这个时期的财政体制与当时整个经济体制相似，从增加财政收入来源与提高财政支出效率方面看，地方缺乏应有的激励。

2）1980~1993 年的财政承包责任制

1980 年，对于收入和支出的各自责任范围做出了具体的规定。1982 年，按规模的不同制定分配的比例，1988 年，颁布和实施了财政承包责任制。这期间中央与地方的财政分配体制主要是财政承包责任制。在财政承包责任制下，中央及各地方的收入都以具体的比例规定下来，中央的固定收入主要有关税和中央从国企征得的税收收入及规定缴纳的利润部分，不同地区分配的收入则依据中央和地方的商议结果，根据事先协议分配。各个省应当分别依照事先商定的逐年递增金额每年向上缴纳支付（或依照补贴的数额进行），其余的财政收入增加量留在省财政。例如，广东省人民政府，在 20 世纪 80 年代初至 1987 年的这段时期，每年都会将固定收入交付给中央作为财政收入的一部分，而 1988 年之后的六年当中，广东省每年缴纳的金额以 9%的速度逐年递增，其余的财政收入保留在广东省地方。财政合同通常是每五年做一次内容上的修订，地方在财政收入层面享有“剩余索取权”。在 20 世纪 80 年代地方收入占到全部政府预算收入的 2/3（傅勇，2007）。此外，这个时期的地方财政预算外收入在增加，因为 1978~1993 年大多数地方保留了绝大部分的国有企业的留成利润，这部分利润被视为预算形式之外收入的来源渠道。在地方和地方国有企业互利的背景下，地方作为代理起到了重要的支持作用；此外，地方为地方国有企业提供相应的税收减免和特殊保护。

在支出责任方面，财政承包责任制下，各省主要用留存的税收收入满足开支的需要。在财政承包责任制时期，中央财政所占的份额明显下降（傅勇，2007）。分税制改革工作于 1993 年开始，而在这之前全国财政总收入中，中央财政收入只占到了 22%。在此期间，政府集中财力的职能总体呈现出逐步减弱的趋势，使得中央缺乏对公共服务的有力支持及用于全国性公共物品与服务的资金严重不足，公共服务的责任主要由地方负责。

3）1994 年后的分税制改革

财政上的承包责任制推进了当时地方经济改革，在财政上对地方经济的发展起到了重要的促进作用，然而，中央的税基大大减少，中央财政收入也因此而大幅度减少，1979~1992 年其占全国总收入的比重逐步从 35%降到 12%。为了从根本上改变中央和地方收入划分方式，1994 年核心内容是税收划分制度税制改革。税收收入主要由中央税收、地方税收和共享税收三个部分组成

（表 5.2）。税收制度的改革降低了各个地区占国家税收总收入的比例，同时也使地方为帮助和支持地方企业进行税收减负的能力变弱。

表 5.2 税收收入的划分

税收收入类型	内容
中央政府税收	消费税（含进口环节海关代征的部分）、车辆购置税、关税、海关代征的进口环节增值税等
地方政府税收	城镇土地使用税、耕地占用税、土地增值税、房产税、车船税、契税
中央政府与地方政府共享税收	增值税（不含进口代征）：中央75%，地方25%；城市维护建设税：中国铁路总公司、各银行总行、各保险总公司集中缴纳的部分归中央；企业所得税：中国铁路总公司、各银行总行、海洋石油企业缴纳的部分归中央，其余部分中央60%，地方40%；个人所得税：储蓄存款利息个税归中央，其他部分的分享比例与企业所得税相同；资源税：海洋石油企业缴纳的部分归中央，其他归地方；印花税：一般归属地方；国务院决定，从2016年1月1日起，将证券交易印花税由现行按中央97%、地方3%比例分享全部调整为中央收入

在 1994 年改革之后，原本从属地方的预算外收入权力被改变，其享有的地方国有企业的留成利润和地方国有企业的预算均被划出，由财政部直接进行支配。在政府基金方面，由于基金的征收和使用是受到地方政府的控制的，1997 年中央在政府资金的划分和管理工作上进行了改革，中央把 13 类原本属于预算外的政府资金纳入预算内的管理工作当中，这些变化对于地方的权力及基金相关的控制工作没有重大的影响。虽然经过 1994 年和 1997 年对地方预算外收入的调整，1997 年后的预算外收入还是以地方的收入为主要途径，其中包括土地销售收入、各类缴费收入及代理机构收入。

虽然地方的税收划分模式在 1994 年后改变了，但地方仍然需要承担提供基本公共物品的责任，其支出责任的划分并没有随着税收划分模式的变革而做出相应的改变。地方支出达到了预算内的全国财政支出当中 70%以上的比例，达到了预算外财政支出当中 80%以上的比例（平新乔和白洁，2006）。由此我们认识到，地方在公共资源的支持工作当中占主要部分，它对公共部门的经济绩效和效率有着至关重要的影响。为了保证地方的支出责任落实，地方支出与收入的缺口通过转移支付（包括税收返还、一般转移支付等）弥补。

2. 财政分权、权责失衡与公共文化服务财政支出规模

马斯格雷夫（Musgrave，1959）指出，仅在税收和支出义务相匹配的情况下，权力下放才能提高公共福利。政府在公共服务工作中需要的支出与资源配置当中获得的资金出现纵向上不均衡的现象，地方可以掌控的那部分财政支出小于实际的需求，地方财力用于公共服务不足，作为公共服务组成部分的公共文化服务同样面临财政保障不足问题，而公共文化服务支出责任同样也没有减少，此外，在公共文化服务财政支出占地方财政总支出的比重没有较大变化情况下，财

政在文化领域的支出则明显不足。

1）财政分权与地方性的公共文化服务支出职责

在公共文化服务财政支出的中央与地方关系上，国外不少国家都是由中央和地方共同分担的，中国的公共文化服务财政支出同样也是由中央和地方共同分担，但长期以来主要是由地方负责的（表 4.1、图 4.7），1985~2015 年，地方的公共文化服务财政支出都占了 90%以上，而且大多是在 93%以上，好几年超过了 95%，2010~2015 年为 93.9%~95.6%，21 年间地方公共文化服务财政支出占总支出的比重平均为 93.9%。也就是说，公共文化服务的职责主要是由地方完成的，尽管 1980 年财政分权改革，特别是在 1994 年分税制后，地方的税收划分模式变化后财政收入占比下降的状况下，地方公共文化服务财政支出责任并没有随着税收划分模式的改变而做出相应的变化，它的划分仍然遵循计划经济时代划分的具体办法，地方仍然有必要承担绝大多数的基本公共文化服务供给的责任。我国公共文化服务支出绝对值的增长主要来自各个地区自身逐渐上涨的公共文化服务支出，然而中央并没有加大对于各个地区的公共文化服务的资金支持力度。

同时省和省以下各级地方政府间的公共文化服务财政支出责任也存在错位，省级以下的市、县、乡镇等各级政府部门需要付出较大比例的资金来进行当地的公共文化服务供给。超过 90%的公共文化服务的资金都由当地的省级地方政府及省级以下的政府部门来承担，当中 71%的比例由市、县、乡三级政府来承担（图 5.1），尤其是县、乡两级政府付出了较大的费用来担负公共文化服务支出，2015 年县乡政府支出了将近 50%的公共文化服务财政支出。然而公共文化服务是属于具有较强外溢性的公共服务，其支出不应过多地由县乡政府承担。

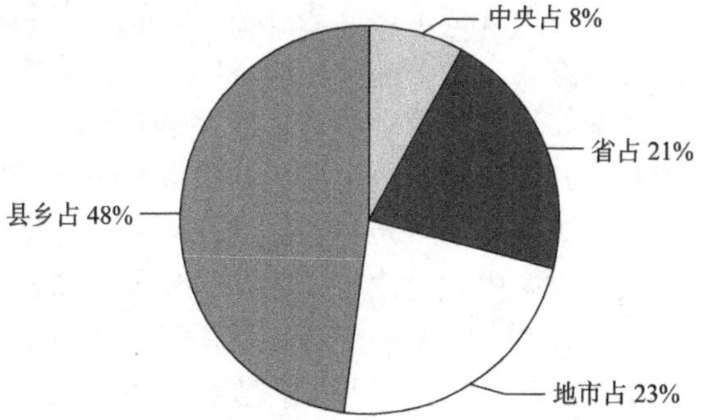

图 5.1　各级政府公共文化服务财政支出占财政总支出的比重

资料来源：根据《全国地市县财政统计资料》（财政部预算司）相关数据整理所得

在该期间，财政支出在各级公共文化服务工作中出现了责任错位现象，这当中最主要的起因是长时间里财政责任逐步出现层级下移。我国政府纵向上是由中央、省（区、市）、地区（市、自治州）、县（县级市）、乡（镇）这五个主要的层级构成，中央未能对各个层级需要承担的支出工作和责任进行细致的规划，使得各个层级职责不明。虽然 1993 年《中华人民共和国宪法》从原则上规定了中央和地方各自的职责和工作范畴，但各级政府的具体工作和责任缺乏有效的划分，在实际工作当中没有明确的文件对各级政府的工作加以指导。确保地方财政自治的《中华人民共和国预算法》只对中央和地方的责任进行了初步的规定，中央并没有对省级政府以下部门的工作做出指导，也没有对部门间的职责做出方向性的规定，仅仅运用了“下管一级”的规定，导致财政支出工作的混乱及各个部门职责范围边界较为模糊。财政分权的不科学是显而易见的，使得合理分配的目标在当前的制度下难以实现。

不明确的支出责任划分使得支出责任地方化。实际上长期以来都是由地方提供很多重要的公共服务，尽管 1980 年后财政体制进行了大改革，在重要责任的分工上却仍旧保持和 20 世纪 70 年代的支出责任分工相类似的情况。从“一五”时期开始到 2015 年，地方公共文化服务财政支出都是占总支出的 90%以上。国外不少国家在相近 GDP 条件下的公共文化服务财政支出责任的支出比重上，中央和地方几乎各占一半（表 5.3）。

表 5.3　2000 年部分国家公共文化服务财政支出比重

比重	英国	法国	澳大利亚	芬兰	日本
中央支出比重	43.23%	51.8%	54.7%	58.6%	52.6%
地方支出比重	56.77%	48.2%	45.3%	41.4%	47.4%

资料来源：国际货币基金组织《政府财政统计年鉴》（2001）

2）财政分权与公共文化服务财政支出的地方财政来源

公共文化服务支出的责任大多由地方通过地方财政收入来承担，这种职责的划分是欠缺合理性的，最终会影响公共文化服务的效率，使得公共文化服务供给完成得十分缓慢。然而，如果各个地区的地方能够享有财政收入的保障及有效的转移支付，也不至于对公共文化服务产生滞后的重大影响，但除了职责分配不合理，我们的财政收入资金集中和低效转移的特点使得公共文化服务供给未能更有效地进行。地方财政收入主要由预算内收入、预算外收入和转移支付构成。平新乔和白洁（2006）的研究表明，预算内支出主要用于包括卫生、教育、支农、文化服务和其他的公共消费等基本公共物品的提供，而预算外支出主要用于基础设施建设和对一些突发的自然灾害实施救援等方面，这些支出对于当地的实际需求能够做出更加敏感的反应。因此，地方公共文化服务财政支出绝大部分是从地方取得的预算内收入及转移支付当中获得。

地方公共文化服务财政支出量的决定因素集中于地方预算收入总量和公共文化服务财政支出占财政总支出的比重。地方公共文化服务财政支出的财政来源主要从以上两方面考察。

第一，财政分权与我国政府财政的财力上移。

1994 年分税制改革以来各级财力分配状况发生了很大的变化。表 5.4 反映了 1990~2015 年地方财政收入比重及弹性。就地方财政收入而言，从 1990 年起，除了 1994 年处于分税制改革的特殊情况，地方财政收入一直保持较高比例的增长，较低的年份为 1990 年的 5.55%、2014 年的 9.92%、2015 年的 9.41%及 2002 年的 9.12%。较高的几个峰值分别是 1993 年、1995 年、2001 年、2005 年、2007 年、2010 年和 2011 年，地方财政收入增幅各为 35.45%、29.16%、21.81%、26.97%、28.79%、24.57%与 29.38%。持续提高的地方财政收入主要是由于该时期国民经济的增速快（年均 GDP 增幅超出 7%，则有助于税基规模扩大）与财政收入弹性高。除去 1994 年这一特殊情况下的数据，该时期的财政收入平均弹性为 1.74%，其中 2011 年的弹性达到 3.16%，2005 年和 2010 年分别达到 2.38%和 2.35%，表明财政收入中年均新增部分在新增 GDP 中所占比重相较于当年财政收入在 GDP 中所占比重翻了两倍。

表 5.4　地方财政收入比重及弹性

年份	绝对数/亿元		地方财政收入占财政总收入比重（3）	GDP增长率（4）	地方财政收入增长率（5）	地方财政收入弹性（5）/（4）
	全国财政收入（1）	地方财政收入（2）				
1990	2 937.10	1 944.68	66.21%	3.84%	5.55%	1.45%
1991	3 149.48	2 211.23	70.21%	9.18%	13.71%	1.49%
1992	3 483.37	2 503.86	71.88%	14.24%	13.23%	0.93%
1993	4 348.95	3 391.44	77.98%	13.96%	35.45%	2.54%
1994	5 218.10	2 311.60	44.30%	13.08%	−31.84%	−2.43%
1995	6 242.20	2 985.58	47.83%	10.92%	29.16%	2.67%
1996	7 407.99	3 746.92	50.58%	10.01%	25.50%	2.55%
1997	8 651.14	4 424.22	51.14%	9.30%	18.08%	1.94%
1998	9 875.95	4 983.95	50.50%	7.83%	12.65%	1.62%
1999	11 444.08	5 594.87	48.89%	7.62%	12.26%	1.61%
2000	13 395.23	6 406.06	47.82%	8.43%	14.50%	1.72%
2001	16 386.04	7 803.30	47.62%	8.30%	21.81%	2.63%
2002	18 903.64	8 515.00	45.04%	9.08%	9.12%	1.00%
2003	21 715.25	9 849.98	45.36%	10.03%	15.68%	1.56%
2004	26 396.47	11 893.37	45.06%	10.09%	20.75%	2.06%
2005	31 649.29	15 100.76	47.71%	11.31%	26.97%	2.38%
2006	38 760.20	18 303.58	47.22%	12.68%	21.21%	1.67%

续表

年份	绝对数/亿元		地方财政收入占财政总收入比重（3）	GDP增长率（4）	地方财政收入增长率（5）	地方财政收入弹性（5）/（4）
	全国财政收入（1）	地方财政收入（2）				
2007	51 321.78	23 572.62	45.93%	14.16%	28.79%	2.03%
2008	61 330.35	28 649.79	46.71%	9.63%	21.54%	2.24%
2009	68 518.30	32 602.59	47.58%	9.21%	13.80%	1.50%
2010	83 101.51	40 613.04	48.87%	10.44%	24.57%	2.35%
2011	103 874.43	52 547.11	50.59%	9.30%	29.38%	3.16%
2012	117 253.52	61 078.29	52.09%	7.65%	16.24%	2.12%
2013	129 209.64	69 011.16	53.41%	7.67%	12.99%	1.69%
2014	140 370.03	75 860.00	42.13%	7.40%	9.92%	1.34%
2015	152 269.23	83 002.04	54.51%	6.90%	9.41%	1.36%

资料来源：相关年份《中国财政统计年鉴》

从表5.4可以看到，1993年之前（包括1993年），地方财政收入总量占财政总收入比重呈现上升趋势，到1993年达到77.98%的最高点，之后呈现下降趋势。这主要是在财政包干体制下，中央过度依赖于地方，而地方则掌握了绝大多数收入支配权所引发的。分税制改革之后，从1994年开始，地方财政收入呈现出大幅下滑趋势，1993~1994年，该值由最高点的77.98%直接下降至44.30%。之后虽有所回升，但1999~2010年，这一比例一直都处于50%以下，2007年为45.9%。2011~2015年有所回升，除了2014年低于50%，其余为50%~55%，地方财政收入占财政总收入的比重还是不高。

1994年分税制改革开始后，我国政府间财政关系出现了财力上移这一明显趋势。当时不少上级政府往往都尽可能地获取更大比重的财政收入，却把财政支出责任推向下级政府。在中央与省级之间，财力是往中央集中的，从表5.4中可以看到中央财政收入占财政总收入的比重呈增加趋势，这也实现了提高中央财政收入占财政总收入的比重这个分税制改革目标。省以下政府间财力也是往上级政府上移，1994年分税制财政体制改革，使上一级政府具备了对每两级地方政府收入进行划分的权力，如此一来，就出现了财政收入向上级转移的现象。而上级政府则将那些集中稳定且数额较大的税种分享给本级政府，把种类零散又数额较小的税收种类留给县乡两级财政，由于有些税种征收成本太高，加之屠宰税、农业税与农业特产税等政策的取消，县乡财政收入呈现出大幅下降的趋势。这一划分独立实行于各地，缺乏统一的标准，导致在县乡、市县与省市的划分上出现很大的区别。然而在上级政府对收入进行划分的过程中，常常会允许本级政府参与下级政府税收的分享。部分地方分税之后，并未对县级财政递增上解比例进行相应的调整，还有部分地方两税增加的30%比例当中县级仅享占其中的一半，甚至还有一些地方会扣用中央给予县级两税的返还基数。此类现象促使中央财政集中度大幅提升，而省级财政集中度（省一级财政收入占总财政收入的比重）也随之提升（1994~2014 年该比例由 16.8%增加至 32.8%），而市级政府也在想尽办法提升集中度。地方财政显示有百多亿元净结余，可县乡出现明显财政赤字的状况却并不鲜见，这说明了地方财力被集中于上级政府手中。

对地方财政情况进行反映时可选用地方财政自治率这一指标，地方财政自治率等于本级财政支出除以本级财政收入。由图 5.2 可知，分税制实施之前，地方在剔除自身支出需求后，还有结余。至 1994 年，地方财政自治率却出现迅速下降趋势，一度下降至 57.2%，之后一直到 2015 年都处于 60%左右。地方各级财政中，中央财政增量调整的对象集中在消费税与增值税等这些工商业活动较为频繁的流转税方面，而城市则属于“两税”增幅较大的地区，所以财政自治率减幅最大的是地市，其次为乡镇，紧接着为县级，最后则是省级。

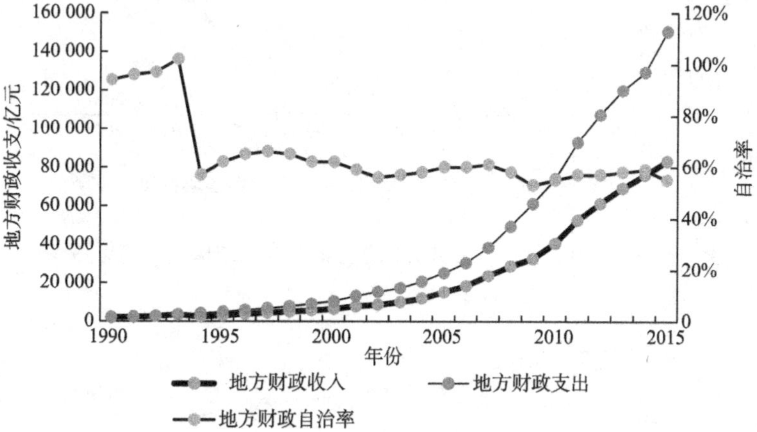

图 5.2　地方财政自治率变化图

从上述分析可以看到，财力在各级政府间上移，而公共文化服务的支出责任却层层下移，这样财权和事权的不匹配导致了公共文化服务供给的不足。

第二，地方公共文化服务财政支出占地方财政总支出的比重变化状况。

在地方财政预算内收入下降的情况下，如果地方公共文化服务财政支出占地方财政总支出的比重增加，且增加的幅度大于预算内收入下降的幅度，那么公共文化服务的数量也不会不足。那么现在我们来看看地方公共文化服务财政支出占地方财政总支出的比重变化状况。从图 5.3 中可看到，1985~2010 年中央公共文化服务财政支出的绝对数值虽然总体上呈增长趋势，但增长的幅度非常小；相比之下，地方公共文化服务财政支出的绝对值不但呈增长趋势，而且增长幅度大很多。也就是说，地方对公共文化服务财政支出的绝对数值是不断增加的，但能真正反映事物变化趋势的指标是相对指标，我们可以从地方公共文化服务财政支出占地方财政总支出的比重变化中看到其真正的变化趋势。从图 5.4 可以看到，地方公共文化服务财政支出占地方财政总支出的比重除了 1996~1997 年呈上升趋势，之后直到 2010 年都是呈下降趋势。这说明地方公共文化服务财政支出相对地方财政支出而言，支出比例是不断减少的。也就是说，人们从财政公共资源中享受到的公共文化资源越来越少。

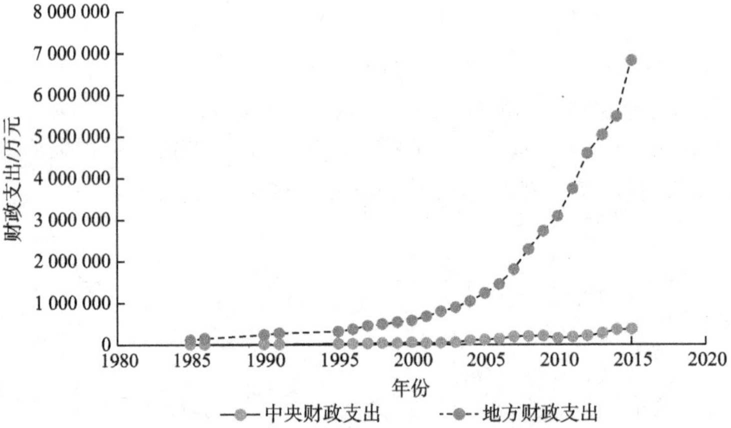

图 5.3　中央与地方公共文化服务财政支出结构变化趋势图

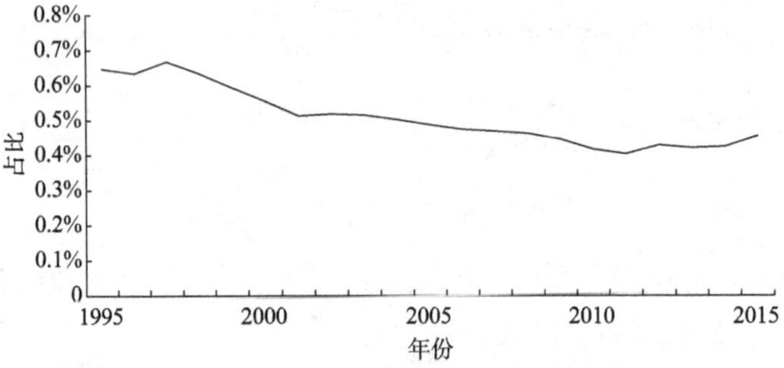

图 5.4　地方公共文化服务财政支出占地方财政总支出的比重变化趋势图

第三，转移支付对地方财力不足的弥补状况。

从图 5.5 可以看到，公共文化服务体系的供给是嵌入在政府行政管理体制内的，具有部门管理与层级管理的双重维度。在横向上实行部门管理，在纵向上实行层级管理。公共文化服务的部门管理是文化行政组织部门内同级行政机构之间和机构内部各同级部门之间平衡分工、相互合作与协调的关系模式。这种横向分工可以按照区域、管理程序与职能进行更为详细的划分。其中以管理职能予以的划分，是指把政府在某一时间内的功能与职责实施组合分解，进而多个职能部门负责不同的职能：在国务院系统，文化行政组织按专业区分为文化部、国家新闻出版广电总局及由文化部管理的国家文物局；在文化部内，按管理职能不同分为政策法规司、人事司、财务司、艺术司、公共服务司、科技教育司、非物质文化遗产司、产业发展司、资源开发司、市场管理司、文化市场综合执法监督局、国际交流与合作局（港澳台办公室）等司局①。各个地方文化主管部门也有相应的划分。

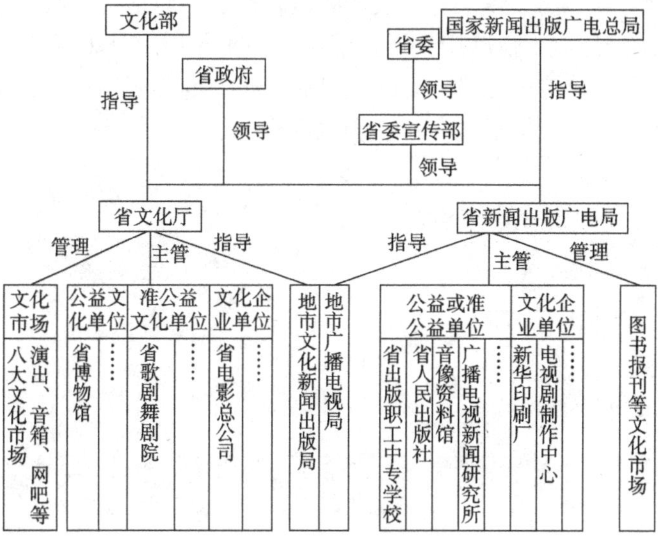

图 5.5　公共文化管理部门行政管理图

文化行政单位的层级管理是指文化行政组织的纵向分工，是文化行政组织内部各层级之间的纵向等级模式，即上下层级之间构成领导与被领导的垂直关系。文化行政组织的纵向结构是指从中央到基层的各级文化行政组织部门。文化行政管理部门则从中央到基层逐级设置，中央、省、市、县和乡各级文化行政部门构成了鲜明的层级性。

公共文化服务的提供主要通过各个文化部门执行，各个文化管理部门从政府获得的资金一部分来自各级政府用于文化的财政预算，另一部分来自上级政府的转移支付。从前面分析中可以看到，各级地方政府具有的财政收入难以满足本级公共服务所需的支出，地方承担公共文化服务财政支出的实际责任大于公共文化预算内支出就形成了公共文化服务财政支出纵向财政缺口。弥补财政纵向缺

① 中华人民共和国文化和旅游部网站。

口应通过政府给予财政补助的形式实现，将集中于中央的一些税收收入借助转移支付的方式来补贴地方，从而使分税制导致的公共支出缺口得到弥补。

我国现行的政府间财政转移支付制度是在 1994 年分税制改革基础上形成的。之后，中央持续增加转移支付力度。由图 5.6（a）可知，中央对地方转移支付的绝对值呈现递增趋势，由 1994 年的 2 389 亿元，逐渐达到 2015 年的 55 181 亿元，说明地方收入中有稳定的一部分源自中央对地方的补贴。此外，转移支付占财政总支出和地方支出比重都比较大，中央对地方的转移支付虽呈现出递增之势，但是从图 5.6 可知，这一支付占地方财政支出比重从 2004 年开始是呈下降趋势的，到 2015 年已降到 36.71%，表明财政转移支付对地方财政支出起的作用在下降。财政转移支付占财政总支出的比重在 2004 年后也呈下降趋势，2010 年后处于增长状态。财政转移支付占 GDP 的比重从 1996 年开始呈缓慢上升趋势，这意味着转移支付已使用越来越多的社会总资源。

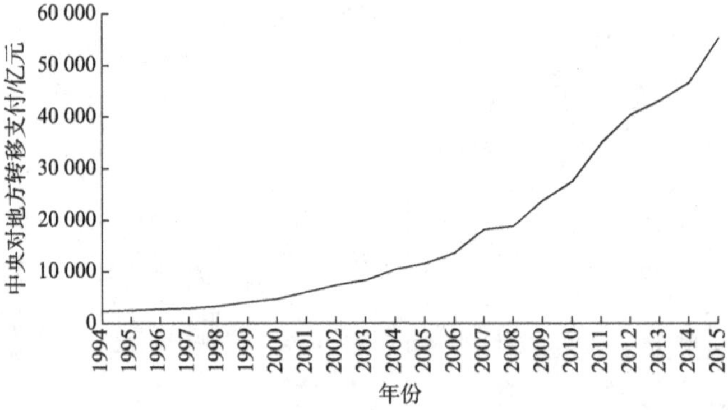

（a）

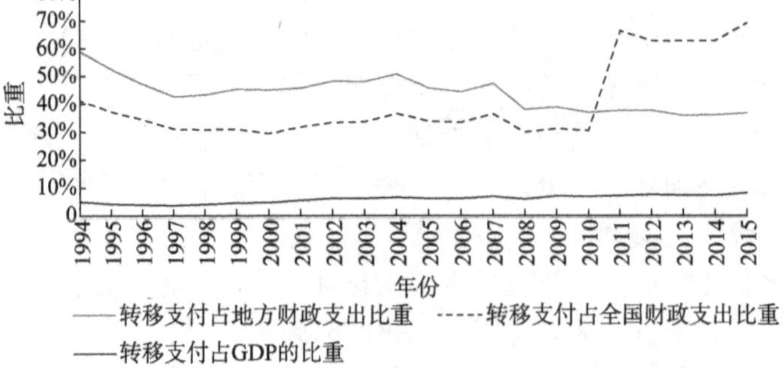

（b）

图 5.6　中央对地方转移支付状况图

尽管财政转移支付占 GDP 的比重呈上升趋势，但地方公共文化服务财政支出纵向财政缺口还难以弥补。我国的转移支付制度有税收返还、结算补助、专项转移支付、体制补助、一般性转移支付及其他转移支付（图 5.7）。而这些转移支付并不能够解决地方在公共文化服务财政支出方面财力不足的问题。

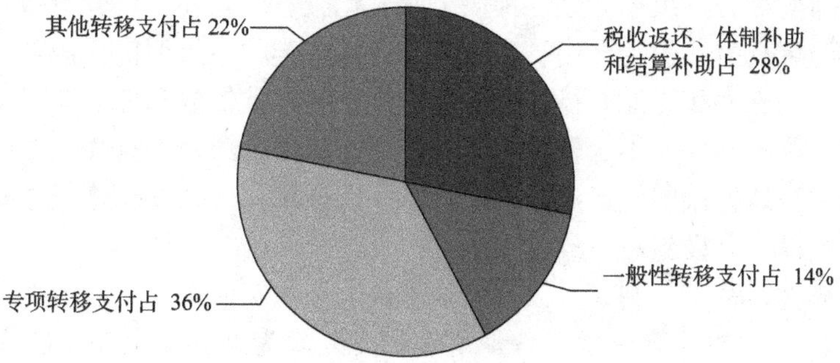

（a）2007 年中央转移支付结构

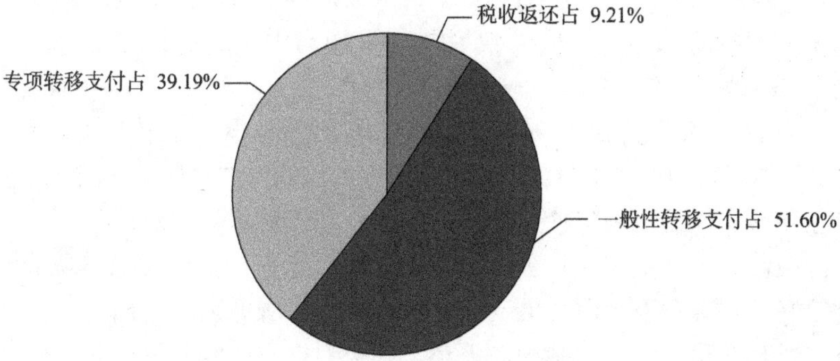

（b）2015 年中央转移支付结构

图 5.7　中央转移支付结构

在理论上及国外的财政实践中，能有效提供公共物品的转移支付有专项与一般性两种转移支付。其中专项转移支付即规定具体用途，附加一定条件的转移支付，一般用于特定项目。因此用于文化领域的专项转移支付是在转移支付中解决公共文化服务财政支出最重要的组成部分。我国文化专项转移支付主要包括文化市场监管及案例检查工作经费、非物质文化遗产保护工作经费、文化信息资源共享工程运维费、大型特色品牌文化活动经费补助、农村文艺演出星火工程经费、露天剧场演出补助文化设施设备更新、运维费和文化广场运维补助等。

现阶段中央对地方的文化专项拨款管理的主体为文化主管部门和财政部。中央文化主管部门包括文化和旅游部、国家新闻出版广电总局，地方主管文化部门包括省级文化主管部门（省文化和旅游厅、省新闻出版广电局）、地市级和县级文化主管部门，文化专项拨款补助划拨方向是由中央文化主管部门向下一级别的文化主管部门层层划拨，地方层级高的部门一般都会尽量把资金留在本层级，越是低层级的管理部门专项补助资金越少，而目前我国大部分的公共文化服务财政支出职责是由地市和县乡级负责的。由此，作为最能解决地方公共文化服务财政支出的专项拨款补助也未能足够提供公共文化服务。此外，尽管专项转移支付的使用项目与审批手续较为严格，也开展了专项资金的绩效评价，但是目前我国财政管理体制仍有一些方面有待完善：欠缺规范的拨款依据和标准、资金使用缺乏有效监督，这些都导致不少资金用于规定之外的部分项目上，甚至部门专项转移资金还经常被地方截留或者挪为他用，有些应该用在公共文化建设方面的资金被地方用来建设基础设施。

而一般性转移支付则是指没有附加条件、不规定使用方向，由上级付给下级的资金。该支付的计算通常以各地财政收支差额为准，支出超过收入的差额越大，则享受的补助越多，显示了对纵向财力缺口进行补充的目标。当公共服务资金不足时，政府可以动用一般性转移支付加以提供。目前一般性转移支付规模增大了不少，图 5.7（a）中，中央转移支付总额当中一般性转移支付占比不大。2006 年，该值为 1 529.9 亿元，仅占整个转移支付的 11.3%，2007 年有所上升也仅占 14%，到 2015 年上升到 51.60%。目前全球绝大部分国家的转移支付形式包括专项转移支付与一般性转移支付，其中，一般性转移支付占转移支付的绝大多数。但是一般性转移支付是不规定使用方向的，所以在支付过程中难以规范化，资金常常被挤占用作生产性支出，在公共服务中，因为能在一定程度上体现政绩，政府官员更偏好于教育和卫生服务的支出，对公共文化服务财政支出却很少。

目前财政转移支付还包括税收返还，中央对地方的税收返还是在坚持“不损害既得利益”的原则下按来源地规则设计的。1994 年分税制改革时，中央承诺愿意向地方返还相当于实施分税制而减少的地方税基的款项。以 1993 年的实际税收收入作为基准，为保证地方收入至少与 1993 年的税收收入持平，中央允诺向每省都返还一笔税收款项：省级政府在基期年的留成收入基数−地方税收−0.25×增值税。也就是，当地方税收入（1994 年分税制界定的）和地方共享的 25%的增值税收入之和小于 1993 年的税收总收入时，二者之间的缺口由中央来弥补。分税制改革后初期税收返占总转移支付的比重依然超过 70%，1996 年后该比重有所下降，但在 2003 年和 2004 年，该比重分别为 42.9%和 45.5%，2006 年为 42%，2007 年下降为 28%，2015 年仅为 9.21%。

按照分税制规定，辖区所得税收返还金额仅由中央从辖区所获税收数量决定，与辖区人口、地理特征、人均收入及其他财政能力和支出需求相关因素没有联系。中央对地方上缴的税收按基期年逐年递增地返还，税收数量多的地区得到的返还数额就多，该地方财力更显充裕；而原来税收额较少的地方得到的返还数额也较少，财力仍旧不足。收入来源地税收返还规则表明：地方具有的财政资源越多，则获得的转移支付就越多。不同的财政状况导致包括公共文化服务在内的不同地方提供的公共服务参差不齐。其他如工资调整、农村税改及“三奖一补”等转移支付属于专项转移支付，对公共文化服务财政支出几乎没有影响。

因此，转移支付制度下的地方公共文化服务财政支出存在问题可以归结如下：专项转移支付的执行不到位，一般性转移支付的公共文化服务支出不足，公共文化服务方面的激励缺乏，税收返还导致贫困地方财政经费不足，扩大了不同地方提供公共文化服务的差异。为了验证转移支付比重对地方政府公共文化服务财政支出的具体影响，我们将在后面实证分析中进行检验。

3. 财政分权、政府激励与公共文化服务财政支出

1）政府偏好、标尺竞争与政府激励

地方公共文化服务财政支出的数量及所占财政支出比重是地方行为的反映，从公共经济学的角度看，政府作为一个独立的“理性人”，其行为是受政府官员偏好支配的，政府行为伴随政府官员偏好的变化而改变。当地方偏好文化发展时，地方公共文化服务财政支出会增加；当地方偏好其他活动时，公共文化服务财政支出就会产生不足。那么地方官员偏好又是由什么决定的呢？

作为理性“经济人”的地方官员有着自身利益最大化的效用。布雷顿（Breton，1996）通过一系列的总结研究得出了被选出的政治家的效用函数，此函数变量具体包含个人收入多少、权力大小、当选的可能性、个体崇高理想的追求热烈程度、历史地位、对公共物品所持态度等。他提出，政治家有着自身利益的追求，并不属于对某种意识形态的目标及公共利益的追求。政治家依靠选票极大化来达成自我利益，政治家获取选票的主要途径就是提出社会改革方案及政策：政治家提出的改革方案必须满足中间投票人的效用偏好，才可以达成选票的极大化，这也和投票者追求的效用最大化相符。

在西方国家，地方间存在自下而上的“标尺竞争”，政府官员的晋升取决于辖区选民的投票，处于信息弱势的选民对本地官员进行投票时，以其他地方的政府行为作为衡量依据，测评自己所在地方的行为规范程度。选民这种投票依据，会激励所在辖区政府官员降低行政管理成本、重视和完善公共服务、杜绝权力膨胀和泛滥；另外，执政者十分明了选民和不同地方的选票依据，进而会对其进行借鉴或效仿以提高部门效率。Besley 和 Coate（1995）利用美国各州的经验数据研究美国州长之间是否存在“标尺竞争”。模型以选民为委托人，以州长为代理人，解释了选民以邻近州的税率和其他经济指标作为参照来判断他们所在辖区州长是否胜任及下次竞选时是否支持连任的行为。

与西方国家的政治管理体制不同，我国自从 20 世纪 80 年代中期实行了“干

部目标责任制”，地方干部政绩考核激励机制走向制度化，1987年我国的干部体系分为15个级别，实施“干部服务体系”，成为对干部考核的具体细则。1993年，国内行政绩效考核方案宣告建立。随后，于1988年和1995年，中央陆续颁布了有关党政干部行政业绩的考核方案实施文件。通过以上制度实施，上级政府对下级政府进行责任合同委托和监督。然而，经济增长绩效始终是一项基本参考依据（蒋名未，2010）。从表5.5可见，中央对地方的责任要求是全方位的，是一个多任务的委托代理关系。

表 5.5　地方（下级）政府目标责任体系

经济建设	经济总量、增长率与人均收入水平；国家税收和地方财政能力；城乡生活水平；农业生产和发展；企业发展和经营；交通、电力、社会保险等基础服务设施
社会发展与精神文明建设	人口与计划生育；社会稳定；教育、科技、文化、体育事业；环境保护和生态环境
党政建设	意识形态和政治建设；领导队伍建设；民主集中制建设；基层党组织建设

在不同的时期，中央对这些目标会有不同的侧重点。在地方目标责任体系中，提拔干部的必要条件包括科教文卫等方面的要求，在考核体系组成部分中，税收、经济增长等成为实施测量的参考依据。就现行考核体制而言，经济增长、税收及基础设施等硬性指标属于关键性的考核指标，满足居民非经济性公共物品需求所得的激励较少。不少学者证明中央长期是按照相对经济绩效来考核地方干部的。周黎安（2004）阐明了我国地方干部采取以GDP为主的政绩考核机制，通过实证得出，中央在提拔干部之时使用的主要依据就是相对经济增长绩效指标，地方干部政治生涯中的晋升与当地经济增长绩效有极大关联。钱颖一（2005）认为，中央对地方干部进行选拔之时，可以适当地将“最优统计量”类的GDP作为评价地方政治绩效的标准，其测评指标设定也应当充分做到科学、合理和全面。一旦侧重某一固定指标或单一维度，必然对干部的执政理念造成错误性引导，最终可能诱发资源配置的扭曲现象（Holmstrom and Milgrom，1991）。

公共选择理论认为，不容易产生激励扭曲又能够实现科学激励目的的重要措施是保证被测人和委托人之间测评条件的准确和有效。但是，现实中除了使用GDP这种相对经济绩效的干部晋升指标，找到其他合理的指标对政府干部的工作进行客观评估是比较困难的。

假如完全摒弃现行的经济增长指标业绩衡量标准，或者采用其他较为模糊的准则作为地方干部晋升的参考依据，必然导致上级行政机关领导主观评价权的扩大，同时也不利于公平、科学的政府廉政建设，甚至诱发更多的腐败或不作为现象（傅勇，2007）。另外，具有人事任免和组织建议权的上一层的政府干部，假如在获取下一层的政府行政服务能力过程中需要付出较大的社会成本，那么必然会造成其自由处置权的无形增加，无法保证政治晋升的公平环境。鉴于国内政治发展状况，在政府干部内采用经济增长作为评价标准，体现了国家防范地方职权泛滥并加强行政监督的一种强制引导措施（周黎安，2007）。

2）财政分权、政府激励与公共文化服务财政支出

在我国以 GDP 为主的政绩考核机制要发挥作用，与其他相关改革措施相配套是必需的。地方干部之间要进行“标尺竞争”争取更好的政绩，一定要具备相应的经济决策权力，可以支配相关的经济资源，才能对地方经济发展承担行政责任，也只有在这种情况下激励才能发挥效能。在 1988 年后，中央与地方的财政分权制度开始，地方对其辖区内的开支和资源条件具有自由处置权，中央赋予地方相对自主的经济决策权，属地化分级行政管理体制强化了地方的实际权力。财政分权下的政绩考核激励给我国的经济发展带来高速增长（Qian and Roland，1996；张军等，2004）。

通过上述分析，大致可以形成一个解释我国纵向公共文化服务财政支出结构不合理导致公共文化服务财政支出不足的理论框架，分析在公共文化支出中所占比重最小的地方公共文化服务财政支出不足的原因。这一框架的关键要素在于前文提到的分权体制、权责失衡、地方政府偏好、政府激励等因素，这些因素大都与地方公共文化服务财政支出有关。我们可以建立一个理论逻辑图（图 5.8），即财政分权使得地方权责失衡，表现为地方财政收入比重减少，同时财政分权下政府激励使地方偏好发生改变，导致地方公共文化服务财政支出比重减少，以及公共文化服务财政支出增长率下降，由此可以推测，我国的财政分权体制与地方公共文化服务财政支出存在关联。

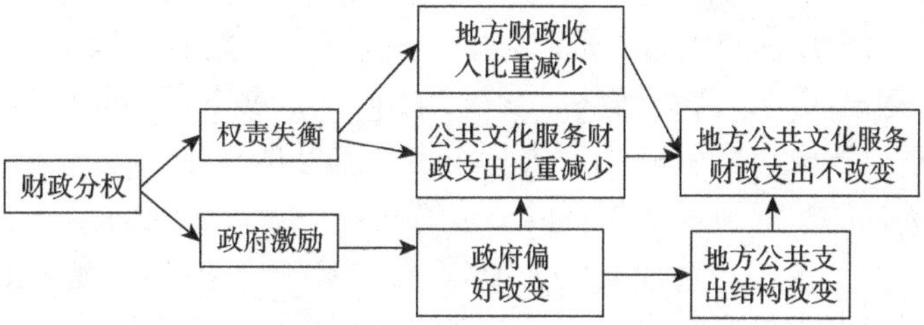

图 5.8　我国财政分权、政府激励与公共文化服务财政支出的理论逻辑图

假定我们的理论框架是正确的，那么我国公共文化服务财政支出不仅与财政分权导致的权责失衡有关，也与政府激励密切相关。当然，以上只是基于理论及以往经验的假说，接下来我们将使用计量方法，针对上述假说提供经验证据及实证支持。

5.1.3 实证检验

1. 变量指标选取及处理

本节构造一个面板数据实证模型，实证分析财政分权对我国公共文化服务的影响，凭借经验数据对 5.1.2 小节理论逻辑中的结论进行检验。为了更有效地探析财政分权对我国公共文化服务产生的影响，本节还选择了其他控制变量作为补充。

1）地方公共文化服务财政支出（EC）：各省预算内公共文化服务财政支出与各省预算内财政支出的比值

这是本节实证研究的被解释变量，用各省每年的预算内财政文化支出占各省预算内财政支出的比重作为地方公共文化财政支出的指标，可以有效地对各省政府在公共文化方面的财政支出力度形成更为清晰的判断，关键原因就在于预算外支出在各省级支出及各省级政府财政文化支出里占的比重都相对较小，预算外支出主要用于基础设施等硬公共物品支出（平新乔和白洁，2006），该指标能很好地描述各省对公共文化的财政支出力度。

2）财政分权指标（DEC）：各省预算内人均本级财政支出/中央预算内人均财政支出

本节实证研究的核心解释变量就是财政分权指标。可以说，财政分权度越大就代表地方依照自身偏好来调整财政支出结构具备的财政支出自主权越大，从而影响公共文化服务财政支出力度。选择“各省人均预算内财政支出占预算内人均财政支出”这一普遍使用的分权支出指标，作为财政分权度①，基于对政府支出规模与人口数量可能存在的正向关系，对分权指标进行人均化处理。

3）政府竞争度［以外商直接投资（foreign direct investment，FDI）作为代理变量］：各地方政府吸引的 FDI 占全国当年 FDI 的比重

文献里包含的政府竞争度指标的选取方法不一。代表性的有：以地方实际利用的 FDI 绝对值直接作为代理变量（张军等，2004），但 FDI 绝对值受一个国家经济环境等外界因素的影响很大，所以较低的 FDI 数值并不能说明该省在全国的竞争能力有所下降。还选择了各地区外资企业具备的相对税率当作代理变量（傅勇，2007），而就实际情况来看，相对税率数据必须要通过较为复杂的换算方法才能得到，而且对相对税率有较大影响的出口退税、延长减免税优惠期限等因素也要考虑在内，因此其换算更为复杂。

---

① 目前还没有找到一种从理论上证明合理的财政分权度指标。但比较常见的是地方预算内支出与中央预算内财政支出的比重（孙群力，2006），能反映对公共物品的供给有更直接的影响；经过人均化处理的支出分权度（傅勇，2007；孙琳和潘春阳，2009），地方预算内收入占中央预算内收入的比重（郑磊，2008）。

在 5.1.2 小节理论框架分析中，地方激励会从税收竞争导致地方财政收入的下降及投资基础设施建设而扭曲公共支出结构两个方面影响公共文化服务财政支出，因而政府激励是影响公共文化服务财政支出的一个重要因素。竞相吸引 FDI 是地方开展“标尺竞争”的一个重要方式（张军等，2004）。关键原因在于与文化教育卫生等方面支出相比较，基建支出能够在相对较短的时间里获取极为不错的效果。基于更为快速吸引 FDI 的目的，各地政府往往会采取有效的措施来对基础设施加以改善，这就会引起公共结构的扭曲，影响公共文化服务财政支出的数量。所以本节参考了张军等（2004）利用各省 FDI 描述地方竞争度的方式，只是想要达到去除汇率及宏观经济变化影响的目的，没有采取 FDI 绝对值的方式，而选择了各地政府吸引的 FDI 在全国当年 FDI 中占的比重来当作界定政府竞争度的代理变量。根据前文理论论述，预期本指标系数为负。

4）人均国内生产总值（PGDP）

财政学家阿道夫·瓦格纳在解释瓦格纳法则的经济原因中认为，教育、文化、娱乐、保健与福利服务的公共支出增长归因于其较大的服务需求的收入弹性，即随着人均实际收入的上涨，这些服务的需求也随之增加，从而使公共文化服务财政支出、公共教育支出等公共支出处于增长趋势，并快于 GDP 的增长。为了控制人口变化的因素，这里的经济增长指标采用 PGDP 进行衡量。预期本指标系数为正。

5）财政自给度（OWN）：地方预算内收入与预算内支出的比值

通常情况下，政府本身的财政收支情况会对其支出结构产生极为显著的影响（财政收入不包含转移支付）。财政自给率对地方财政自理程度和充裕程度可进行度量。地方财政状况越好，公共文化需求就越有可能进行更大的支出，从而满足居民的公共文化需要，结合实际情况来看，财政分权能够在收入自主权及支出自主权两个方面对地方进行激励，使得其能够给本地居民提供更为优质的服务（黄琨，2011），增加公共文化服务的支出。这里把地方预算内收入与预算内支出的比值作为财政自给度的代理变量，预期这一变量对公共文化服务财政支出具有正效应。

6）转移支付（TR）：中央向地方的人均转移支付

弥补地方政府预算内支出及预算内收入的缺口之时使用的大部分都是中央对地方的转移支付及地方债。一般情况下，转移支付具有体现平衡地区财政差距的性质，落后地区主要靠转移支付维持公共物品供给，向下的转移支付很有可能会使得落后地区政府的公共物品供给得到改善。Duncombe 和 Yinger（1998）通过一系列总结研究提出了“粘蝇纸效应”，也就是地方居民能够支配的收入增加 1 美元只能够使得政府公共支出增加 0.1 美元，而 1 美元的中央财政转移支付能够让政府支出增多 0.33 美元。与中央等额税收削减相比，中央的转移支付可以有效地提升地方在公共物品方面的财政支出。但是，按照上文的分析，我国转移支付结构的缺陷使得公共文化服务财政支出比重缩小。因此我们无法预期该变量的符号。

7）政府负担（BD）：每万元财政收入的公职行政人员数

一般情况下，政府规模越大，代表政府具备行政工作者数量越多且机构更为臃肿，政府财政支出中有相当一部分是行政公共费，公共文化服务财政支出占总支出的比重也会随之变小。本节使用每万元财政收入的公职人员人数作为该指标的代理变量。

8）城市化率（UB）：各省非农业人口与总人口的比值

相较于农村，城市文化基础设施的建设会更为健全，公共图书馆、文化服务机构的类型及数量也相对较多，并且公共文化服务费用标准比农村更高，因而政府每年在城市公共文化方面的支出也就更多；并且，在城市化进程不断加快、人口越来越集中的情况下，公共文化服务带有的规模经济效应也变得越来越显著，文化经费也能够得到有效的节约，所以，城市化进程对公共文化服务财政支出产生的影响也表现出不确定性的特征。受到国家统计口径的概念及数据可取得性的影响，本节选择了各省非农业人口和总人口比值来当作城市化率的代理变量。

考虑到公共文化服务财政支出会根据人口增长而表现适当的规模经济或拥挤效应，实际模型中又引入了人口数和人口密度变量进行控制。

2. 模型设定与数据说明

综合考虑以上所有因素，我们建立了以下面板数据模型：

$$\mathrm{EC}=\alpha_{it}+\boldsymbol{\beta}\mathrm{DEC}+\boldsymbol{\delta}\mathrm{FDI}+\boldsymbol{\mu}\mathrm{DEC}\times\mathrm{FDI}+\boldsymbol{\eta}\mathrm{PGDP}+\boldsymbol{\gamma}\mathrm{OWN}+\boldsymbol{\lambda}\mathrm{TR}+\boldsymbol{\omega}\mathrm{CON}+\varepsilon_{it}$$

这里面，i 和 t 分别表示第 i 个省份和第 t 年，$\boldsymbol{\beta}$、$\boldsymbol{\delta}$、$\boldsymbol{\mu}$、$\boldsymbol{\eta}$、$\boldsymbol{\gamma}$、$\boldsymbol{\lambda}$、$\boldsymbol{\omega}$分别表示各变量的系数或系数矩阵，ε 表示残差项；EC 表示地方公共文化服务财政支出，是被解释变量，本书实证研究关心的解释变量包括 DEC、FDI、PGDP、OWN、TR，CON 表示控制变量组，包括 BD、UB、人口数、人口密度等变量，并且，鉴于分权对支出结构产生的影响极有可能会跟随竞争程度的差异而产生相应变化，因而借鉴了傅勇（2007）的方法，添加了分权度和竞争度的交互项——DEC×FDI。

依照数据的可得性，选择了我国 30 个省区市（不含港澳台及西藏）1997~2015 年的省级面板数据。因为中央在每年会给西藏大量的转移支付和优惠政策，且公共文化服务财政支出有些数据不全，所以实证分析中把西藏剔除。相关数据主要来源于各年的《中国统计年鉴》、《中国财政统计年鉴》、《中国文化文物统计年鉴》、《各地方统计年鉴》和《新中国 50 年统计资料汇编》。

3. 实证结果

为更好地显示计量结果，这里根据上述基本模型构造了 5 个模型。模型 1 主要是为了研究公共文化服务财政支出与核心解释变量及控制变量的基本关系。模型 2 是为了验证政府竞争和财政分权对公共文化服务财政支出比重的关系，由此模型里只关注 PGDP、DEC、FDI 3 个解释变量。模型 3 是基于模型 2 而添加了其他控制变量，持续展开对财政分权和政府竞争对公共文化服务财政支出比重影响的检验，引入 TR、BD 等控制变量。由于财政分权对公共文化服务财政支出比重的负面效应在一定程度上会跟随 FDI 的加剧而产生相应的变化，因而在模型 4 里添加了 DEC 与 FDI 的交互项。模型 5 基于模型 4 添加了其他控制变量，针对 DEC 与 FDI 交互项的作用展开检验。

实证结果如表 5.6 所示。

表 5.6　财政分权、政府行为和 EC：回归结果

解释变量	EC				
	模型1	模型2	模型3	模型4	模型5
DEC	−1.017 2*** (0.134 8)	−0.828 3*** (0.108 5)	−1.376 5*** (0.152 2)	−0.698 9*** (0.173 5)	−1.723 1*** (0.199 3)
PGDP	0.006 6*** (0.000 3)	−0.003 3*** (0.000 7)	−0.003 6*** (0.000 6)	−0.003 4*** (0.000 6)	−0.002 8*** (0.000 5)
FDI		−0.168 1*** (0.029 1)	−0.083 7** (0.015 4)	−0.108 5*** (0.087 7)	−0.158 3** (0.120 9)
DEC × FDI				−1.723 2** (0.708 1)	−0.897 8* (0.276 7)
TR			−1.645 1*** (0.857 1)	−1.958 1*** (1.275 5)	−1.054 9*** (0.395 8)
OWN	0.082 6*** (0.010 8)		0.066 7** (0.019 5)		0.068 4** (0.042 2)
BD			−1.011 9*** (0.665 7)		−2.055 3 (1.337 7)
UB	−0.058 7*** (0.001 5)		−0.032 2*** (0.010 7)		−0.077 8*** (0.020 2)
人口密度	0.028 7*** (0.009 4)		0.030 7 (0.032 2)		0.031 8 (0.042 1)
人口数	0.010 4*** (0.002 1)		0.002 9 (0.000 6)		0.003 8 (0.006 8)
*F*值	28.34	24.37	16.81	28.97	18.73
P>*F*/chi^2	0.000 0	0.000 0	0.000 0	0.000 0	0.000 0
R^2-within	0.401 2	0.290 7	0.494 1	0.303 3	0.455 7
obs	270	270	270	270	270

***、**、*分别表示在 1%、5%和 10%的显著性水平下通过检验

注：括号内为异方差稳健的标准误；常数项结果略去

（1）DEC 显著较强地降低了 EC 占财政总支出的比重。这个结论在所有的回归中都是一致的。DEC 基本都在 1%的显著性水平上显著。在其他条件不变化的情况下，DEC 越高，EC 占财政总支出的比重越低。

（2）在模型 1 中，PGDP 对于 EC 占比具有正效应，且显著性水平同样为 1%。而在其他模型中，当控制 FDI 和 TR 后，PGDP 对于 EC 占比则具有显著负效应。Horlacher（1979）和 Frey（2000）发现 GDP（收入）或者至少是收入相关变量（如随着较高公共支出而产生的较高收入税）与 EC 呈微弱的正相关关系。与这些学者研究结果不同的原因可能有这几个方面：首先，在经济社会持续发展背景下，原本政府承担的文化支出开始向居民个人过渡，不少原来的文化事业部门被推向市场，私人文化支出不断增加。其次，相较于教育、卫生、科研等公共支出，文化服务拥有的收入弹性明显更低。

（3）FDI 的系数也显著为负。其中模型 2、4 是在 1%的显著性水平上显著，而模型 3、5 是在 5%的显著性水平上显著。这就代表在 FDI 提升 1 个百分点的情况下，EC 最低就会减少 0.08 个百分点。这就初步代表前文的假设得到了验证：地方间基于增长展开的竞争会使得公共支出结构产生扭曲，令 EC 减少。另外，在模型 4、5 中引入 DEC 和 FDI 的交互项，回归结果显著性水平不同，模型 4 的显著性水平更高，但其系数都为负，说明分权除了对 EC 占财政总支出的比重有直接影响，还表现出依赖 FDI 对 EC 占财政总支出的比重的间接负面影响。在显著性水平更高的模型 4 中，财政分权直接导致 EC 占财政总支出的比重下滑，DEC 每提高 1 个百分点，EC 占财政总支出的比重下降 0.698 9 个百分点。DEC 和 FDI 的交互项系数显著为负，竞争越激烈的分权对 EC 的负面影响越大，FDI 和 DEC 相互影响度每增加 1 个百分点，将导致 EC 占财政总支出的比重下降 1.723 2 个百分点。

（4）TR 的系数显著为负。这验证了前文分析的假设：当前我国的 TR 并不能增加 EC 占财政总支出的比重。就 TR 中占比最大的公共文化专项支付而言，其存在拨付及使用程序不够规范等问题。专项 TR 中的支出项目不多，而实际上参与这部分专项资金的分配部门数量却相对较多，以至于各部门为了获取专项拨款而展开竞争，导致相当一部分的公共文化专项拨款出现截留及挤占挪用的情况。对于财政相对紧张的地方而言，一些专项拨款甚至变成了地方的基本开销，公务人员经费在其中占据了较大的比重。而就 TR 中占的比重位列公共文化专项支付之后的税收返还而言，在本质上属于既得利益的产物，并不包含均等化财力的效果，而经济越发达的地区其税收返还的数额就越大，所以从原本就财力不足的欠发达地方政府来看，若是想要利用税收返还 TR 来提升 EC 比重的难度相对较大。此外，地方获得的没有附加条件的一般 TR 用于 EC 的可能性更小。

（5）OWN 对 EC 占财政总支出的比重具有显著的正效应。这意味着地方的

OWN 越大，在财政支出比例结构没有大的改变下，就越会使文化、卫生及教育等方面的支出增大。结合实际情况来看，如今我国地方财政支出的相当一部分都属于预算外支出，而软约束属于地方预算具备的明显特征，其为了推动本地经济的发展，在基础设施方面的投资力度不断加大，却并未增加对公共物品的支出，仅仅在地方具备硬约束的情况下，各类公共支出才会被科学且谨慎地安排。

（6）其余控制变量的结果：BD这一变量的系数显著为负，这是符合原假设的，但只在模型 3 显著。这就代表政府自身规模越大，其负担也就越重，政府需要消耗的公共资源也就越多，在公共文化服务方面支出就会变少。UB 对 EC 存在明显负效应，其极有可能是由于城市化进程的不断加快，公共文化服务的规模经济引起成本节约超出城市公共文化服务的高标准，从而引发支出增多，公共文化服务城市化能够有效降低地方财政的压力。在模型 1 中，人口密度系数显著为正，可能就是由于在人口密度不断增大的情况下，相对较高拥挤及维护成本明显超出规模经济引起成本节约。而人口数的符号仅仅在模型 1 显著为正，主要原因就在于充当公共物品的公共文化服务在一区域产生拥挤后，多增加一个公共文化服务消费者的边际成本大于零，虽然公共文化服务的固定成本会随着消费人数的增加而减少，边际成本增加的作用却更为显著。

4. 稳健性检验

在这里将对模型中的其他主要解释变量进行稳健性检验。由于直辖市的社会、经济及自然条件等和其他省、自治区等存在相对较大区别，因而可以不考虑直辖市，仅仅对省和自治区的观测值进行回归操作；模型 1 是去掉上海、天津、北京、重庆 4 个直辖市的观测值后对其他省与自治区观测值的回归。此外，把偏离均值的观测值主要分布在右侧的DEC、FDI及PGDP 3个变量超过均值 1.5 个标准差的观测值排除掉。模型 2 属于排除掉 DEC 超过均值 1.5 个标准差观测值之后的回归；模型 3 属于排除掉 FDI 超过 1.5 个标准差观测值之后的回归。DEC、FDI、DEC 和 FDI 的交互项及 PGDP 在拆分的子样本回归中均显著为负，所以能够得知上述变量的稳健性都相对较好（表 5.7）。

表 5.7　稳健性检验结果

解释变量	EC			
	模型1	模型2	模型3	模型4
DEC	−0.601 1*** (0.107 3)	−0.998 3*** (0.163 6)	−1.211 5*** (0.163 3)	−1.622 6*** (0.167 7)
PGDP	−0.003 1*** (0.000 8)	−0.002 7*** (0.000 7)	−0.003 2*** (0.000 5)	−0.002 6*** (0.000 6)
FDI	−0.170 7*** (0.125 2)	−0.285 4** (0.167 6)	−0.220 2*** (0.132 2)	−0.141 2** (0.100 4)

续表

解释变量	EC			
	模型1	模型2	模型3	模型4
DEC × FDI	−3.537 1** (1.707 5)	−4.775 7** (1.000 9)	−6.396 8** (2.502 7)	−1.357 3* (1.662 9)
*F*值	32.52	12.71	27.42	29.69
$P>F/\text{chi}^2$	0.000 0	0.000 0	0.000 0	0.000 0
R^2-within	0.386 3	0.104 4	0.154 6	0.411 6
obs	242	252	259	263

***、**、*分别表示在 1%、5%和 10%的显著性水平下通过检验

注：括号内为异方差稳健的标准误；常数项结果略去

5.1.4 结论与政策讨论

1. 本节结论

本节对 EC 的中央和地方纵向结构失衡进行了分析，地方 EC 占了绝大部分的 EC 份额，而中央仅仅负责少部分支出，在这个纵向结构中，地方 EC 对于公共文化服务的提供是相当重要的，而地方 EC 占地方财政总支出的比重却连年下降，造成全国 EC 比重也随之下降。因而必须适当地优化 EC 中中央和地方的结构。本节通过在一定理论框架基础上运用 1997~2015 年的数据分析了地方 EC 占地方财政总支出的比重下降的原因。

就我国实际情况来看，EC 的财权与事权存在不匹配情况，财政相对雄厚的中央及省级政府在 EC 中担负责任相对较小，而本身财力薄弱的县乡级政府反而需要担负起绝大多数 EC，此种财政分权体制的负面作用造成我国 EC 的不足。DEC、FDI 和 PGDP 都对 EC 具有显著的负效应，在稳健性检验中，删除了所有异常观测值样本之后，同样得到了基本一致的结论。虽然 TR 能够提高地方的 EC 总量，但由于较多的 TR 资金被挪到其他支出项目上，TR 对 EC 产生的正面影响要弱于政府本身的财政收入，EC 占财政总支出的比重没有提升反而出现了下降的情况，关键原因就在于如今我国的 TR 制度并不完善，专项 TR 管理不到位，不能起到均等化作用的税收返还比例偏高，而真正具备均等化作用的一般性 TR 却不足。综合考虑其他影响因素，实证结果还表明：BD 和 UB 对我国 EC 具有显著负效应，OWN、人口密度和人口数对我国 EC 具有显著正效应。

2. 政策建议

（1）依据健全财权与事权相匹配的财政体制要求，科学划分中央和地方文化事权及支出责任，中央应增加 EC 的比重。关于中央和地方的支出责任划分一直都是财政学研究的热点，Eckstein 和 Girola（1978）通过一系列的总结研究得出了“按受益原则分权”。他们提出，需要依照公共物品的收益范围来对各级政府需要担负的职能进行科学的划分，把其看作分配财权的主要依据。所以，全国民众都能从中获益的公共物品的提供者应该是中央。其他一些公共物品虽然只惠及某一群体或某些人，但因对全社会和国家的发展至关重要，也要由中央提供。公共文化具有的大范围公共性、公众性和公益性的特点，积极向上的价值观和文化认同感对全社会和国家的发展是至关重要的，应该由中央提供，以此来确保国家文化安全、推动中华文化走出去、强化对文化遗产的保护等和国家及民族全局性利益相关的事项，中央财政需要担负起最主要的责任。公共文化服务体系属于达成人民群众基本文化权益的关键载体，在实际建设过程中必须要有效展现出中央财政具备的宏观调控作用，在中央的主导下，科学划分中央及地方财政需要担负的支出比例。推动地方特色文化发展，地方需要担负起其中最为重要的责任，中央可以利用以奖代补等办法，选择性扶持支出力度大且工作成效高的地方。

（2）改革政府干部绩效考核体系。本节验证了地方干部激励机制与“标尺竞争”使得地方的行为被明显扭曲，以 GDP 为考核指标的干部晋升制度导致地方干部着眼于短期利益，忽视了不能直接进入干部任期内生产函数的 EC，遏制了 EC。干部的晋升激励最大的问题是缺乏辖区居民的偏好显示，在经济发展及市场转型的初始阶段，此类偏好替代在特定情况下具备合理性，主要原因就是在经济发展的初始阶段，大部分人的需求就是提升收入，只有在人们收入不断升高，物质生活水平不断提升的情况下，人们的偏好及需求才会开始向着多样化的方向转变，因而 GDP 增长指标难以精准表现出各个区域居民多样化的偏好结构。若是可以把这部分多样化偏好转化成政府公共服务内容且推动其顺利实施，那么人们的公共福利就会得到明显提升，所以其属于促进政府支出结构优化的有效途径。

（3）完善 EC 专项 TR 制度，增加一般性 TR 比重。公共文化服务专项 TR 制度存在明显外溢性、突发性及非固定性等相关特征，必须要对这部分标准加以明确，对准入条件及规模展开合理的控制，强化行政监督，使得专项 TR 资金的使用更为高效。由于税收返还的内在缺陷，应该制度化地把 EC 纳入具有均等化作用的一般性 TR 形式里，其不仅能够促进公共文化服务的深入推广，还使得地方可以增大公共文化服务方面的支出。

5.2 横向公共文化服务财政支出结构：公共文化服务均等化

5.2.1 公共文化服务均等化与公共文化服务财政支出

公共文化服务均等化是我国政府公共服务均等化的重要组成部分。2006年，“十一五”规划再次将公共文化服务均等化任务作为党实政方针的又一纲领性工作。十七大报告中也对该工作核心进行了明确和细化。通常在业内对公共服务均等化的概念可以概括如下：居民在自由选择的前提下，对社会公共文化资源所享有的同质化消费需求的满足（陈立旭，2011）。不过，均等化不是“平均化”，它是一种“大致水平相当”的意思。

尽管公共文化服务均等化理论研究是公共文化服务的重要组成部分，文献中不少学者对公共文化服务均等化做出了解释，观点也几乎相同：杨永（2008）提出，公共文化服务均等化的实质是实现全国不同地区内享受公共文化服务资源均等化的过程。基于国内经济状况，公共文化服务均等化发展方向应为实现区域均等化，并尽快实现城乡公共文化服务均等化。张桂琳（2009）提出，公共文化服务均等化应当认定为国家行政机关面向国内大众提供的同质化公共文化服务；就我国公共文化服务基本形态而言，存在诸多现实问题，如资金保障实力不足、地区水平相差较大、城乡格局分化等。边继云（2009）提出，随着社会制度的不断演变和发展，公共文化服务均等化是历史发展的必然趋势，然而受到国内长期政治经济等方面因素的影响，给我国社会公共文化服务深化发展带来很多不利的因素，如城市偏向型公共文化供给问题、城乡失衡公共文化运营方式等。因此，政府需极力发挥其主导作用，不断改革和完善公共文化服务机制，持续增加公共文化财政支出，通过开展以城带乡、城乡联动的方式促进该事业整体不断前进。杨志今（2015）认为基本公共文化服务均等化包括城乡均等、区域均等、群体均等。公共文化服务均等化是目的，公共文化服务标准化是推进公共文化服务均等化的基本手段。

根据以上论述，本节提出公共文化服务均等化是国家行政机构基于全国不同地区、城乡之间，在不同历史时期向社会提供不同标准的社会文化服务最终实现大致均等的目标。推行公共文化均等化的意义何在？对于此问题的理论解答，至少可从以下三个维度进行理解：一是从政治与法律角度来考察，公共文化服务均等化是保障和满足公民基本文化权利的需要。社会中的民众均有平等地享受文化资源的基本权利。这是赋予人们有尊严的生活及人类社会正义与和平的基础。二是从经济发展角度来探究，公共文化服务均等化是解决不同地区经济发展差异问题的重要途径和客观需要。三是从社会福利的角度来理解，公共文化服务均等化是覆盖“全方位”“所有地区”“所有人”，从而社会总效用得以提高的重要体现。

一般而言，各级政府的公共文化服务财政支出直接影响公共文化服务水平的高低。从 5.1 节的分析可知，财政分权度、政府竞争度、转移支付、人均 GDP、财政自给度、城市化率等因素都会影响地方的公共文化服务财政支出。具体而言，一方面，各地方的经济发展水平差距大，在财政分权下会直接影响各地的财政收支能力及地方偏好，使得各地在安排公共文化服务财政支出项目上差距明显，导致主要依靠政府财政支出的公共文化机构在发展过程中的资金支出出现不均衡，使得各地方财政提供公共文化服务的能力有所不同。另一方面，各地方财政提供公共文化服务的成本高低有所差异，通常越是边远欠发达的、地广人稀的区域，提供公共文化服务单位成本越高，财政能力的缺口越大。此外，如果中央和省级政府向欠发达地区转移支付的力度不大，不能有效弥补欠发达地区提供公共文化服务出现的资金缺口和能力缺口，那么，欠发达地区提供公共文化服务的能力更差。上述这些因素都会影响各地公共文化服务水平。

既然公共文化服务均等化是政府不同地区之间、城乡之间向公众提供最终大致均等的公共文化服务，按照文献中学者们的观点，我国现阶段公共文化服务地区之间、城乡之间存在着非均等化，但是如何衡量非均等化？非均等化的程度如何？又是什么导致的？这些都有待我们进一步解答。马国贤（2007）提出，实现公共文化均等化的模式有三种，相对而言，不同的模式存在各自的利弊，不过人均财力的均等化模式在实践中具有显著的实用性，而公共文化服务的标准化更具体，所以下面将分别从公共文化服务财政支出的地区和城乡公共文化服务均等化相关问题进行分析。

5.2.2　公共文化服务财政支出地区差异：区域公共文化服务均等化

1. 公共文化服务财政支出地区差异描述

1）公共文化服务财政支出规模的差异

根据我国经济统计的分类方法划分，整理得出 2005~2015 年公共文化服务财政支出分区域结构，见表 5.8。从公共文化服务财政支出绝对数量上看，2005~2010 年东、中、西部都是递增的，东部的支出明显多于中部和西部。东中西部的支出差异逐渐拉大。2006 年，东部的公共文化服务财政支出分别高于中、西部 63.49 亿元、52.25 亿元，到 2010 年，东部与中、西部的绝对差距分别达到 117.23 亿元和 83.84 亿元，2006 年和 2010 年 5 年间绝对值差异扩大了 68%和 48.1%。中部和西部差距不大。2000~2015 年，东西部之间的差距明显高出中西部之间的差距。2009 年，该差距趋势有所放缓。然而，相对而言，东部的公共文化服务财政支出总额几乎占了全国的一半以上，2005~2015 年东部的公共文化服务财政支出比重平均值为 52.5%，中部为 15.3%，西部为 25.5%，可见东部与中西部的差异明显。但东部的支出占比呈下降趋势，中西部支出占比的上升速度加快，在一定程度上体现出公共文化服务财政支出区域均等化的改变。

表 5.8　2005~2015 年公共文化服务财政支出分区域结构

项目	地区	2005年	2006年	2007年	2008年	2009年	2010年	2011年	2012年	2013年	2014年	2015年
总量/亿元	全国	133.82	158.03	198.96	248.04	292.31	323.06	392.62	480.10	530.49	583.44	682.97
	中央	11.30	13.74	19.09	20.09	20.71	15.28	18.49	21.23	26.92	35.84	36.95
	东部	74.97	86.77	107.41	131.61	153.33	169.62	205.32	247.61	271.19	289.53	342.88
	中部	19.98	23.28	29.76	37.58	48.12	52.39	60.22	71.74	80.22	86.92	109.08
	西部	27.56	34.25	42.70	58.76	70.15	85.78	108.59	139.53	152.16	171.15	193.87
比重	全国	100%	100%	100%	100%	100%	100%	100%	100%	100%	100%	100%
	中央	8.45%	8.69%	9.60%	8.10%	7.09%	4.73%	4.71%	4.42%	5.07%	6.14%	5.41%
	东部	56.02%	54.91%	53.98%	53.06%	52.46%	52.50%	52.30%	51.57%	51.12%	49.62%	50.20%
	中部	14.93%	14.73%	14.96%	15.15%	16.46%	16.22%	15.34%	14.94%	15.12%	14.90%	15.97%
	西部	20.60%	21.67%	21.46%	23.69%	24.00%	26.55%	27.66%	29.06%	28.68%	29.34%	28.39%

资料来源：相关年份《中国文化文物统计年鉴》

从增速上看，2005~2015 年东部平均增速为 16.6%，中部平均增速为 18.7%，西部平均增速为21.8%，东部支出增长速度小于中、西部，中部除了2010年增速突然减慢，2006~2009 年都是连年递增的，西部 2005~2008 年也是呈现递增趋势的，说明公共文化服务财政支出是向中、西部逐渐倾斜的，有利于地方之间的均衡发展。

2）人均公共文化服务财政支出的差异

从表 5.9 可看到，在人均绝对值上，东、中、西部都明显呈递增趋势，东部人均支出绝对数值同样是比中部和西部高，西部人均支出绝对值比中部高。在增长速度上，2005~2015 年，东部人均公共文化服务财政支出平均增速为15.04%，中部人均公共文化服务财政支出平均增速为 22.1%，西部人均公共文化服务财政支出平均增速为 24.9%。可见西部人均公共文化服务财政支出的增速是最快的。这有利于地方之间公共文化服务财政支出的均衡发展。

表 5.9　2005~2015 年公共文化服务财政支出人均值分区域结构

项目	地区	2005年	2006年	2007年	2008年	2009年	2010年	2011年	2012年	2013年	2014年	2015年
人均/（元/人）	全国	9.37	10.98	13.61	17.16	20.35	22.95	29.14	35.46	38.99	42.65	49.68
	东部	13.62	15.58	18.98	23.09	26.26	27.82	36.23	40.59	44.26	49.02	54.31
	中部	6.59	7.64	10.00	12.41	16.15	17.92	23.65	29.13	32.25	36.55	43.43
	西部	7.30	9.13	11.02	15.28	17.80	22.17	28.11	36.35	38.06	41.64	51.16
增长速度	全国		17.15%	24.01%	26.09%	18.55%	12.80%	26.97%	21.69%	9.95%	9.39%	16.48%
	东部		14.35%	21.84%	21.65%	13.74%	5.95%	30.23%	12.03%	9.04%	10.75%	10.79%
	中部		15.99%	30.89%	24.04%	30.15%	10.97%	31.98%	23.17%	10.71%	13.33%	18.82%
	西部		25.05%	20.78%	38.67%	16.47%	24.55%	26.79%	29.31%	4.70%	9.41%	22.86%

资料来源：相关年份《中国文化文物统计年鉴》

3）文化资本存量的差异

根据 4.3 节中文化资本存量的计算结果对东、中、西部数据进行整理得到表 5.10 和表 5.11。从表 5.10 中可看到，东部和中部人均文化资本存量总体呈增长趋势，西部呈先递减后递增趋势。2005~2014 年东部人均文化资本存量的平均值为 0.898，中部为 0.848，西部为 0.906，西部的人均文化资本存量最高，东部次之。

表 5.10　文化资本存量分区域结构（人均）

项目	地区	2005年	2006年	2007年	2008年	2009年	2010年	2011年	2012年	2013年	2014年
人均/（元/人）	全国	0.955	0.879	0.817	0.845	0.884	0.896	0.902	0.893	0.906	0.917
	东部	0.925	0.856	0.833	0.853	0.934	0.923	0.919	0.884	0.924	0.932
	中部	0.858	0.845	0.849	0.865	0.814	0.863	0.849	0.847	0.832	0.859
	西部	1.127	0.959	0.752	0.807	0.898	0.899	0.903	0.898	0.903	0.915
增长速度	全国		−7.90%	−7.07%	3.39%	4.63%	1.36%	0.67%	−1.00%	1.46%	1.21%
	东部		−7.43%	−2.78%	2.39%	9.60%	−1.18%	−0.43%	−3.81%	4.52%	0.87%
	中部		−1.52%	0.51%	1.88%	−5.93%	6.02%	−1.62%	−0.24%	−1.77%	3.25%
	西部		−14.84%	−21.63%	7.32%	11.28%	0.11%	0.44%	−0.55%	0.56%	1.33%

注：根据 4.3 节各省份文化资本存量数值计算所得；由于 2015 年年鉴的指标改变，与 2014 年前不一致，数据缺失，无法计算 2015 年的文化资本存量

表 5.11　文化资本存量分区域结构（总量）

项目	地区	2005年	2006年	2007年	2008年	2009年	2010年	2011年	2012年	2013年	2014年
总量/亿元	全国	122 500	113 600	106 200	110 500	116 400	118 300	121 500	120 900	123 300	125 400
	东部	46 800	43 800	43 100	44 600	49 300	51 100	50 800	52 300	53 100	52 900
	中部	37 900	37 300	37 600	38 500	36 300	37 200	38 400	37 900	38 600	39 300
	西部	37 800	32 400	25 500	27 500	30 800	30 000	32 300	30 700	31 600	33 200
增长速度	全国		−7.32%	−6.51%	4.11%	5.30%	1.63%	2.70%	−0.49%	1.99%	1.70%
	东部		−6.39%	−1.65%	3.39%	10.61%	3.65%	−0.59%	2.95%	1.53%	−0.38%

续表

项目	地区	2005年	2006年	2007年	2008年	2009年	2010年	2011年	2012年	2013年	2014年
增长速度	中部		−1.36%	0.64%	2.31%	−5.60%	2.48%	3.23%	−1.30%	1.85%	1.81%
	西部		−14.4%	−21.3%	8.00%	11.9%	−2.60%	7.67%	−4.95%	2.93%	5.06%

注：根据 4.3 节各省份文化资本存量数值计算所得；由于 2015 年年鉴的指标改变，与 2014 年前不一致，数据缺失，无法计算 2015 年的文化资本存量

2. 公共文化服务财政支出地区结构差异程度计量分析

1）公共文化服务均等化程度的衡量方法

国内学者在开展公共文化服务均等化研究期间，主要采用的理论研究方法集中在以下几种：变异系数（coefficient of variance）法、基尼系数（Gini coefficient）法、泰尔指数法等。以上方法中，不同的指标体系构建及不同权重的赋值会导致不同的结果，甚至评价结果相差较远，不少分析公共文化服务均等化程度的文献使用了基尼系数法和泰尔指数法。在公共教育服务均等化方面，袁连生（2002）通过省际义务教育生均经费的基尼系数与人均财政支出构建双变量线性回归模型，研究我国政府义务教育支出发展公平情况，得出我国各省之间义务教育的公用经费水平明显存在差异，以及存在生均预算内公用经费基尼系数超过 0.5 的严重不平等结论。王蓉（2007）采用 2 000 多个县级样本数据，计算相应的基尼系数研究组内和组间的基础教育经费的不均等状况，并对我国基础教育经费的区域公平性进行实证检验，得出我国基础教育资源在区域间的差异存在扩大趋势。李晓嘉和刘鹏（2009）通过计算 1997~2007 年生均教育事业经费支出的基尼系数和泰尔指数来衡量教育服务的区域差异，通过对地区分组和城乡分组的细分分析组内差距和不同组别差异的大小程度，以此来衡量基础教育服务均等化的程度。在公共卫生支出方面，国内经济学者张彦琦等（2008）基于基尼系数，以重庆市医院内相关参数为依据，对其相应分配公平性加以综合论断。王晓洁（2009）通过对我国公共卫生各区域支出状况进行泰尔指数分析，得出东部在公共卫生支出上处于有利地位，而中西部在公共卫生支出上处于不利地位的结论。冯海波和陈旭佳（2009）通过对广东省公共医疗卫生支出财政均等化水平进行双变量泰尔指数的实证考察得出：广东省公共医疗卫生支出在区域之间和城乡之间的不均等程度均呈下降趋势，其中区域间的不均等是公共医疗卫生支出不均等的主要原因。

用在公共服务均等化方面的基尼系数法和泰尔指数法，在经济学中是用来衡量收入分配状况的，近年来学者们把这两个方法在公共服务中进行实践操作，进而获取更为准确的行业分配结果。本节在开展公共文化服务事业均等化研究的同时，也参照了有关公共卫生和教育事业的基尼系数法和泰尔指数法。用基尼系数

分析我国公共文化服务财政支出有关的非均等状态，再建立在泰尔指数的基础上，测量国内不同地域间和地域内部公共文化服务财政支出的非均等性，通过对差异性的影响成因分析，最终获取相关地区、成因条件等对区域均等化的影响程度。

2）基于基尼系数法的公共文化服务财政支出均等衡量

基尼系数是经济学理论中较为普遍的一种分配方式度量模型，本节将其作为衡量政府在不同区域内公共文化服务财政支出分配公平度标准和依据。

基尼系数是建立在洛伦兹曲线理论技术上的一种定量收入差异分析模型，经过几十年的演变和论证，该系数逐步成为国际经济界普遍认可的一种统计分析方法。为更加全面、科学地剖析基尼系数演变过程，有必要对洛伦兹曲线加以事先阐述。洛伦兹曲线的成因和原理：首先，将课题研究的全部人口设定为定量 N，不同人的收入数值为 Q_i，然后按照从高至低的顺序进行排列。从最低的收入开始，累计任意百分比的人口（如 i/N），然后可获得前者对象总收入在全部人口收入中的百分比之和 V_i。其次，将人口累计百分比设定为横轴，收入累计百分比设定为纵轴，最终在图形中绘制两者的对比关系，即洛伦兹曲线。在该函数坐标系内，左边的 90° 线表示绝对非平均分配线，45° 线为平均分配线。假设某点位置距离前线较近，距离后线较远，则表示存在较大的收入差距。国际通例规定，该系数值在 0.3 以下表示具有良好的平均度，0.3~0.4 说明平均度一般，超过 0.4 就需提前预警，超过 0.6 则进入十分危险的状态。该函数数学公式为 $G=A/(A+B)$，式内 A、B 分别表示洛伦兹曲线、绝对不平均线与平均分配线围成的面积。综上所述，基尼系数已经成为国际认可的一种居民收入差异计算方式，特别是其采用样本数据方式规避了通胀制约影响，因此其计算和统计结果具有较高的可信性和科学性。

基尼系数是数学统计学科内十分普遍的数据分析方法，尤其在分配问题和均等程度方面的计算较为先进，公共文化服务财政支出也是分配问题，也涉及均等程度的分析，由此也可以把基尼系数法运用到公共文化服务财政支出领域，用以衡量不同人群在获取公共文化资源方面的公平度。政府在提供公共文化服务方面具有区域均等化普及的基本行政职责，而其公平性也受到多种因素影响，因此判断公共文化服务财政支出分配是否公平的标准与收入分配的判断依据有所区别。多数学者对公共服务基尼系数公平度等级划分标准进行研讨和分析（许敏兰和罗建兵，2011），在衡量公共文化服务财政支出公平性时，指数标准：超过 0.35 代表十分不公平，0.15~0.25 为合理性的公平，0.25 以下代表公平度较高。

下面运用 2000~2015 年数据，以洛伦茨曲线和基尼系数来刻画和分析公共文化服务财政支出的整体均等性。从表 5.12 可看到，2015 年各省区市的人口比重与其占有的公共文化服务财政支出份额有较大差异。人口比重高于其公共文化服务财政支出比重的省区市有15个，多数位于我国中西部区域。其中人数密集度大的省区市公共文化服务的支出反而比较靠后，以河南省为例，该省人口总量占到全国总人数的7.014 2%，却只占有公共文化服务财政支出总额的 3.091 2%；而上海市人口数量占全国总人数的1.717 2%，却占有公共文化服务财政支出总额的6.051 8%。

表 5.12　2015 年各省区市公共文化服务财政支出比重与人口比重的比较

省区市	江苏	云南	重庆	北京	福建	广东	辽宁	上海
人口比重	5.868 7%	3.431 7%	2.151 2%	1.463 1%	2.754 1%	7.786 5%	3.262 6%	1.717 2%
公共文化服务财政支出比重	5.299 9%	2.822 8%	2.513 1%	5.253 4%	3.309 3%	8.770 4%	3.685 4%	6.051 8%
省区市	吉林	内蒙古	宁夏	青海	西藏	新疆	海南	河北
人口比重	2.048 3%	1.843 7%	0.472 0%	0.419 9%	0.224 3%	1.629 6%	0.647 7%	5.364 7%
公共文化服务财政支出比重	2.934 7%	3.670 8%	0.795 5%	1.335 8%	0.683 9%	2.315 7%	0.888 8%	2.284 3%
省区市	河南	黑龙江	湖北	湖南	江西	山西	甘肃	广西
人口比重	7.014 2%	2.858 8%	4.271 7%	4.899 7%	3.327 8%	2.665 4%	1.909 1%	3.438 0%
公共文化服务财政支出比重	3.091 2%	2.424 8%	3.716 5%	2.798 5%	2.384 8%	2.534 2%	1.805 2%	2.602 4%
省区市	浙江	四川	安徽	陕西	天津	山东	贵州	
人口比重	4.061 8%	5.999 6%	4.442 3%	2.785 6%	0.969 0%	7.150 3%	2.594 5%	
公共文化服务财政支出比重	7.862 7%	4.675 4%	2.495 7%	2.906 5%	1.830 8%	4.512 1%	1.743 9%	

资料来源：相关年份《中国文化文物统计年鉴》和《中国统计年鉴》

下面将2000年、2005年、2010年、2015年各省区市的人均公共文化服务财政支出，依照由低到高的次序进行排列，通过对不同省区市公共文化服务财政支出占地方财政总支出的比重和人口累计百分比计算，最终获得该洛伦兹曲线（图5.9）。

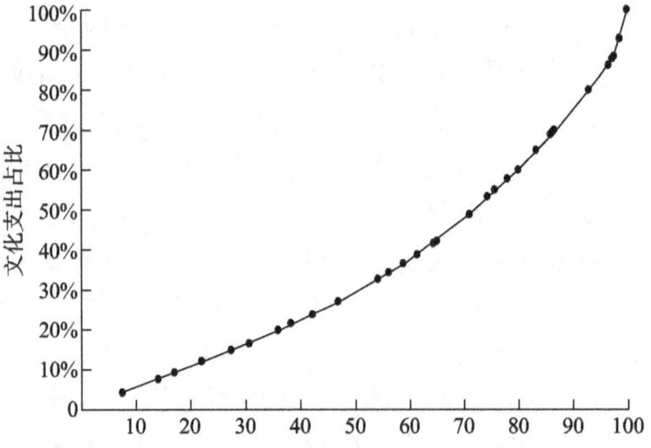

（a）2000年

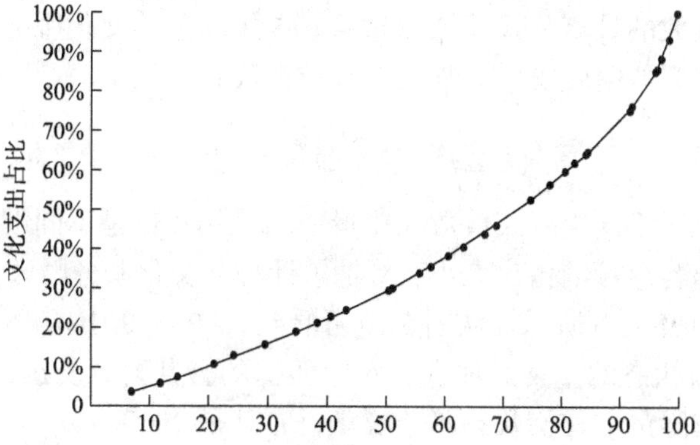

（b）2005 年

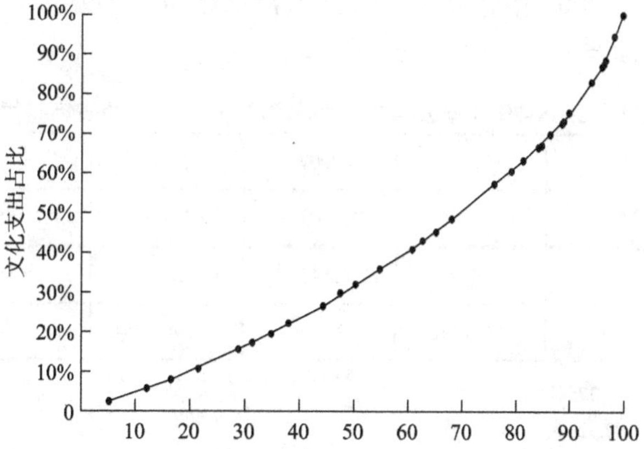

（c）2010 年

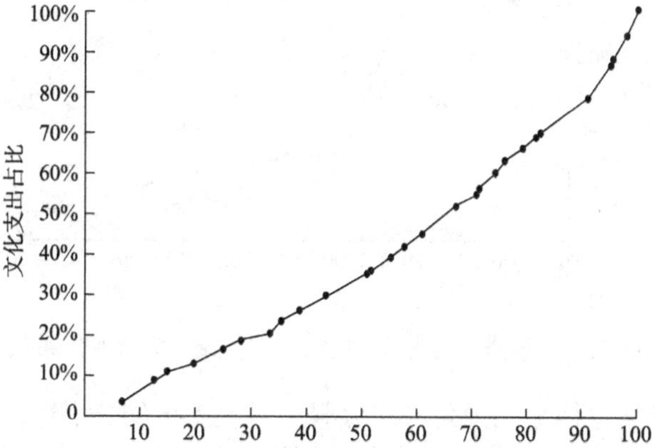

（d）2015 年

图 5.9　公共文化服务财政支出省际分配的洛伦兹曲线

根据基尼系数的计算公式计算 2000~2015 年的公共文化服务财政支出的基尼系数，公共文化服务财政支出的基尼系数计算公式：

$$G=\sum_{i=1}^{n}x_i y_i+2\sum_{i=1}^{n}x_i\left(1-S_i\right)-1 \tag{5.1}$$

其中，x_i 是分组后不同组别人口数在总量中的比例；y_i 是不同组别内人口公共文化服务财政支出与总额的占比大小；S_i 是累计公共文化服务财政支出百分比。

计算结果如表 5.13 所示。从图 5.10 可看到，2005~2010 年，由于政府对公共文化区域非均衡状态的重视，加大了对中西部的公共财政支出，除了 2007 年基尼系数上升，省际的非均衡状态趋于淡化，尤其是 2009~2015 年，基尼系数出现大幅度持续下降趋势。总体而言，从 2005 年开始，公共文化服务财政支出的基尼系数持续下滑（2007 年除外），这意味着总体而言，公共文化经费支出的省际分配逐渐趋于公平。

表 5.13　2005~2015 年公共文化服务财政支出分配的省际基尼系数

年份	2005	2006	2007	2008	2009	2010
基尼系数	0.318 300	0.307 062	0.321 189	0.307 349	0.286 869	0.286 407
年份	2011	2012	2013	2014	2015	
基尼系数	0.284 389	0.283 612	0.281 511	0.279 385	0.278 456	

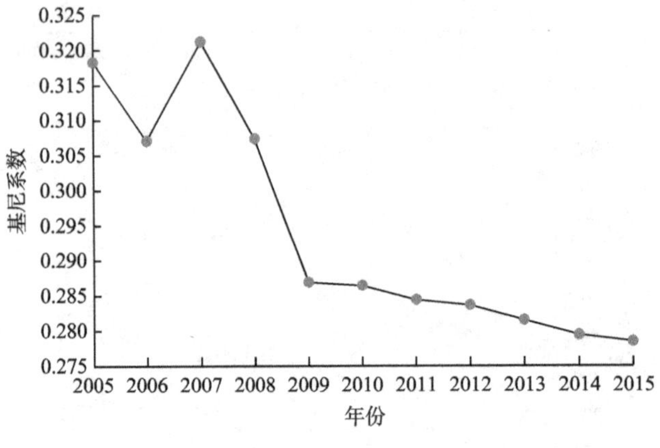

图 5.10　2005~2015 年公共文化服务财政支出分配的省际基尼系数变化趋势图

基尼系数能从总体上刻画公共文化服务财政支出的公平性，但其并不能很好地揭示造成公共文化服务财政支出不公平的原因在于东、中、西部之间的差异还是各区域内部的差异。泰尔指数的作用表现如下：其一，基于全国行政区域范围内公共文化服务财政支出存在的公平性差异；其二，在前者的基础上进行区域间和区域内差异细分，从而归纳出不同区域和同区域内财政支出的分布状况。因此，该理论是一种十分理想和科学的地区间或地区内财政支出分布研究模型。

3）基于泰尔指数法的公共文化服务财政支出均等化衡量

泰尔指数用以界定一组经济指标在时间、地区及层次方面存在的差异。在 1967 年，经济学家泰尔在使用信息理论中的熵概念[①]对收入分配存在的不平等性进行计算时首次提出了泰尔指数。利用对人口和与其所对应的收入的匹配程度来对资源分布的公平性展开合理判断。一般而言，在任何一个个体能够获得收入均等的情况下，收入分布就属于绝对公平，而在部分人群获取的收入要比人口比例更高或更低的情况下，收入不公平的情况就会产生，因而这些群体所占收入就和均值存在差异，该数值越小说明区域间不平等程度越小。

这几年该指标也被运用在分析地区间经济发展不平衡及财力不均等领域。在公共文化服务财政支出中，就任意一个个体而言，若是社会里的任何一个人得到的公共文化服务财政支出完全一致，就代表任意一个人能够得到的公共文化服务和均值的差值均是 0；若是偏离系数的值越大就代表越不公平。本章选取人口比重作为权重，使用泰尔指数来对 2005~2015 年区域公共文化财政支出分配均等化程度进行估算。此方法属于公共文化服务财政支出基尼系数衡量指标的补充部分，而使用泰尔指数对区域公共文化服务财政支出非均等情况进行界定之时，还需要分别对其总体差异贡献率进行估算，对总体差异的影响因素进行单独解释，把人口比例作为比重，可以使得获取重要财政补助之后各区域财力均等化程度的衡量更具公平性。

泰尔指数的具体计算公式为

$$T=\sum_{i=1}^{n}\frac{n_i}{N}\times\log\left(\frac{n_i}{N}\bigg/\frac{E_{ci}}{E_c}\right) \tag{5.2}$$

其中，T 是泰尔指数；i 是选取的样本单位；作为样本单位数值的 n_i、E_{ci} 分别是各区域的总人口数和各区域的公共文化服务财政支出的总额；作为总体数值 N、E_c 分别是全国总人口数和全国公共文化总支出。泰尔指数能够分解成两个部分，分别是对区域间公共文化服务财政支出差异进行计算与对区域内公共文化服务财政支出差异进行计算，具体分解结果：

---

① 1850 年，德国物理学家鲁道夫·克劳修斯首次提出熵的概念，用来表示任何一种能量在空间中分布的均匀程度，能量分布得越均匀，熵就越大。一个体系的能量完全均匀分布时，这个系统的熵就达到最大值。在克劳修斯看来，在一个系统中，如果听任它自然发展，那么，能量差总是倾向消除。让一个热物体同一个冷物体相接触，热就会以下面所说的方式流动：热物体将冷却，冷物体将变热，直到两个物体达到相同的温度。系统的熵值直接反映了它所处状态的均匀程度，系统的熵值越小，它所处的状态越是有序，越不均匀；系统的熵值越大，它所处的状态越是无序，越均匀。系统总是力图自发地从熵值较小的状态向熵值较大（从有序走向无序）的状态转变。在信息论中，熵表示的是不确定性的量度。信息论的创始人香农在其著作《通信的数学理论》中提出了建立在概率统计模型上的信息度量。他把信息定义为“用来消除不确定性的东西”。

$$T_{总体} = T_{区域间} + T_{区域内}$$

$$T_{区域间} = \sum_{i=1}^{n} \frac{n_i}{N} \times \log\left(\frac{n_i}{N} \bigg/ \frac{E_{ci}}{E_c}\right)$$

区域间的泰尔指数可以进行如下分解：

$$T_{区域间} = n_e \times \log(n_e / E_{CE}) + n_m \times \log(n_m / E_{CM}) + n_w \times \log(n_w / E_{CW}) \quad (5.3)$$

其中，$T_{总体}$是全国公共文化服务财政支出总体差距；$T_{区域间}$是区域间公共文化服务财政支出差异；$T_{区域内}$是区域内公共文化服务财政支出差异。式（5.3）右边三项分别是东部、中部和西部区域间的差距，n_e、n_m、n_w分别是东部、中部和西部人数占全国总人数的比重；E_{CE}、E_{CM}、E_{CW}分别是东部、中部和西部公共文化服务财政支出总额占全国公共文化服务财政支出总额的比重。

$$T_{区域内} = \sum_{i=1}^{n}\sum_{j=1}^{n} \frac{n_i}{N}\frac{n_{ij}}{n_i} \times \log\left(\frac{n_{ij}}{n_i} \bigg/ \frac{E_{cij}}{E_{ci}}\right) \quad (5.4)$$

区域内的泰尔指数又可以分解为以下三种。

$$T_{区域内} = n_e \times T_e + n_m \times T_m + n_w \times T_w \quad (5.5)$$

$$T = T_{区域间} + T_{区域内} = T_{区域间} + n_e \times T_e + n_m \times T_m + n_w \times T_w \quad (5.6)$$

$$T_e = \sum_{i=1}^{n} \frac{n_i}{N_e} \times \log\left(\frac{n_i}{N_e} \bigg/ \frac{E_{ci}}{E_{ce}}\right)$$

$$T_m = \sum_{i=1}^{n} \frac{n_i}{N_m} \times \log\left(\frac{n_i}{N_m} \bigg/ \frac{E_{ci}}{E_{cm}}\right)$$

$$T_w = \sum_{i=1}^{n} \frac{n_i}{N_w} \times \log\left(\frac{n_i}{N_w} \bigg/ \frac{E_{ci}}{E_{cw}}\right)$$

其中，n_{ij}表示各省的总人口数；E_{cij}表示各省的公共文化服务财政支出总额；E_{ci}表示各区域的公共文化服务财政支出总额；T_e、T_m、T_w分别表示东部、中部和西部的泰尔指数；n_e、n_m、n_w分别表示东部、中部和西部所有人口在全国总人口中所占的比重；n_i表示第 i 个省的人口数；N_e、N_m、N_w分别表示东部、中部和西部总人口数；E_{ci}表示第 i 个省的公共文化服务财政支出；E_{ce}、E_{cm}、E_{cw}分别表示东部、中部和西部公共文化服务财政支出总额。

基于探析区域公共文化服务财政支出差异受区域间差异因素的影响程度及区域内差异因素的影响程度，能够通过泰尔指数的差异贡献率进行解释。把式（5.6）两边同时除以 T，得到：

$$1 = \frac{T_{区域间}}{T} + n_e \times \frac{T_e}{T} + n_m \times \frac{T_m}{T} + n_w \times \frac{T_w}{T} \quad (5.7)$$

式（5.7）右边的首项属于区域间差异对总体差异的贡献率，余下的三项分别是东部差异对总体差异的贡献率、中部差异对总体差异的贡献率及西部差异对总体差异的贡献率。可以说，贡献率的大小能够表现出此因素对总体差异的影响程度。

利用 2000~2015 年相关数据进行计算，所得结果见表 5.14、表 5.15。

表 5.14　东、中、西部地区之间公共文化服务财政支出的 T_1 值及贡献率

年份	区域间泰尔指数T_1	东部	中部	西部	总体泰尔指数T	区域间贡献率
2000	0.023 32	−0.058 41	0.054 68	0.027 04	0.065 98	0.353 40
2001	0.022 18	−0.057 51	0.050 29	0.029 39	0.067 49	0.328 67
2002	0.021 59	−0.056 64	0.051 46	0.026 77	0.068 41	0.315 57
2003	0.027 50	−0.062 81	0.058 17	0.032 14	0.077 17	0.356 38
2004	0.025 98	−0.061 14	0.058 28	0.028 85	0.072 39	0.358 95
2005	0.025 10	−0.060 87	0.055 41	0.030 56	0.071 14	0.352 83
2006	0.022 31	−0.057 17	0.056 49	0.023 00	0.066 01	0.338 03
2007	0.019 36	−0.054 58	0.048 10	0.025 84	0.073 02	0.265 15
2008	0.016 12	−0.048 83	0.050 11	0.014 84	0.067 30	0.239 48
2009	0.010 74	−0.041 98	0.036 03	0.016 69	0.058 64	0.183 20
2010	0.007 72	−0.033 51	0.036 85	0.004 38	0.057 80	0.133 51
2011	0.007 03	−0.032 19	0.032 65	0.004 12	0.051 02	0.102 38
2012	0.006 32	−0.030 06	0.030 10	0.003 64	0.044 56	0.098 11
2013	0.005 41	−0.028 61	0.027 82	0.002 98	0.040 23	0.076 52
2014	0.004 97	−0.026 55	0.022 46	0.002 45	0.036 58	0.065 27
2015	0.004 13	−0.025 31	0.020 01	0.002 03	0.032 11	0.059 88

表 5.15　东、中、西部区域内部差距及对总体差距的贡献率

年份	总体差距T	区域内差距T_2	东部区域	中部区域	西部区域	区域内贡献率	东部贡献率	中部贡献率	西部贡献率
			T_e	T_m	T_w				
2000	0.065 98	0.042 66	0.066 8	0.024 29	0.032 78	0.646 6	0.383 1	0.130 1	0.133 3
2001	0.067 49	0.045 30	0.069 8	0.028 49	0.032 93	0.671 3	0.391 0	0.149 1	0.131 1
2002	0.068 41	0.046 82	0.070 0	0.029 87	0.036 35	0.684 4	0.387 4	0.154 0	0.143 0
2003	0.077 17	0.049 67	0.077 7	0.029 97	0.035 88	0.643 6	0.381 7	0.136 7	0.125 1
2004	0.072 39	0.046 41	0.072 1	0.029 94	0.031 47	0.641 0	0.379 1	0.145 1	0.116 7
2005	0.071 14	0.046 04	0.076 1	0.026 46	0.026 37	0.647 1	0.422 2	0.127 9	0.097 0
2006	0.066 01	0.043 70	0.064 5	0.030 70	0.029 16	0.661 9	0.387 3	0.159 1	0.115 4
2007	0.073 02	0.053 66	0.088 1	0.036 60	0.023 25	0.734 8	0.481 0	0.170 7	0.083 0
2008	0.067 30	0.051 18	0.086 1	0.035 18	0.018 38	0.760 5	0.511 7	0.177 5	0.071 2
2009	0.058 64	0.047 90	0.079 0	0.033 62	0.018 53	0.816 8	0.540 3	0.194 1	0.082 3
2010	0.057 80	0.050 08	0.074 0	0.040 23	0.023 98	0.866 4	0.528 4	0.233 5	0.104 5
2011	0.051 02	0.050 12	0.071 3	0.041 68	0.021 98	0.836 1	0.516 3	0.265 1	0.054 7

续表

年份	总体差距T	区域内差距T_2	东部区域	中部区域	西部区域	区域内贡献率	东部贡献率	中部贡献率	西部贡献率
			T_e	T_m	T_w				
2012	0.044 56	0.049 86	0.069 2	0.046 21	0.023 56	0.826 9	0.502 3	0.271 5	0.053 1
2013	0.040 23	0.049 76	0.068 1	0.047 82	0.022 01	0.801 1	0.498 1	0.287 6	0.015 4
2014	0.036 58	0.048 35	0.065 6	0.048 96	0.020 65	0.782 1	0.483 2	0.293 8	0.005 1
2015	0.032 11	0.047 93	0.062 4	0.049 53	0.018 67	0.732 2	0.412 2	0.299 1	0.020 9

首先，从泰尔指数的时间序列得出2000~2015年各地区公共文化服务财政支出差异的变化趋势。由图5.11可知，我国公共文化服务财政支出泰尔指数2000~2003年为上升区间，2003年上升到最高的0.072 39，随后开始下降（除了2007年），特别是随着公共服务均等化目标的提出，公共文化服务财政支出的总体泰尔指数急剧下降，到2015年下降到最低的0.032 11。这意味着总体来看我国公共文化服务财政支出的公平性处于逐渐提升状态，这和之前基尼系数降低的结论差异不大。在20世纪90年代，受到文化领域进行的市场化改革过于剧烈的影响，公共文化服务的公平性及公益性没有受到重视，往往只想要利用效率提升来降低国家财政的压力，公共文化资源分配不公平性变得越来越明显。然而2008年之后，公共文化服务财政支出总体泰尔指数呈现下滑趋势，这意味着中央极为重视公共文化领域公平性问题，公共文化基本回归其公益属性，以确保每个公民均能公平又公正地享有最基本的文化服务权利。

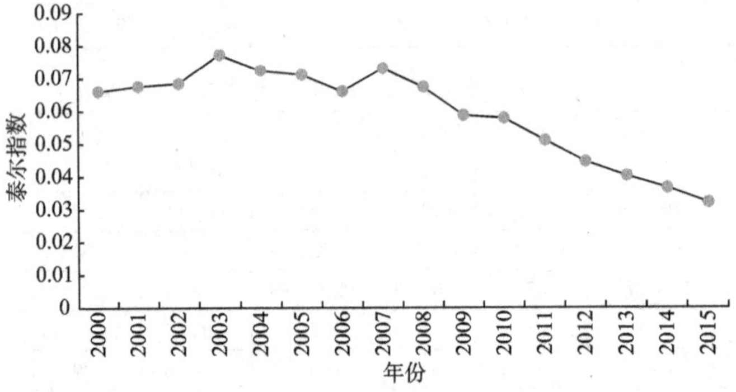

图5.11　2000~2015年公共文化服务财政支出泰尔指数变化趋势

其次，区域内的差异是公共文化服务财政支出非均等性的主要因素。这一结论可从T_2值一直高于T_1值而得出。由东、中、西部地区之间公共文化服务财政支出的T_1值（表5.14）得知，在东部的公共文化服务财政支出的T_1值是负值，也就代表东部在全国占有的公共文化服务财政支出比重大于其全国所占人口比重；中部及西部的T_1值是正值，也就代表中、西部在全国占有的公共文化服务财政支出比重小于其全国所占人口比重。例如，2010 年东部人口在全国所占比例是 39.77%，其在全国范围内占有的公共文化资源却是 47.5%；中、西部人口比例分别为 32.22%、27.01%，而中、西部享有的公共文化资源分别仅仅占 26.1%、28.4%。2000~2010 年，从区域间泰尔指数变化趋势可见，从 2003 年开始区域间的差距缩小，且幅度越来越大（图 5.12）；区域间差距对总体差距的贡献率从 2000 年的 35.340%下降到 13.351%，表明公共文化服务财政支出区域间的均等化水平在逐渐好转。

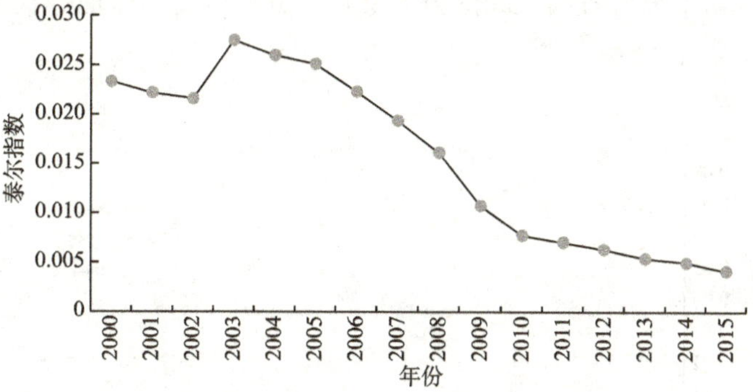

图 5.12　2000~2015 年区域间泰尔指数变化趋势

再次，随着文化体制的进一步改革，公共文化服务财政支出的地区间分布公平性会越来越高，但东、中、西部区域内部各省区市之间的差异依旧是左右总体差异的重要因素。由表 5.15 和图 5.13 能够看到东、中、西部区域内的泰尔指数变化状况，泰尔指数最高的地区就是东部，代表相较于中、西部，东部各省市在公共文化服务财政支出方面的不公平情况更加明显。例如，2010 年广东、浙江、北京、上海是影响东部地区公共文化服务财政支出分布不公平最为主要的省市，该四省市的 T 值分别为 0.047 52、0.052 13、0.042 36、0.072 80。2000~2010 年，东部地区的泰尔指数（T_e）从 2000 年的 0.066 8 上升到 2003 年的 0.077 7，接着开始下降到 2006 年的 0.064 5，2007 年达到最高值 0.088 1，接着下降到 2015 年的 0.062 4，说明此段时间东部的公共文化服务财政支出差距波动较大，泰尔指数上升阶段表明公共文化服务财政支出差距在扩大；泰尔指数下降阶段表明公共文化服务财政支出分配的不公平性逐渐降低。北京、上海、广东、浙江四省市发生的公共文化服务财政支出占财政总支出的比重一直高于其人口占全国总人口的比重；而 2000~2008 年，江苏省公共文化服务财政支出占财政总支出的比重高于人口占全国总人口的比重，但 2009 年开始，该值由负变正，说明其公共文化服务财政支出水平下降，低于其人口占全国总人口的比重。西部的泰尔指数值 T_w 在 2000~2010 年的均值最低，意味着与东部、中部相比，西部各省区市之间公共文化服务财政支出的公平性较高。2000~2015 年，T_W 值在 2003 年达到最高，为 0.036 35，说明 2002 年西部各省区市之间公共文化服务财政支出差距最大，之后总体呈下降趋势（图 5.13），说明西部各省区市间的差距在缩小，各省区市之间的公共文化服务财政支出分配越来越公平，公共文化均等化水平表现出持续提升的态势。中部泰尔指数值 T_m 总体是呈上升趋势的（图 5.13），从 2000 年的 0.024 29 上升到 2015 年的 0.049 53，且达到最高值，中部大部分省区的人口占全国总人口的比重都高于公共文化服务财政支出占财政总支出的比重，且两者差距越来越大，说明中部各省区之间的公共文化服务财政支出非均等状况不但没有改善，反而趋于恶化。

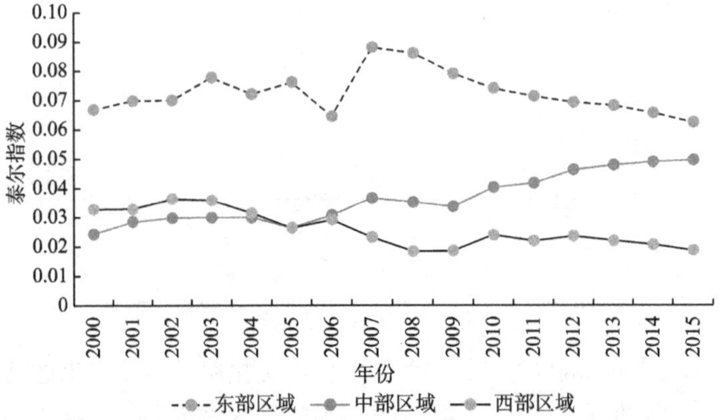

图 5.13　东、中、西部区域内泰尔指数变化趋势图

最后，就东、中、西部地区内差距的贡献率变化而言，地区内差距的贡献率呈先上升后下降趋势（表 5.15），从 64.66%上升到 86.64%，这意味着造成全国公共文化服务财政支出分布存在差异的关键影响因素属于区域内差距，区域内差距要比区域间差距更大。就区域内差距而言，东部各省市的差距最大，实际贡献率由 2000 年的 38.31%升高到 2010 年的 52.84%，升高幅度为 37.9%，中部的贡献率从 2000 年的 13.01%上升到 2010 年的 23.35%，上升了 79.5%；西部的贡献率从 13.33%下降到 2008 年的最低值 7.12%，下降了 46.6%，2009 年与 2010 年中西部贡献率都出现了不同程度的上升，也就代表中西部地区差距对总体差距的贡献率要比东部小，而东部地区内差距是影响总体差距的主要因素。2011 年开始区域内贡献率开始下降，从 83.61%下降至 2015 年的 73.22%，东部的贡献率逐年下降，而中部贡献率则逐年上升。从数据上看，东部和中部内部差距对总体差距的影响越来越大，东部、中部地区内的公平程度处于下降恶化状态中，而西部地区内的公共文化经费分配的公平性日益提高。

3. 结论及建议

本部分运用基尼系数法和泰尔指数法，对 2000~2015 年公共文化服务财政支出分布的总体、区域间及区域内差异展开了测度分析，得出以下基本结论。

（1）不管是东部还是中、西部，其公共文化服务财政支出绝对差异呈扩大趋势，其中东部和中、西部的差距要比中部和西部的差距更大；只是地区间的相对差距表现出缩小的态势。2000~2015 年，依据各省区市人均公共文化服务财政支出从低到高排序计算出的公共文化服务财政支出省级分配基尼系数，2003 年后呈现下降态势，这意味着就总体而言，公共文化服务财政支出的省际分配的公平程度不断提高。依照泰尔指数法计算，2000~2015 年，我国公共文化服务财政支出的总体差距变化趋势呈现出先升高再降低态势，也就代表公共服务均等化目标被中央正式提出之后，公共文化资源在分配及使用方面更具公平性及合理性。T_e、T_w 均有下降趋势，T_m 呈上升趋势，代表中部各省区间的公共文化服务支出不公平情况不断加剧。东部泰尔指数为最高值，说明相较于中、西部，东部各省市间的差异更为显著。

（2）公共文化服务财政支出的总体差异的关键影响因素是区域内差距，地区间差距越来越少，2009 年与 2010 年对总体差距产生的影响大约为 10%。区域内差距的根本影响因素就是东部各省市之间的差距，东部地区内差距贡献率平均数值是 45.03%，其中内部差距贡献率表现出增长的态势。西部差异贡献率表现出降低的态势，代表西部差距对总体差距的影响不大。中部地区内差距贡献率表现出增长的态势，代表中部地区内差距对总体差距的影响在增大。

（3）实现公平原则，保障每个人都能公平地享受到文化的权利是达到公共文化服务均等化目标的根本保障。就短期来看，建立起把各地区公共文化服务的实质需求当作目标导向的公共文化服务体系，使用一般转移性支付作为主体的中央转移支付来对地方具备的公共文化服务供给能力进行调节，并对中、西部区域及区域内各省区市中经济落后地方的公共文化服务财政支出加大转移支付力度，进一步减少区域间和区域内各省区市财政收入的差距而造成地区间、地区内各省区市之间的公共文化服务非均等化，可以达成公共文化资源区域间及区域内的公平分配和科学使用的目的。就长期来看，提升落后地区的经济发展水平和财政收入能力进而提升公共文化供给能力，属于达成各地区公共文化服务均等化目标的关键渠道。想要建立起需求导向型的公共文化服务供给模式必须要由中央来科学合理地调配与整合全国的财力及公共文化资源，除了按最优规模为导向增加公共文化服务财政支出经费，还要建立起有效的结构调整机制，科学划分各级政府间的财权和事权；深入地健全与规范均等化的地方公共文化服务财政转移支付体系，从而缓解公共文化资源与服务分配不均的困境。

5.2.3 公共文化服务财政支出城乡结构：城乡公共文化服务均等化

1. 公共文化服务财政支出城乡差异状况

从公共文化服务财政支出的城乡支出总量安排上看，其支出集中在城市（表 5.16）。在绝对量上 2004~2009 年城市的公共文化服务财政支出均高于农村相应支出。结合城乡支出的比重来看，城市属于费用支出主体，城市支出所占比重在 2004~2009 年每年都保持在 70%以上，虽然 6 年间城市公共文化服务财政支出占财政总支出的比重有下降趋势，但平均值仍为 72.4%，而在农村公共文化服务财政支出占财政总支出比重的均值只有 27.6%。从两者增长速度上看，农村的增速为 23.4%，高于城市增速的 19.9%，相比 2004 年，2009 年城市公共文化服务财政支出增幅为 147%，而农村增幅为 186%，这说明城乡的公共文化服务财政支出都大幅增加，但农村的增幅大于城市增幅，农村与城市的公共文化服务财政支出差距在逐渐缩小。

表 5.16 公共文化服务财政支出城乡结构

年份	总量/亿元			增长速度			比重		
	全国	农村支出	城市支出	全国	农村支出	城市支出	全国	农村支出	城市支出
2004	113.66	30.11	83.55				100%	26.49%	73.51%
2005	133.82	35.70	98.12	17.74%	18.57%	17.44%	100%	26.68%	73.32%
2006	158.03	44.60	113.43	18.09%	24.93%	15.60%	100%	28.22%	71.78%
2007	198.96	56.13	142.83	25.90%	25.85%	25.92%	100%	28.21%	71.79%
2008	248.04	66.59	181.45	24.67%	18.64%	27.04%	100%	26.85%	73.15%
2009	292.32	86.03	206.29	17.85%	29.19%	13.69%	100%	29.43%	70.57%
2010	323.06	116.41	206.65	10.52%	35.31%	0.17%	100%	36.03%	63.97%
2011	392.62	187.12	205.50	21.53%	60.74%	−0.56%	100%	47.66%	52.34%
2012	480.10	237.02	243.08	22.28%	26.67%	18.29%	100%	49.37%	50.63%
2013	530.49	257.82	272.67	10.50%	8.78%	12.17%	100%	48.60%	51.40%
2014	583.44	291.32	292.12	9.98%	12.99%	7.13%	100%	49.93%	50.07%
2015	682.97	330.13	352.84	17.06%	13.32%	20.79%	100%	48.34%	51.66%

资料来源：相关年份《中国文化文物统计年鉴》

从人均公共文化服务财政支出的城乡差别看，其支出同样集中在城市（表 5.17）。在绝对量上 2004~2009 年城市的人均公共文化服务财政支出均高于农村相应支出，6 年间城市人均公共文化服务财政支出均值为 23.3 元，而农村仅为 7.3 元，城市人均公共文化服务财政支出是农村的 3.2 倍。从城乡支出比重看，公共文化服务财政支出人均费用支出也是向城市集中的，城市所占比重在

2004~2009 年每年也都保持在 70%以上，6 年间城市人均平均公共文化服务财政支出比重虽然有下降趋势，但人均公共文化服务财政支出平均值仍高达 76.3%，而在农村只有 23.7%。从两者增长速度上看，农村的增速为 21%，高于城市增速的 14%，城乡人均公共文化服务财政支出中农村的增速要比城市大，因而造成城乡人均公共文化服务财政支出差距由 2004 年的 286%下降到 2009 年的 175%，农村与城市的人均公共文化服务财政支出差距在逐渐缩小。

表 5.17　人均公共文化服务财政支出城乡结构

年份	总量/亿元			增长速度			比重		
	全国	农村支出	城市支出	全国	农村支出	城市支出	全国	农村支出	城市支出
2004	19.37	3.98	15.39				100%	21%	79%
2005	22.25	4.79	17.46	15%	20%	13%	100%	22%	78%
2006	25.71	6.05	19.66	16%	26%	13%	100%	24%	76%
2007	31.77	7.72	24.05	24%	28%	22%	100%	24%	76%
2008	39.14	9.23	29.91	23%	20%	24%	100%	24%	76%
2009	45.24	12.07	33.17	16%	31%	11%	100%	27%	73%
2010	48.23	17.38	30.85	7%	44%	−7%	100%	36%	64%
2011	56.84	27.09	29.75	18%	56%	−4%	100%	48%	52%
2012	67.45	33.30	34.15	19%	23%	15%	100%	49%	51%
2013	72.56	35.26	37.30	8%	6%	9%	100%	49%	51%
2014	77.88	38.89	38.99	7%	10%	5%	100%	50%	50%
2015	88.56	42.81	45.75	14%	10%	17%	100%	48%	52%

资料来源：相关年份《中国文化文物统计年鉴》

2. 公共文化服务财政支出城乡差异后果：公共文化服务城乡供给非均等

尽管上述数据中看到城乡差异在逐渐缩小，但公共文化服务财政支出无论从总量上还是人均值上都集中于城市，这种公共文化服务财政支出城乡差别在很大程度上是我国长期以来把更多公共文化经费使用在城市中而造成的，进而造成公共文化服务在数量和质量上的城乡供给差别。主要表现在以下几个方面。

1）公共文化服务的城乡供给数量差别

作为公共文化服务体系硬件条件的农村文化基础设施供给比较薄弱，这是公共文化服务城乡供给数量差异的重要表现。即使在近些年，我国覆盖城乡的基本公共文化服务网络的建设已经取得一定的成效，相对于城市，农村公共文化服务网络建设依然滞后，主要表现在以下方面。

一方面，文化站是农村文化基础设施的重要组成部分，从农村文化站的数量（表 5.18）上看，农村文化站的数量呈现递增趋势。但是不少文化站有名却无实，许多文化站仅仅是乡镇院子里或者楼房里的一间房屋、一张桌子，或者部分文化站仅有一个名字，甚至连固定的地址都不具备，因为固定地址、图书及相关器材不足，相当一部分的文化站进行文化活动都带有明显的自发无序特征。根据本调研组的调研，2015 年 Z 省 S 县乡镇文化站中，有固定场所能发挥一定职能作用的仅有乡镇文化站总量的 15%左右，有超过 50%的乡镇文化站依然留存着牌子，但是其具体事务的执行者已经变为社会事务办公室，可以说文化干部专职不专干的情况比较普遍，农村基层政府中公共文化服务逐渐被边缘化，导致本就十分薄弱的乡镇公共文化服务功能被进一步削弱。此外，由社会扶助或捐赠的一些农村公益性文化设施的服务及管理不到位且公共文化设施供应不足与利用率不高并存的状况较为明显。而相应的城镇群众艺术馆与文化馆的存在基本有固定的场所及资金的配套，相应的活动也能顺利开展。此外，许多城市为打造标志性建筑，纷纷兴建豪华的大型场馆，这明显是不合理的。

表 5.18　群众文化机构数

年份	2006	2007	2008	2009	2010	2011	2012	2013	2014	2015
群众艺术馆	395	399	405	398	395	401	403	406	403	405
文化馆	2 819	2 806	2 829	2 862	2 890	2 892	3 003	3 008	3 011	3 016
文化站	36 874	37 384	37 938	38 736	40 118	41 213	42 620	43 926	45 106	46 323
总机构数	40 088	40 589	41 172	41 996	43 403	44 506	46 026	47 340	48 520	49 744

资料来源：相关年份《中国文化文物统计年鉴》

另一方面，乡镇及农村图书馆的图书资料品质较难保证，其规模与设施也和城市公共图书馆的发展存在差异。2013 年我国藏书共有 8.5 亿册，人均藏书达到 0.6 册，而县级图书馆的藏书总量仅仅是 3.2 亿册。

此外，相对于城市，农村地区电视的有线化、数字化，电视频道，互联网络设施都较为有限。依照得到的调查统计结果可知，表示未找到图书馆、电影院、剧院（音乐厅）、体育馆（健身场馆）、公园、科技馆六大场所的被调查者所占比重分别为 76.3%、77.7%、82%、83.9%、75.1%和 89.5%，都超过了 2/3 或更多（蔡正平和李春火，2011）。

2）公共文化服务的城乡供给质量差距

农村公共文化服务供给与需求不符合程度较之城市更高，真正面对农村、面向农民的文化物品生产较为有限。虽然如“送书下乡”“送戏下乡”“送影视下乡”等一系列针对农村的公共文化扶助工程的实施丰富了农村公众文化生活，但就质量而言，不切农民需求的内容供给并不能够满足农村公众的文化需求。就像“送书下乡”工程，鉴于所送图书资料的内容相对陈旧且实用性不足，难以满足农民在农业技术、教育及生活类等图书方面的实际需求。对经济较发达的地区，电影下乡放映的单一内容已不能满足农民群众由于电视和网络的普及而表现出来的多样化需求；而在农民群众对电影、戏剧等仍有着巨大的需求的经济欠发达地区，此类服务却出现供给不足。而城市在公共文化服务的供给方面却往往能够考虑到公众的需要，同时也由于有足够的资金，公众的需求很大程度得到满足。

文化人才是公共文化服务的供给软件，文化人才队伍在整个文化建设中居于支配地位。城乡文化人才结构的差距也给公共文化服务供给质量带来不小的影响。不少农村地区文化人员结构不合理，专业人员比例过低影响了农村文化队伍的整体素质。部分乡镇文化专业干部并未能发挥职能作用，实际工作内容基本是乡镇中心任务，并未把时间与精力放在其职能要求的文化工作上。部分大龄的农村文化专业干部知识储备不足并且综合素质不高，缺乏组织群众进行文化活动的能力（胡税根和宋先龙，2011）。而城市文化人才结构由于工资待遇较之农村更优厚，文化机构里的文化人才相对稳定，专业知识结构较为合理。

结合农村地区的实际情况来看，类型丰富且积极健康的文化活动不多，而可以表现出积极健康文化理念的艺术活动到农村进行演出的场次更少。大部分农民由于相对较少接触先进文化，以及一定程度上现代文明知识的缺失，在精神文化层面上存在不容忽视的断层。由于健康的文化生活缺失，一些成本低廉、内容低俗的娱乐活动常常较轻易就能进入农村。而城市相对农村，积极向上的公共文化活动开展较多。

3. 公共文化服务财政支出城乡差异原因：基于泰尔指数的分析

1）公共文化服务财政支出城乡差异的泰尔指数计算

把全国公共文化服务财政支出划分成城乡两组来展开泰尔指数分析，希望能够更加客观地表现出我国的城乡间基本公共文化服务财政支出存在的差距。计算公共文化服务财政支出城乡差距及贡献率之时使用的公式为

城市内部差距：

$$T_u = \sum_{i=1}^{n} \frac{n_{iu}}{n_u} \times \ln\left(\frac{n_{iu}}{n_u} \middle/ \frac{g_{iu}}{g_u}\right) \tag{5.8}$$

农村内部差距：

$$T_r = \sum_{i=1}^{n} \frac{n_{ir}}{n_r} \times \ln\left(\frac{n_{ir}}{n_r} \middle/ \frac{g_{ir}}{g_r}\right) \tag{5.9}$$

组间差距：

$$T_1 = n_u \times \ln\frac{n_u}{g_u} + n_r \times \ln\frac{n_r}{g_r} \tag{5.10}$$

组内差距：

$$T_2 = n_u \times T_u + n_r \times T_r \tag{5.11}$$

总体差距：

$$T = T_1 + T_2 \tag{5.12}$$

贡献率：

$$组间贡献率+组内贡献率=\frac{T_1}{T}+\frac{T_2}{T}=\frac{T_1}{T}+\frac{n_u \times T_u}{T}+\frac{n_r \times T_r}{T}=1 \tag{5.13}$$

其中，n_{iu}、n_{ir}分别表示第 i 个省份城市和农村人口占全国人口的比重；n_u和n_r分别表示全国城市和农村总人口占全国人口的比重；g_{iu}、g_{ir}分别表示第 i 个省份城市和农村公共文化服务财政支出占全国公共文化总支出的比重；g_u、g_r分别表示城市和农村公共文化服务财政支出占财政总支出的比重；T、T_1、T_2、T_u、T_r分别表示城乡差距的各种类型指数；T_1/T、T_2/T 分别表示城乡间差距对城乡整体差距的贡献、城镇内部与农村内部差距对城乡整体差距的贡献。除此以外，在实际计算过程中，对于各省区市农村公共文化服务财政支出数据主要采用县级公共文化服务财政支出指标计算，同时由于数据的可得性，剔除西藏，对30个省区市2010~2015年的公共文化服务财政支出的泰尔指数进行计算，数据源于《中国文化文物统计年鉴》。泰尔指数的计算结果见表5.19。

表 5.19　公共文化服务财政支出城乡泰尔指数

年份	总泰尔指数	组间	组内	城市内部	农村内部	贡献率	
	T	T_1	T_2	T_u	T_r	组间	组内
2010	0.096 68	0.072 69	0.023 99	0.012 64	0.033 68	0.750 19	0.249 81
2011	0.088 63	0.069 60	0.019 03	0.010 74	0.026 73	0.781 15	0.218 85
2012	0.074 01	0.060 03	0.013 98	0.007 63	0.018 84	0.800 16	0.199 84
2013	0.067 31	0.059 60	0.007 71	0.007 92	0.019 68	0.771 39	0.228 61
2014	0.073 21	0.058 92	0.014 29	0.008 21	0.018 32	0.801 78	0.198 22
2015	0.054 41	0.044 90	0.009 51	0.005 52	0.013 46	0.810 91	0.189 09

2）分析与结论

从表5.19看，公共文化服务财政支出城乡泰尔指数呈明显下降趋势，说明公共文化服务财政支出城乡间的差距在缩小。从贡献层面上看，城乡总体差距贡献中的组间贡献要比组内贡献大很多，并且此种情况持续了较长时间。而结合城乡组间与组内对公共文化服务财政支出的贡献而言，组间贡献也要远远超出组内贡献，其贡献率始终维持在大概 80%且并未表现下降态势，6 年平均贡献率是78.6%，组内贡献率是21.4%，仅仅是组间贡献的1/4左右，说明城乡公共文化服务财政支出的差距主要来自城市与农村的差距，而城市与农村之间公共文化服务财政支出的差距源于城乡发展二元结构，形成了城乡不均衡的社会利益分配格局和城乡有别的差异性公共物品供给制度。在稀缺的财力和社会资源条件下，各级地方政府通常优先将资源用于城市公共文化服务，城市所需的公共文化服务基本由政府提供，政府却较少向农村提供公共文化物品；政府向农村提供公共文化服务与物品的责任和界限不明确，不少公共文化物品与服务是由农村基层政府负担，缺乏的资金主要通过自行筹措解决，也造成了基本公共文化服务不均等。在城乡统筹发展的推动下，城乡关系开始呈现融合态势。无论是在资源配置、社会发展还是公共文化服务供给方面，农业与农民都并不占据优势，要想改善城乡基本公共文化服务的差距，有必要加大对农村公共文化服务的财政支出。

农村内部的不均等程度比城镇内部的不均等程度高。由城镇与农村内部的计算结果得知，相较于城市内部的不均等程度，农村内部的不均等程度明显要高，在如今收入均衡性不足情况下，经济条件相对较好的农村居民与经济条件较差的农村居民相比，享有的公共文化服务水平存在极大差距，也就是经济条件好的农村家庭能够花费一定的金钱进城去享受优质的公共文化服务，其与城镇居民享受的公共文化服务水平差距并不大，而对于经济条件相对较差的农村家庭来说，基于消费的考量其仅仅能够选择农村公共文化服务。此外，由于农村县乡领导与公共服务的经济人行为有关：农村自身县乡领导之间的晋升锦标赛导致“重经济，轻文化”的状况，进而使得农村文化发展缓慢。

4. 结论与政策建议

推动城乡文化一体化进程的不断加快，增大农村文化服务的投入，尽可能缩小城乡文化发展差距，是城乡公共文化服务均衡发展的趋势，这对于推动社会主义新农村建设、构建城乡经济社会发展一体化的格局具有重大的意义。需要重点关注农村及中西部，强化县级文化馆、图书馆及乡镇文化站等方面的建设，大力推行广播电视村村通、文化信息资源的共享等相关文化惠农工程，提升覆盖面积、改善服务及提高管理水平等。增大对革命老区、贫困地区、民族地区及边疆地区的建设及支持力度。推动全面阅读、全民建设的开展，促进文化科技卫生的“三下乡”、科技文体法律卫生“四进社区”等相关活动顺利实施。中央、省及市需要设置农村文化建设专项资金，确保足够的中央转移支付资金可以在乡镇及村文化建设中得以高效利用。

1）积极推进乡镇文化站改革，建立乡镇文化中心，以解决乡镇文化站支出不足和功能缺位问题

首先在设立机制上，乡镇文化中心可按照所有权、经营权、管理权分开的原则，实行资产所有权归镇政府，资产使用权归文化体育中心，人员管理权归县文化广播电视新闻出版局的设立机制。其次在人员配备上，乡镇文化中心可公开选拔择优录取相关文化专业人员，并实行聘任制。最后在运行机制上，乡镇文化中

心文化工作人员工资由县财政负担，文化活动中心经营网吧等的收入可投放到公益性文化活动中。可以通过自愿捐赠、农村学校资源共享等形式提高书报总量以解决图书进村缺少书源的问题。

2）改革城乡公共文化资源配置模式

为促进城乡公共文化服务资源的合理配置和均衡发展，把依照行政层级和城乡二元结构配置公共文化资源的旧模式改变为按照人口居住状况和城乡一体化结构配置公共文化资源模式。此外，需加大农村文化领域的财政支出。一方面，省财政要逐步加大对农村公共文化服务的专项支出，并以法规形式确保农村公共文化服务财政支出增长率比同期经常性财政支出增长率要高；另一方面，市、县和区财政要确保扶持农村公共文化服务发展的专项经费的支出。

3）培养农村公众自身积极向上的文化需求

深入地挖掘与开发乡土文化，对农村本土文化人才要加大关注力度，推动文艺团队的建设，凭借培养建立起来的具有良好素质、积极向上价值观的农村业余文化队伍、农民文化中心户等文化队伍给农村居民提供文化服务。由本土成长建设而成的文化对农村居民在文化方面的需求有着更为深刻的认识与理解，其能够使众多农民群众以更为积极的态度参与进农村公共文化服务中，形成良性循环，有利于常规性且低成本地满足农民群众的各类文化需求，从而改善农民群众的文化素质和生活质量，进一步解决农村公共文化服务的供给与需求的矛盾问题。

4）以城带乡、城乡联动使公共文化的覆盖层面得以扩大

城乡分割使得城市和农村的文化活动缺乏应有的流动性和延展性，城乡双方文化发展优势也难以互补。只有城乡之间密切地交流融合，促使城乡之间畅通联系渠道，公共文化的覆盖层面才会进一步扩大。因此建立以城带乡机制，可有效发挥城市在区域文化建设上的辐射作用。城市对农村公共文化的建设展开扶持与推动，构建城乡联合发展、良性互动的局面。一方面，能够对城市具备的丰富文化资源进行高效的利用，充分地展现出县域经济公共文化服务机构在农村公共文化服务过程中的引导作用，进而有效地提升农民自身的文化素养。通过依托城市高效的信息传播网络及道路交通运行网络加强对农村公共文化的传播。另一方面，能够凭借政府补贴及税费减免等办法来推动城乡的公共文化共同发展，鼓励与支持城市公共文化向着农村发展，给农民带去更为优质的文化服务，使得城市资源得到高效的利用。可通过流动图书馆、文艺演出团体、志愿辅导队、农村电影放映队等文化队伍进行下乡指导、下乡演出及下乡培训辅导等，对农村公共文化提供流动服务，这样有利于城乡之间优质文化资源的正常有序流动；此外，可以构建城乡一体化公共图书馆服务模式，城市图书馆与乡镇图书馆分馆实行联网管理，图书预约、网上续借、馆藏书目查询等可通过网络完成。

第6章　公共文化服务财政支出的微观技术效率：规模报酬的考量

本章是对公共文化服务财政支出的微观技术效率的研究，也就是公共文化服务财政支出资金使用效率的研究。利用 2000~2015 年中国 30 个省份的面板数据，在 DEA-Tobit 两阶段分析框架下研究中国地方公共文化资金使用效率。通过 DEA 方法核算各地方公共文化服务财政支出的综合效率、纯技术效率和规模技术效率。在此基础上，利用受限因变量 Tobit 模型对效率评价结果与财政分权、文化政策、人均 GDP、人口密度和居民受教育水平等政策变量、经济和社会因素的关系进行实证研究。通过对评价结果的分析，发现中国地方公共文化服务财政支出效率存在显著的差异，人口密度、城市化水平、人均 GDP 和教育水平对政府公共文化服务财政支出效率的影响均为正。在控制了人口、经济和社会因素之后，财政分权对公共文化服务财政支出效率的影响为负，文化政策则显著提高了中国政府文化事业的支出效率。同时从财政政策和文化政策上得出相关的政策建议。

6.1　地方公共文化服务财政支出效率评价与影响因素

6.1.1　DEA-Tobit 模型及其在公共支出效率领域的应用

1. 关于 DEA-Tobit 模型

DEA-Tobit 模型是由 DEA 方法和 Tobit 回归组成分析效率的两步法。下面我们分别了解 DEA 方法和 Tobit 回归模型。

1）DEA 方法简介

相对效率的多支出多产出分析法——DEA 方法是由美国运筹学家 Charnes、Coopor 和 Rhodes 于 1978 年提出的，DEA 方法的原型可以追溯到法约尔（Farrell）分析英国农业生产力时提出的包络思想。之后在运用和发展运筹学理论与实践的基础上，逐渐形成了主要依赖线性规划技术并常常用于经济定量分析的非参数方法。经过运筹学家们的努力，非参数方法以数据包络的形式在 20 世纪 80 年代初逐渐得以流行。因此 DEA 方法也被称为非参数方法或 Farrell 型有效分析法。我国由魏权龄在 1988 年对 DEA 方法进行系统的介绍之后，也出现了不少关于 DEA 方法理论研究及应用的科研成果。

DEA 方法是用于评价具有相同类型的多支出多产出的决策单元（decision making units，DMU）是否技术有效的一种非参数统计方法。原理主要是通过保持 DMU 的输入或者输出不变，通过数学规划和统计数据确定相对有效的生产前沿面，将各个 DMU 都投影到 DEA 的生产前沿面，并通过比较 DMU 偏离 DEA 前沿面的程度来评价它们的相对有效性。DEA 方法自产生以来，在世界范围内很多领域得到了应用和发展，已成为评价具有相同类型支出和产出的若干个生产或非生产部门（DMU）相对效率的有效方法。DEA 方法不需要预先估计参数，在避免主观因素、简化运算和减少误差等方面有着不可低估的优越性。它能充分考虑对于 DMU 本身最优的支出产出方案，可以更清晰地反映评价对象自身的信息和特点；对于评价复杂系统的多支出多产出分析具有独到之处。

DEA 方法在定义的生产可能集内，基于单目标线性规划，将支出固定而将产出尽量扩大；或者将产出固定而将支出尽量缩小，其产出的最大扩大比率的倒数或支出的最小缩小比率被定义为 DMU 的相对效率。前者称为产出导向型 DEA，后者称为支出导向型 DEA。在实际中，DEA 方法应用最广的模型是 CCR 模型和 BCC 模型。其中 CCR 模型如下：

假设有 n 个 DMU，每个 DMU 都有 m 种支出和 s 种产出，x_{ij} 是第 j 个 DMU 的第 i 种支出总量，y_{rj} 是第 j 个 DMU 的第 r 种产出总量，各 DMU 的支出与产出可用向量表示为

$$\boldsymbol{X}_j=\left(x_{1j},x_{2j},\cdots,x_{mj}\right)^{\mathrm{T}},\boldsymbol{Y}_j=\left(y_{1j},y_{2j},\cdots,y_{mj}\right)^{\mathrm{T}}$$

如以第 j_0 个 DMU 的效率指数为目标，以所有 DMU 的效率指数为约束，就构造了如下的 CCR 模型：

$$
\begin{aligned}
&\min\theta \\
&\text{s.t.}\sum_{j=1}^{n}\lambda_j x_j \leqslant \theta x_0 \\
&\sum_{j=1}^{n}\lambda_j y_j \geqslant y_0 \\
&\lambda_j \geqslant 0, j=1,2,\cdots,n \\
&\theta\text{无约束}
\end{aligned}
\tag{6.1}
$$

其中，λ_j 是 n 个 DMU 的某种组合权重，引入松弛变量，式（6.1）可写为

$$
\begin{aligned}
&\min\theta \\
&\text{s.t.}\sum_{j=1}^{n}\lambda_j x_j + s^{+} = \theta x_0 \\
&\sum_{j=1}^{n}\lambda_j y_j - s^{-} = \theta y_0 \\
&\lambda_j \geqslant 0, j=1,2,\cdots,n \\
&\theta\text{无约束},\ s^{+}\geqslant 0,\ s^{-}\leqslant 0
\end{aligned}
\tag{6.2}
$$

对于线性规划式（6.2），若 $\min\theta=1$，且 $s^{+}=0$，$s^{-}=0$，则 j_0 为 DEA 有效，DMU 的经济活动同时为技术有效和规模有效；若 $\min\theta=1$，至少某个输入或者输出大于 0，则 j_0 为弱 DEA 有效，DMU 的经济活动不是同时为技术效率最佳和规模最佳；若 $\min\theta<1$，j_0 不是 DEA 有效，经济活动既不是技术效率最佳，也不是规模效率最佳。

CCR 模型是规模收益不变的 DEA 模型，若 DMU 有效，则同时为技术和规模有效。技术有效就是“生产”处于最理想的状态，相对于现有的支出量可以获得最大的产出量。规模有效是指“生产”处于规模效益不变的阶段，即如果支出量扩大 N 倍，产出量也扩大 N 倍；当生产处于规模效益递增阶段时，若当支出量扩大 N 倍，产出量会大于 N 倍，决策者应该考虑增大支出规模；当规模报酬递减时，若投入量扩大 N 倍，产出量会小于 N 倍，这时决策者应该考虑减小支出规模。而只有在规模收益不变的时候，即规模有效阶段，支出产出才能达到最优。当生产可能只是满足凸性、无效性和最小性时，便可得到如下满足规模收益可变的 BCC 模型：

$$
\begin{aligned}
&\min\theta\left[\theta-\varepsilon\left(e^{t}s^{-}+e^{t}s^{+}\right)\right] \\
&\text{s.t.}\sum_{j=1}^{n}\lambda_j x_j + s^{-} = \theta x_0 \\
&\sum_{j=1}^{n}\lambda_j y_j - s^{+} = y_0
\end{aligned}
$$

$$\sum_{j=1}^{n}\lambda_j \tag{6.3}$$

$$\lambda_j \geqslant 0, j=1,2,\cdots,n$$

$$\theta\text{无约束}, s^{+} \geqslant 0,\ s^{-} \geqslant 0$$

单纯评价 DMU 技术有效性的这种模型对偶形式为

$$\begin{aligned}&\max\left(\mu^t y_0-\mu_0\right)\\&\text{s.t.}\mu^t y_j-\omega^t x_j-\mu_0\\&\omega^t x_0=1\\&\omega\geqslant\varepsilon,\ \mu\geqslant\varepsilon,\ \mu_0,\ \text{无约束}\end{aligned} \tag{6.4}$$

其中，μ_0是规模收益指示量，规模收益是支出规模变化与产量变化的关系，当生产规模的变化是由所有生产要素以相同比例扩大或减少而引起时，产量变化就有三种情况：如果生产要素增加的比率小于产量增加的比率，那么生产处于规模收益的递增阶段；如果生产要素增加的比率等于产量增加的比率，那么生产处于规模收益的不变阶段；如果生产要素增加的比率大于产量增加的比率，那么生产处于规模收益的递减阶段。当μ_0是式（6.4）的最优值时，式（6.1）的$\mu_0<0$，规模收益递增；当式（6.2）的$\mu_0=0$时，规模收益不变；当式（6.3）的$\mu_0>0$时，规模收益递减。

2）确定效率影响因素的 Tobit 回归模型

在评价过程中，DEA 方法使用了 DMU 可以控制的支出和产出，却没有考虑其他一些 DMU 不可控因素。而这些不可控因素的差异是造成 DMU 效率差异的重要原因。在使用效率评价结果作为回归模型的被解释变量时，就面临效率评价结果小于等于 0 和大于 1 时的数据截取问题。在该情况下，普通最小二乘法（ordinary least square，OLS）的估计结果是有偏的而且不一致。要避免 OLS 估计带来的偏误，往往使用受限因变量模型，即 Tobit 模型来进行回归。Tobit 回归模型属于因变量受到限制的一种模型，其概念最早由诺贝尔经济学奖获得者 James Tobin 提出，取其前三个字母 Tob，然后取意 Tobit，命名为 Tobit 回归模型，此后大量经济学家不断对其进行发展和完善。Tobit 模型的基本结构如下：

$$z_i=\begin{cases}\boldsymbol{B}^{\mathrm{T}}\boldsymbol{X}_i+\boldsymbol{\varepsilon}_i, & \boldsymbol{B}^{\mathrm{T}}\boldsymbol{X}^m+\boldsymbol{\varepsilon}_i>0\\0, & \boldsymbol{B}^{\mathrm{T}}\boldsymbol{X}_i+\boldsymbol{\varepsilon}_i\leqslant 0\end{cases} \tag{6.5}$$

其中，z_i是效率值；$\boldsymbol{X}_i$是解释变量向量；$\boldsymbol{B}^{\mathrm{T}}$是未知参数向量；$\varepsilon_i\sim \mathrm{N}\left(0,\sigma^2\right)$。Tobit 模型的一个重要特征是解释变量$\boldsymbol{X}_i$取实际观测值，而被解释变量$z_i$只能以受限制的方式被观测到。当$z_i>0$时，“无限制”观测值均取实际的观测值；当$z_i\leqslant 0$时，“受限”观测值均取 0。可以证明，用极大似然法估计出的 Tobit 模型

的 $\boldsymbol{B}^{\mathrm{T}}$ 和 σ^2 是一致估计量。

2. 公共支出的 DEA 效率评价应用

对公共部门支出效率进行评价及探讨影响该效率的原因一直都是财政领域的研究热点之一。公共支出效率研究中 DEA-Tobit 方法的研究成果主要集中在两方面：一方面是对政府整体支出效率的研究，如国内学者陈诗一和张军（2008）利用 DEA-Tobit 分析框架分别评价和解释了 1978~2004 年政府财政支出的效率变化。另一方面是对政府用于提供某项特定公共服务，如公共卫生支出、政府教育支出、财政农业支出等的支出效率评价与分析。在公共卫生支出效率方面，韩华为和苗艳青（2010）利用 1997~2007 年中国 31 个省份（不包括港澳台地区）的面板数据，在 DEA-Tobit 两阶段分析框架下研究了中国政府的卫生支出效率，另外，王俊（2007）利用 DEA 方法对公共卫生支出效率做了研究。在政府教育支出效率方面，徐丛丛（2012）以陕西省 6 个区县共 36 所小学为样本对财政教育支出效率进行了 DEA 研究。

由上述可见，公共支出效率核算里不同程度采用了 DEA-Tobit 分析方法，这种非参数估计方法相对于参数估计方法有很多优势，它适用于变量之间关系理论未知或不确切的情形，不要求如参数方法那样对支出产出对应的任何函数形式做出假设，DEA 度量的效率是着眼于 Pareto 有效前沿面的，它度量的最好效率是实际可以达到的，但上述文献的分析主要存在如下缺陷：一是这些研究大多是基于横截面数据进行的效率核算，这样就不能对地方支出效率的动态变化趋势进行分析；有的研究虽然采用时间序列数据，但其采取的是全国总体数据，在我国财政分权体制下，公共文化服务财政支出、财政农业支出、政府教育支出大部分由地方支出，从地方数据进行研究有利于效率的准确估算和分析。二是大多截面数据文献在核算支出效率时，如把农村教育财政支出、农村卫生财政支出作为支出变量，这些变量的产出需要在长时间体现出来，在截面数据下的分析准确度会下降。已有文献对产出变量上的选择不够确切，容易给结果带来更多的噪音，影响核算结果的准确性。例如，政府财政支出效率核算中，将农民人均年纯收入、农业从业人员、农户投资数和农村人均预期寿命等要素作为产出变量，但政府农业支出最为直接的产出是农业产值和各种农业资源。把这些决定过程的受很多因素影响的要素作为政府农业支出的产出结果必然会引入更多的噪音，从而影响核算结果的准确性。

鉴于上述支出效率领域的 DEA-Tobit 核算需要完善的地方，以及把 DEA-Tobit 方法运用于公共文化服务财政支出资金使用效率核算的空缺，本节将 DEA-Tobit 两阶段分析框架应用到公共文化服务财政支出效率的研究中，针对上面列举的问题，与以往研究不同，本节尝试探索性地改进：首先，通过核算 2000~2015 年各省区市地方公共文化服务财政支出效率，综合考虑效率在横截面上的差异及在时间序列上的动态变化趋势；其次，在公共文化服务财政支出效率核算过程中采纳了更为直接和明确的支出与产出变量，从而减少了效率核算中的噪音。此外，不同于已有文献的因素分析，本节把政策变量和财政分权作为分析影响效率的因素。

6.1.2 基于 DEA-Tobit 模型地方公共文化服务财政支出效率评价与影响因素

本节尝试将 DEA-Tobit 两阶段分析框架应用到公共文化服务财政支出效率的研究中，通过核算我国各省区市地方公共文化服务财政支出效率，深入探讨造成各省区市政府公共文化服务财政支出效率差异的内在原因。这里试图摒弃需要繁杂量纲处理的传统效率评价方法对公共文化服务财政支出总体使用效率进行分析，主要使用政府支出效率的 DEA-Tobit 进行分析，第一阶段通过 DEA 方法评价地方的支出效率；第二阶段则利用受限随机效应 Tobit 模型回归解释政策、社会、经济等变量对该效率评价的影响。

1. 模型与数据的确定及变量的选择

为明确规模收益变化状况，本节采用满足规模收益可变的 BCC 模型。因为本节的研究对象是地方公共文化服务财政支出效率，所以将 30 个省区市（不含港澳台及西藏）的地方文化系统作为 30 个 DMU。由于 2000 年之前的文化支出数据比较零散，选择 2000~2015 年作为研究时期。

指标选取见表 6.1，支出变量为公共文化服务财政支出，采用各省区市各相关年度财政文化事业支出，产出变量采用最能直接提供公共文化物品的文化资源指标，包括文化事业机构数、公共图书馆新购图书册数、文化部门艺术表演团体平均每团演出场次、文化事业实际完成基建投资数等。对于影响地方公共文化服务财政支出效率的不可控因素，综合已有文献的影响因素，本节选取人口密度、人均 GDP、城市化水平和教育水平作为人口、经济和社会三个方面的效率影响因素。此外，要考察财政分权和 2006 年后文化政策改变对地方公共文化服务财政支出效率的影响。相关数据来自各年《中国统计年鉴》、《中国文化文物统计年鉴》、《中国财政年鉴》和《中国人口统计年鉴》。

表 6.1　DEA-Tobit 分析公共文化服务财政支出效率相关变量

支出变量	产出变量	影响效率因素
各省份各相关年度 财政文化事业支出	文化事业机构数 公共文化从业人员数（用公共文化机构从业人员数之和表示） 文化事业实际完成基建投资数 公共图书馆新购图书册数 文化部门艺术表演团体平均每团演出场次 公共图书馆总流通人次	人口密度（人/千米^2） 人均GDP 城市化水平（城镇人口数/总人数） 教育水平（15岁及15岁以上人口中不识字及识字很少人口比例） 财政分权 2006年后文化政策改变

2. 公共文化服务财政支出效率评价

基于产出导向的 DEA 模型，运用 DEAP 2.1 得出各省区市政府公共文化服务财政支出的效率评价结果（表 6.2）。下面分析公共文化服务财政支出在横向上及纵向时间序列上的综合技术效率、纯技术效率和规模技术效率评价结果。

表 6.2　公共文化服务财政支出效率评价结果

省区市	北京	天津	河北	山西	内蒙古	辽宁	吉林	黑龙江	上海	江苏	浙江	安徽	福建	江西	山东
crste	0.771	0.751	1	0.825	0.665	0.504	0.505	0.790	0.656	0.620	1	0.586	0.515	0.826	0.616
vrste	0.819	1	1	0.833	0.681	0.562	0.523	0.794	1	0.645	1	0.610	0.526	0.842	0.637
scale	0.941	0.751	1	0.991	0.977	0.896	0.966	0.995	0.656	0.961	1	0.960	0.979	0.981	0.967
rte	drs	drs	-	irs	irs	drs	irs	irs	drs	drs	-	irs	irs	irs	drs
省区市	河南	湖北	湖南	广东	广西	海南	重庆	四川	贵州	云南	陕西	甘肃	青海	宁夏	新疆
crste	0.724	0.602	0.626	1	0.636	0.675	1	0.668	0.846	0.571	0.9	1	1	1	0.665
vrste	0.74	0.604	0.627	1	0.652	0.948	1	0.896	0.886	0.575	1	1	1	1	0.704
scale	0.978	0.996	0.998	1	0.976	0.712	1	0.746	0.955	0.993	1	1	1	1	0.945
rte	drs	irs	irs	-	irs	irs	-	drs	irs	irs	-	irs	-	-	irs

注：表 6.2 中 crste：综合技术效率；vrste：纯技术效率；scale：规模技术效率；rte：规模回报（drs：规模报酬递减；-：规模报酬不变；irs：规模报酬递增），crste=vrste×scale

（1）从横向地区差异上看，我国各省区市之间公共文化服务财政支出综合技术效率差异显著（图6.1）。综合技术效率是衡量DMU总体效率状况的指标，河北、浙江、广东等 7 个省区市综合技术效率为 1.0（图 6.1），并同为技术有效和规模有效（图 6.2、图 6.3），说明这 7 个省区市 DEA 有效，它们构成了我国公共文化服务财政支出效率的前沿面。在理论上，相对其他地区来说，该 7 个省区市的公共文化服务财政支出资源配置达到了最优，效率相对最高。这 7 个省区市中，4 个属于西部，3 个属于东部。综合技术效率前十中有 6 个省区市属于西部，3个省区市属于东部；综合技术效率为0.6以下的有5个省份，辽宁、福建和吉林的综合技术效率较低，中部的省区大多都在相对较低的公共文化服务财政支出效率行列中，由此可以看到，我国绝大多数省区市公共文化服务财政支出属于非 DEA 有效，平均公共文化服务财政支出效率西部省区市相对较高，中部省区相对较低，东部省市效率也不算高，大多处于0.7以下。东部的平均值为0.738，中部为0.684，西部为0.813，明显存在差异。

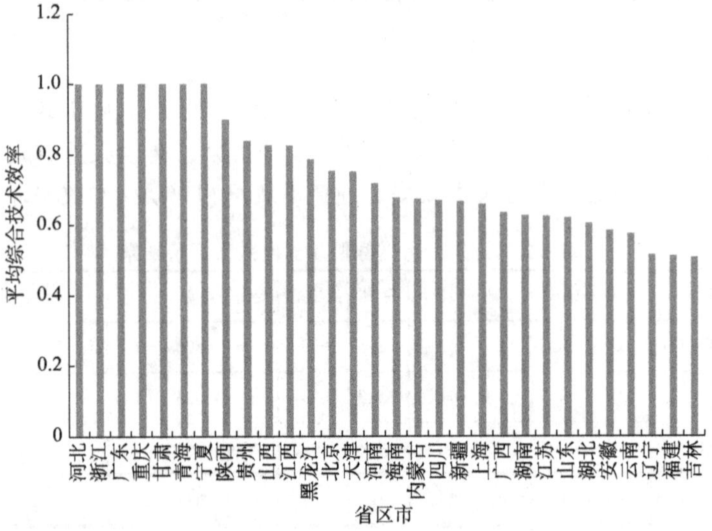

图 6.1 2000~2015 年各省区市公共文化服务财政支出平均综合技术效率排序

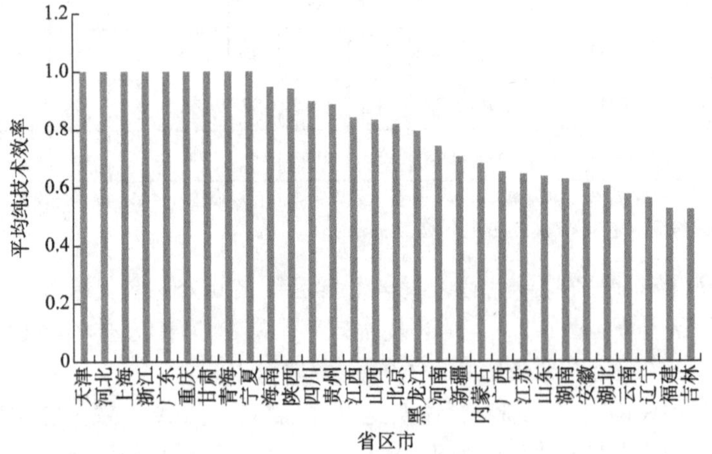

图 6.2 2000~2015 年各省区市公共文化服务财政支出平均纯技术效率排序

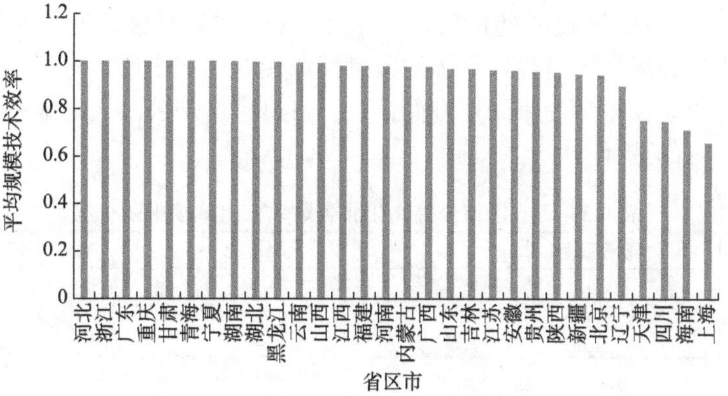

图 6.3　2000~2015 年各省区市公共文化服务财政支出平均规模技术效率排序

对于非 DEA 有效的公共文化服务财政支出效率可以分别从其技术有效性和规模有效性进行分析。综合技术效率是由纯技术效率和规模技术效率相乘得到，也就是可以将综合技术效率分解为纯技术效率和规模技术效率进一步分析非 DEA 有效的原因。因此纯技术效率和规模技术效率可以用来衡量公共文化服务财政支出低效率在多大程度上是由纯技术无效率造成的或规模技术无效率造成的。纯技术效率反映了在公共文化服务财政支出规模一定的前提下，地方预算管理水平的高低和地方文化区域规划的合理程度。规模技术效率是在一定的支出条件下，技术效率生产边界的产出量与最优规模下产出量的比值。规模技术效率越大，表示该 DMU 的生产规模越接近最优生产规模。此外，通过变换约束条件，DMU 的规模报酬类型可通过该可变规模报酬的 DEA 模型加以判断，当结果显示为规模报酬递增时，说明该 DMU 能够通过扩大生产规模提高生产效率；如果表现为规模报酬递减，则需要调整支出结构来提高生产效率。

从图 6.2 和图 6.3 可看到，天津和上海纯技术效率有效但规模技术效率低下，说明这两个市非 DEA 有效主要是由规模技术效率低下导致的，也就是公共文化服务财政支出超过了最优规模，应该在保持目前预算管理水平和文化区域规划合理的状况下提高规模技术效率；湖北、湖南、山西、黑龙江和云南规模技术效率得分都比较高，接近规模技术效率有效，却属非纯技术效率有效，说明这些省份的综合技术效率低下主要是纯技术效率引起的，应注重提高预算管理水平和文化区域规划水平。特别是云南，规模技术效率得分为 0.993，而纯技术效率得分却是 0.575，更应该提高预算管理水平和文化区域规划水平。而更多地方公共文化服务财政支出既非纯技术效率有效也非规模技术效率有效，其中吉林综合技术效率最低，主要是由其纯技术效率引起的。对于大多数中部的省区来说，其综合技术效率偏低的原因也主要来自纯技术效率的低下和规模技术效率的损失，而纯技术效率低下是主要影响因素。此外，从规模收益来看，大部分地方公共文化服务财政支出处在规模报酬递增阶段（表 6.3），也就是说，这些地方公共文化服务财政支出如果把所有投入资源的数量都以相同比例增加，将获得更大比例的回报。而对于规模报酬递减的地方而言，盲目追求增加公共文化服务财政支出规模未必是最好的选择。

表 6.3　各省区市公共文化服务财政支出规模报酬状况

规模报酬	规模报酬递增（irs）	规模报酬不变（-）	规模报酬递减（drs）
省区市	山西、内蒙古、吉林、黑龙江、安徽、福建、江西、湖北、湖南、海南、贵州、云南、甘肃、新疆	河北、浙江、广东、重庆、陕西、甘肃、青海、宁夏	北京、辽宁、江苏、山东、天津、上海、河南、广西、四川

（2）从纵向时间序列上看，2000~2015 年，我国公共文化服务财政支出平均综合技术效率在 2007 年之前基本为 0.4~0.5（图 6.4），变化波动幅度较大，2007 年之后基本处于增长趋势；纯技术效率和规模技术效率在 2007 年之前都处于小幅范围波动，但整体变化都是增长的。总体上看，我国各省区市公共文化服务财政支出无论平均综合技术效率还是平均纯技术效率和规模技术效率都处于增长趋势。

图 6.4　2000~2015 年三种效率平均值变化趋势

3. 效率影响因素分析

1）基本假设与模型

从上述分析可见，东、中、西部公共文化服务财政支出效率明显存在差异

（下面将引入东、中、西部虚拟变量进一步证明[①]），综合已有研究成果，就影响地方公共文化服务财政支出效率差异的可能因素做出如下假设：①人均 GDP 水平与公共文化服务财政支出呈正相关关系。由于公共文化服务财政支出相对于其他公共支出有较大服务需求的收入弹性，即随着人均实际收入的上涨，这些服务的需求也随之增加，从而使公共文化服务财政支出处于增长趋势。Horlacher（1979）、Frey（2000）发现 GDP（收入）或者收入相关变量（如随着较高公共支出而产生的较高收入税）是公共文化服务财政支出的主要决定因素，而其他解释变量包括制度因素和公共文化服务财政支出则是一般微弱的正相关关系。②城市化水平越高，城市公共设施对农村的辐射功能就越强，即城市化率对公共文化服务财政支出效率有正向影响。林万龙（2005）发现，城市化水平对城乡公共物品统筹供给具有显著影响，由此影响支出效率。张宁（2006）选择城市化率作为影响农村财政支出效率的指标。③人口密度和公共文化服务财政支出效率相关。Withers（1979）认为人口密度与政府支出的效率应该呈正相关关系，受规模经济的影响，较高的人口密度有利于降低政府支出的管理和监督成本，向不断增加的居民规模提供公共服务会出现规模经济效应，从而导致支出效率的提高。④教育水平与公共文化服务财政支出支持正相关。教育水平越高的居民对自身的文化需求越高，越能通过各种渠道表达自己的需求，从而使得政府有提高这方面公共支出的压力。所以，居民较高的受教育水平有助于提高地方的支出效率（廖楚晖，2004）。在这里教育水平用文盲率（15 岁及 15 岁以上人口中不识字及识字很少人口比例）来表示。⑤财政分权是我国分税改革后的基本财政制度安排，财政分权对地方财政支出的规模、结构和效率都可能产生影响。西方主流财政分权理论认为不同地方的竞争将刺激其不断主动采取措施来提高公共物品供给的效率，从而有利于社会整体福利水平的上升。把一个省份的人均财政支出占人均总财政支出的比重作为度量财政分权的指标[②]。同时为了考察财政政策对东、中、西三个地区的不同影响，引入财政分权变量与三个地区虚拟变量的交互项。⑥2006 年我国《国家“十一五”时期文化发展规划纲要》由中共中央办公厅、国务院办公厅颁布，标志着改革开放后第一个国家层面的具有权威性、专门部署文化建设的中长期规划战略的出现。由此计划经济时期文化政策制定权力高度集中于中央的状况发生改变，出现了文化政策的地方化，更适应文化领域的发展。这里引入年度虚拟变量来表示这一时期的文化政策变化，考虑到政策的滞后性，规定该虚拟变量在 2007 年之后取值为 1，其他年份取值为 0。同时为了考察文化

① 以西部作为基准地区，以模型中常数项的截距系数代表西部的平均支出效率水平，用以检验三大地区之间效率差异的统计显著性。

② 借鉴了乔宝云等（2005）所用的财政分权指标。

政策对东、中、西三个地区的不同影响，引入文化政策虚拟变量与三个地区虚拟变量的交互项。结合我国文化发展变迁历程，本节认为制度对文化支出效率是重要的影响因素，因此在模型中将重点考察财政分权和文化战略变化两种政策变量对政府文化事业支出效率的影响。

基于上述设定，可得以下回归模型：

$$z_{it}=\beta_{i0}+\beta_{i1}\chi_{i1}+\beta_{i2}\chi_{i2}+\beta_{i3}\chi_{i3}+\beta_{i4}\chi_{i4}+\beta_{i5}D_{ij}+\varepsilon_{it} \qquad (6.6)$$

其中，z_{it} 表示我国各省区市 2000~2015 年的综合技术效率评价结果；χ_{i1}、χ_{i2}、χ_{i3}、χ_{i4} 分别表示考察期各年人均 GDP（元）、人口密度（人/千米^2）、城市化水平（城镇人口数/总人数）、教育水平（文盲率）；财政分权指标 D_{ij} 表示会对公共文化服务财政支出综合技术效率造成影响的虚拟变量，包括文化政策虚拟变量、三个地区（东部、中部、西部）虚拟变量，以及地区虚拟变量和政策变量的交互项。由于综合技术效率评价结果为 0~1 的数值，同时为了避免 OLS 估计带来的偏误和充分利用面板数据中包含的横截面和时间序列信息，所以采用受限的 Tobit 随机效应面板模型来进行回归分析。相关数据来自各年《中国统计年鉴》《中国财政年鉴》。运用 EViews 6.0 的 Tobit 分析得出表 6.4、表 6.5 的五个模型回归结果。

表 6.4 我国地方公共文化服务财政支出影响因素实证结果

影响因素	模型1	模型2	模型3	模型4	模型5
人口密度	0.000 11*** (0.289)	0.000 09*** (0.038)	0.000 17** (0.000)	0.000 18** (0.004 8)	0.000 13** (0.049)
人均GDP	0.073 2*** (0.022)	0.012 9*** (0.235)	0.069 5*** (0.043)	0.108 8** (0.256)	0.050 8** (0.048)
城市化水平	0.090 89* (0.002)	0.056 6* (0.000 4)	0.007 78** (0.000)	0.007 83** (0.000)	0.002 26*** (0.000)
教育水平	0.006 93*** (0.000 2)	0.007 33** (0.000)	0.009 64** (0.000 6)	0.011 3*** (0.001 1)	0.008 78* (0.000 3)
财政分权		−0.390 38** (0.012)		−0.412 94*** (0.000)	−0.301 85*** (0.003)
东部虚拟变量（D_2）	0.203 46*** (0.000)	−0.312 04** (0.000)		−0.253 53** (0.000)	0.241 67*** (0.000)
中部虚拟变量（D_3）	−0.433 43** (0.000)	−0.382 78*** (0.000)		−0.319 78** (0.000)	−0.357 89** (0.000)
文化政策虚拟变量（P）				0.100 798*** (0.002)	
常数项	0.795 68*** (0.000)	1.175 55*** (0.000)	0.819 38*** (0.000)	1.678 22*** (0.000)	1.298 79*** (0.000)
个体效应标准差	0.332 22*** (0.000)	0.292 04*** (0.000)	0.232 07*** (0.000)	0.262 02*** (0.000)	0.209 97*** (0.000)
干扰项标准差	0.079 979*** (0.000)	0.090 268*** (0.000)	0.090 198*** (0.000)	0.082 377*** (0.000)	0.087 553*** (0.000)

续表

影响因素	模型1	模型2	模型3	模型4	模型5
似然比检验（卡方）	368.431	299.895	291.321	292.875	302.237
rho	0.888 963	0.828 765	0.851 979	0.826 454	0.835 112
对数似然值	236.577	240.563	236.308	246.795	250.856

***、**、*分别表示在 1%、5%和 10%的显著性水平下通过检验

表 6.5　我国政府公共文化服务财政支出影响因素实证结果

交互项	$D_1 \times \mathrm{fd}$	$D_2 \times \mathrm{fd}$	$D_3 \times \mathrm{fd}$	$D_1 \times P$	$D_2 \times P$	$D_3 \times P$
模型3	−0.399 75** （0.016）	−0.215 57 （0.262）	−0.511 17*** （0.002）			
模型5				0.090 254*** （0.003）	0.023 033 （0.379）	0.054 975** （0.018）

***、**分别表示在 1%、5%的显著性水平下通过检验

2）实证结果

第一，从表 6.4 中可看到，中部虚拟变量在模型 1、模型 2、模型 4、模型 5 中的系数都为负，东部除了模型 2 和模型 4 在 5%的显著性水平上显著，其余在 1%的显著性水平上显著。中部模型 1、4、5 在 5%的显著性水平上显著，模型 2 在 1%的显著性水平上显著。这说明比起西部，我国东部和中部的政府公共文化服务财政支出效率偏低，进一步证明了上述公共文化服务财政支出综合技术效率的分析结果。

第二，表 6.4 结果显示：人口密度与公共文化服务财政支出效率呈微弱的正相关关系，且显著性较强，这个与原假设相符。城市化水平与公共文化服务财政支出效率呈较为显著的正相关关系，这一结论说明城市化水平越高，城乡生产要素的对流能力就越强，公共文化的辐射性就越高。人口密度与公共文化服务财政支出效率呈现显著的正相关，这也印证了 Grossman 的观点，规模经济可以解释这一结论。

第三，在模型 2 中加入财政分权变量，得出在 5%的显著性水平上它与公共文化服务财政支出效率存在负向关系，而在加入文化政策虚拟变量的模型 4 中，财政分权对公共文化服务财政支出效率的影响仍然为负，而且是在 1%的显著性水平上显著，显著性变得更高，说明该结果具有较好的稳健性。这一结果是与西方主流财政分权理论的财政分权与政府支出效率正相关观点是相悖的，可以从我国的财政分权体制来理解这个结论，与其他国家财政分权不同，我国的财政分权是密切联系相对集权的政治体制。该体制下地方政绩考核中最为重要的指标是经济增长，地方干部有更大的激励去提高短期产出显著的财政支出的规模和效率，而那些短期之内不易提高的财政支出效率往往受到忽视。地方的公共支出大多用

于基础设施领域，忽略了短期经济增长数据贡献不是很明显的公共文化服务财政支出，由此公共文化服务财政支出预算执行缓慢，往往资金到位率低，甚至出现这部分资金被挤占的情况，最终会影响和降低资金的使用效率。对于财政分权程度越高的省份，地方对财政资源的支配能力越强，这种效应可能越严重。

为进一步考察财政分权在不同地区对公共文化服务财政支出效率影响的差异，在模型3中加入了财政分权与三个地区虚拟变量的交互项。结果（表6.5）显示：东部和中部公共文化服务财政支出效率因财政分权受到的影响远高于西部。同时该效应在东、中部的显著性分别为5%和1%，而在西部则不显著。这与前面效率核算结果显示我国地方公共文化服务财政支出的综合技术效率表现出西部较高，而东、中部较低的特点相符。因此，要缩小东、中、西部三个地区的效率差异可进行适当的财政集权。

第四，从表 6.4 的五个回归模型的对数似然值中可看到，模型 4 和模型 5 的拟合度要优于前三个模型，这说明在模型 4 和模型 5 中添加的文化政策虚拟变量是影响公共文化服务财政支出效率的重要因素。为了检验 2006 年前后文化政策对公共文化服务财政支出效率的影响，在模型 4 中加入文化政策虚拟变量。结果验证了原假设，即 2006 年前后的文化政策显著促进了我国地方公共文化服务财政支出效率的提高。模型 5 加入了文化政策虚拟变量和三个地区虚拟变量的交互项，得出文化政策对我国东部和中部的公共文化服务财政支出效率具有显著的促进作用，而对西部该效率的影响虽然也为正，但其结果不显著。由此得出以下结论：2006 年前后的文化政策有利于缩小东、中、西部三个地区公共文化服务财政支出效率的差异。

4. 结论及政策建议

本节用 DEA-Tobit 两步法评价了我国 30 个省区市（不含港澳台及西藏）2000~2015 年政府公共文化服务财政支出的三种效率。结果显示：从横向地区差异上看，我国公共文化服务财政支出效率存在显著的地区差距，西部地区公共文化服务财政支出效率高于东部和中部。从纵向时间序列上看，30 个省区市的平均综合技术效率、纯技术效率和规模技术效率总体呈递增趋势。基于核算得到的公共文化服务财政支出综合效率评价结果，进一步通过随机效应 Tobit 回归模型分析了影响各省区市政府公共文化服务财政支出效率差异的因素，得出人均 GDP、城市化水平、人口密度和教育水平对公共文化服务财政支出效率存在正效应。在控制了经济、社会和人口等因素后，财政分权对公共文化效率的影响为负，要缩小东、中、西部三个地区的效率差异可进行适度的财政集权。文化政策实施对我国中、西部地区公共文化服务财政支出效率的提高有显著的促进作用，要缩小东、中、西部三个地区公共文化服务财政支出效率差距可继续实行目前的文化政策。

由本节结论得出的政策建议：

（1）从财政政策看，除了在现有财政制度下适度的财政集权提高政府效率，对于规模报酬递减的地方应该调整优化公共文化服务财政支出结构来消除效率损失，对于规模报酬递增的地方则需要进一步增加政府公共文化支出来改善其效率；为提高财政资金的使用效率，政府在公共文化的财政拨款方式上，可以把原来全员拨款方式转变为以公共文化服务成果的拨款方式。例如，可以用公共文化服务专项资金的方式，建立与完善宣传文化发展专项资金、国家电影事业发展专项资金和出版发展专项资金等。此外，对于不同种类的公共文化物品采用不同的财政资助方式。对于纯公共文化物品和社会力量不愿提供的物品和服务（如文化基础设施建设、文化遗产的收集保护、文化市场秩序的维护等）由政府完全承担责任；对于准公共物品和社会力量不愿意但又有能力提供的公共文化物品和服务（如文化信息工程、艺术表演下乡镇等）由政府采取集资购买的方式负责；对于社会力量愿意提供而且能够提供的公共文化物品与服务（如社区和农村开展的重大节庆活动、自办文化类社会组织等）由政府通过奖励方式给予适当的补助进行负担。

（2）从文化政策看，不断深化文化发展战略改革，更为合理地配置各种地方文化资源也是提高我国政府公共文化服务财政支出效率的重要途径。文化政策是一国对于文化艺术、新闻出版、广播影视、文物博物等领域进行行政管理采取的一整套制度性规定、规范、原则和要求的总称。文化政策通过调整文化资源、提高文化资源使用效率，从而对一个国家文化的发展具有能动的主导作用。因此应进一步深化文化体制改革。

6.2　公共文化服务财政支出项目绩效评价：以 F 市千场文艺演出下基层项目为例

公共文艺演出是公共文化服务体系的重要内容，是 F 市推进公共文化服务体系建设的重要环节。2013 年 F 市财政安排 2 000 万元用于文艺演出下基层活动，共演出 1 000 场。千场文艺演出下基层活动费用产生何种绩效？存在着哪些问题？如何进一步提升财政资金使用绩效？为了深入了解和解决这些问题，本课题组作为独立的第三方评价机构，于 2014 年 7 月至 9 月对千场文艺演出下基层活动专项资金进行了绩效评价，评价结果为 84.7 分，绩效等级为良。

6.2.1 项目基本情况

按照《F 市建设全国公共文化服务名城实施意见（2011—2020 年）》（F 委办发〔2011〕5 号）、《F 市创建国家公共文化服务体系示范区建设规划（2011—2012）》（F 府办〔2011〕101 号）、《2012 年 F 市“提升公共文化服务水平”工程实施方案》（F 府办〔2012〕72 号）、《百姓大舞台，文化送基层——2013 年 F 市千场文艺演出活动实施方案》等文件的要求，组织实施“百场培训、千场演出、万场电影”到村（社区）、到企业活动，不断丰富基层群众文化生活。千场文艺演出活动主题包括：①文化暖流送演出下基层巡演；②“诗歌回归大众——广场之夜”系列朗诵；③“×香×韵”F 市优秀舞台艺术作品展演；④“廉政之光——F 市优秀廉政小戏小品节目巡演”；⑤“我们的精神家园——F 市非物质文化遗产文艺节目展演”；⑥品牌文化演出。2013 年 F 市千场文艺演出下基层活动的目标：完成 1 000 场演出，其中各镇街和 F 市文化馆的演出场次安排见表 6.6。市财政以 2 万元/场为标准进行补贴，其中 5 000 元用于创作和排练新节目，共安排千场文艺演出活动经费 2 000 万元。

表 6.6 2013 年 F 市千场文艺演出活动市、镇（街）目标任务表

档次	镇街、单位	村、社区数量/个	年度演出场次/场	备注
第一档镇（街）	×安	13	25	1. 安排到每个村、社区演出1场，共590场 2. 根据各镇街的经济档次，以12 ：11 ：9 ：7的比例，确定各镇街到企业的演出场次，共310场 3. F市文化馆安排演出100场 4. 以上总计1 000场
	×厦	22	34	
	×岗	12	24	
	××头	9	21	
	东×	23	35	
	南×	17	29	
	清×	21	33	
	×门	30	42	
第二档镇（街）	×江	7	18	
	×平	33	44	
	×街	23	34	
	石×	15	26	
	×山	24	35	
	×步	30	41	

续表

档次	镇街、单位	村、社区数量/个	年度演出场次/场	备注
第二档镇（街）	×朗	28	39	1. 安排到每个村、社区演出1场，共590场 2. 根据各镇街的经济档次，以12 ∶11 ∶9 ∶7的比例，确定各镇街到企业的演出场次，共310场 3. F市文化馆安排演出100场 4. 以上总计1 000场
	桥×	17	28	
第三档镇（街）	沙×	18	27	
	横×	17	26	
	万×	28	37	
	高×	19	28	
	茶×	18	27	
	×城	8	17	
	×龙	10	19	
第四档镇（街）	望××	22	29	
	麻×	15	22	
	洪×	10	17	
	企×	20	27	
	道×	14	21	
	中×	20	27	
	石×	19	26	
	东×	16	23	
	谢×	12	19	
F市文化馆		0	100	
合计		590	1 000	

在职责分工方面，F 市文化馆主要负责制订落实“千场文艺演出”的总体计划、活动内容、目标任务、具体责任和时间安排等实施方案；负责统筹、组织群星艺术团、镇（街）业余艺术团及市外优秀文艺团体赴各镇（街）、村（社区）、各企业、新×人生活区等进行交流演出，并随机对各演出项目进行现场检查和指导。各镇（街）文化广播中心根据任务分解表，做好全年演出计划安排并组织实施。

6.2.2　评价过程、评价方法及评价指标、评价结果

1. 评价过程

第一，前期调研阶段。

2014 年 7 月 10 日，本课题组与 F 市文化馆相关人员进行座谈，详细询问了 2013 年千场文艺演出下基层活动开展和资金使用情况，就评价指标体系、调查问卷设计等问题征询了 F 市文化馆的意见。

第二，方案制订阶段。

2014 年 7 月 11 日至 20 日，本课题组根据千场文艺演出下基层活动的项目特点，综合 F 市文化馆和有关专家的意见，制订并修改《千场演出下基层活动专项资金使用绩效评价方案》，于 7 月 20 日将评价方案发给 F 市财政局，由其发文并要求 F 市文化馆和各镇街文化广播中心在 8 月 10 日前提交评价材料。

第三，初审与问卷调查阶段。

2014 年 8 月，本课题组组织有关专家对 F 市文化馆和各镇街文化广播中心提交的评价材料进行初审，对在初审过程中产生的疑问及时向 F 市文化馆和各镇街文化广播中心了解情况，并要求对方补充有关资料。同时，征询了有关专家的意见，设计“千场文艺演出下基层活动”调查问卷，于 8 月 10 日发出 200 份调查问卷，至 9 月 5 日共回收有效问卷 176 份，回收率为 88%。经统计，本次调查问卷总得分（10 分制）为 6.53 分。

第四，座谈与现场查勘阶段。

2014 年 8 月 19 日至 21 日，本课题组组织专家到 F 市文化馆、道×镇文化广播中心、×朗镇文化广播中心进行现场核查，双方就 2012 年千场文艺演出下基层活动开展情况和问题进行沟通和交流，并对千场文艺演出下基层活动经费的具体支出进行核查。

第五，评价报告撰写阶段。

根据 F 市文化馆和 32 个镇街提供的评价材料、现场查勘及对“千场文艺演出下基层活动”调查问卷的分析，本课题组撰写了绩效评价报告。

2. 评价方法及评价指标

本次评价主要采用目标比较法、问卷调查法两种方法。目标比较法是指通过比较财政支出产生的实际结果与预定目标，分析目标的完成情况，从而评价财政支出绩效。问卷调查法是指根据评价目标、评价内容制定调查问卷，对观众进行问卷调查，从而对千场文艺演出下基层活动的社会满意度和相关问题进行评价分析的方法。

根据财政部、省财政厅、F 市财政局的有关规定，结合千场文艺演出下基层活动的特点，从前期工作、实施过程、项目绩效三方面对千场文艺演出下基层活动经费进行绩效评价。其中，前期工作包括前期研究、目标设置、保障机制 3 个二级指标。实施过程包括资金管理、项目管理 2 个二级指标，其中资金管理方面设置资金到位、资金支付、财务合规性 3 个三级指标，项目管理方面设置实施程序、项目监管 2 个三级指标。项目绩效包括经济性、效率性、效果性、公平性 4 个二级指标，其中效果性方面设置观看演出总人数、演出节目的数量、演出形式的丰富程度、演出时间和演员人数、社会对千场文艺演出的认知度、民间演出资源发掘程度 6 个四级指标。

3. 评价结果

根据上述指标，2013 年千场文艺演出下基层活动项目的评价结果为 84.7 分，绩效等级为良（表 6.7）。该项目的目标设置完整和科学，设立相应的组织机构，成本没有超出项目预算，项目完成进度较好。扣分的原因主要是缺乏充分的论证决策，资金到位不够及时，督查比例过低，观众满意度不高等。

表 6.7　2013 年千场文艺演出下基层绩效评价结果

<table>
<tr><th colspan="4">评价指标</th><th rowspan="3">评分内容</th><th rowspan="3">评分</th></tr>
<tr><th>一级指标</th><th>二级指标</th><th colspan="2">三级指标</th></tr>
<tr><th>名称</th><th>名称</th><th>名称</th><th>分值</th></tr>
<tr><td rowspan="5">前期工作</td><td>前期研究</td><td>论证决策</td><td>7</td><td>F市文化馆按规定编制《F市2013年行政机关单位部门预算建议计划》，经主管部门审核后上报市财政局，同时制定《百姓大舞台，文化送基层——2013年F市千场文艺演出活动实施方案》，严格履行立项手续，项目资金设立依据充分，相关附件资料齐全。F市文化馆和大部分镇街在演出主题、内容和形式上进行充分调研，但有部分镇街缺乏调研，缺少演出可行性和针对性的研究</td><td>5.5</td></tr>
<tr><td rowspan="2">目标设置</td><td>目标完整性</td><td>3</td><td>根据2012年整合全市各镇街文艺演出资源，组织1 000场文艺节目深入各镇街、社区、企业、学校、军营演出的目标，制定了《百姓大舞台，文化送基层——2013年F市千场文艺演出活动实施方案》，该方案对演出主题、演出内容、演出场次、演出人数、场地安全等各方面做出明确规定，目标设置具有完整性</td><td>3</td></tr>
<tr><td>目标科学性</td><td>3</td><td>2013年全市计划完成文艺演出1 000场，受惠人数100万人；根据各镇街的村、社区数量及各镇街经济档次分配各镇街的演出场次，目标设置具有科学性</td><td>3</td></tr>
<tr><td rowspan="2">保障机制</td><td>组织机构</td><td>3</td><td>设立专门的组织机构负责实施千场文艺演出活动，F市文化馆是全市负责机构，F市文化馆的活动部专门负责千场文艺演出工作；各镇街文化广播中心是各镇文艺演出的组织和实施机构</td><td>3</td></tr>
<tr><td>制度措施</td><td>4</td><td>在全市层面上，千场文艺演出制度措施较为完善，制定《F市文化广电新闻出版局财务管理制度》《关于开展F市2013年“提升公共文化服务水平”工程验收工作的通知》《百姓大舞台，文化送基层——2013年F市千场文艺演出活动实施方案》等；在镇街层面上，有部分镇街制定了《千场文艺演出的实施方案和资金管理办法》，但有部分镇街没有制定相应管理办法</td><td>2</td></tr>
</table>

续表

评价指标				评分内容	评分
一级指标	二级指标	三级指标			
名称	名称	名称	分值		
实施过程	资金管理	资金到位	4	凡经审核达到规定演出标准的，每场补贴2万元。千场文艺演出专项补贴资金由市财政分两次拨付至各镇街财政，第一次为5月前，主要用于演出启动，拨付款额为50%，余下50%款额待年底完成验收合格后集中拨付，资金到位率为100%。但有部分镇街的财政资金拨付不够及时，如桥×镇财政分局在2014年3月还没有将2013年的30万元千场文艺演出资金拨付给镇文化广播中心	3
		资金支付	4	资金支出率为100%	4
		财务合规性	4	F市文化馆和各镇街能够将补助资金全部用于千场文艺演出活动，主要支出包括演员和演出团体补贴、餐费、服饰费用、交通费等	4
	项目管理	实施程序	8	F市文化馆和大部分镇街的千场文艺演出实施过程有较为完整的程序，从演出主题和内容确定、演出宣传、演员和演出团体的遴选，到演出过程管理和演出质量验收都进行了比较明确的规定。F市文化馆将其负责的100场中的20场转为×厦镇组织，项目调整依照程序进行申请	8
		项目监管	5	F市文化馆不定期对各镇街承办千场文艺演出的演出内容与演出质量进行检查，遇到演出内容不健康、演出质量低下者，进行通报批评，责令整改，确保演出质量。经核实相关的佐证资料，F市文化馆只能提供其中7场演出的监督检查证明文件，在2013年的1 000场演出中，检查场次仅占全部演出场次的0.7%，比例较低	3.5
项目绩效	经济性	预算（成本）控制	5	千场文艺演出计划安排资金为2 000万元，实际支出2 000万元，没有超出预算	5
	效率性	完成进度及质量	10	大部分镇街能够在3月30日填报《千场文艺演出镇（街）全年计划日程表》，送F市文化馆活动部审核备案，每月20号填报下月的演出计划，每月20号前填报当月实际完成演出场次，但部分镇街演出时间安排过于集中，在一定程度上影响了演出的质量，如大××镇全年需要演出35场，但2013年9月底前仅演出2场，占全年比例的5.7%，12月演出2场，余下的31场集中在10月和11月两个月完成	8
	效果性	观看演出总人数	7	2013年全市完成千场文艺演出1 000场，预定目标是观看人数达100万人，项目主管单位表示场均观众人数达到800人以上，但未能提供相应的佐证材料，无法准确核实观看人数的准确性和真实性	6
		演出节目的数量	3	大部分镇街的每场节目数量都在10个以上，但有个别镇街的部分场次的演出节目数量低于10个	2.5
		演出形式的丰富程度	5	大部分镇街的演出形式比较丰富，每场演出都包括音乐、舞蹈、戏剧、曲艺、诗朗诵、杂技、民间艺术等，但有个别镇街的演出形式比较单一，如道×很多场次都是以粤剧为主；中×部分场次以折子戏为主	3.5
		演出时间和演员人数	5	F市文化馆和所有镇街的每场演出时间都在60分钟以上，每场演员人数都在30人以上，符合预定要求	5

续表

评价指标				评分内容	评分
一级指标	二级指标	三级指标			
名称	名称	名称	分值		
项目绩效	效果性	社会对千场文艺演出的认知度	5	以观看千场文艺演出的频率作为衡量社会认知度的标准，调查显示：11.9%的人经常观看，53.4%的人偶尔观看。社会认知度为65.3%	3.5
		民间演出资源发掘程度	5	参与演出的民间艺术团体达到100个以上，涉及的类别包括综合艺术、戏剧、杂技、声乐、曲艺等，民间演出资源发掘比较充分	5
	公平性	负面事件产生率	2	千场文艺演出组织实施过程中，未发生任何安全事故和负面事件	2
		观众满意度	8	从节目的精彩程度（6.0分）、演出秩序（6.48分）、组织工作水平（6.93分）、总体印象（6.88分）、提升观众幸福感的作用（6.36分）五个方面进行满意度调查，平均分为6.53分，折成8分制，为5.2分	5.2
合计					84.7

6.2.3　项目成效

1. 满足市民多元的文化需求，保障市民基本文化权益

在开展千场文艺演出下基层活动中，主办方以市民的文化需求为根本出发点，强调提升市民对活动的参与度，以市民是否满意作为基本评价标准。2013 年全市完成文艺演出 1 000 场，观看人数较多，受到广泛好评，活动影响力不断提升。广大市民不仅可以观赏精彩的演出，有些文艺爱好者还在主办方的组织和指导下，上台展现自身的文艺才能，切实丰富自身文化生活，提升生活幸福指数。千场文艺演出活动还走进企业、学校和军营，受到企业、学校和军营的普遍欢迎，不少企业、学校和军营向主办方送去感谢锦旗，有些企业希望再去演出。

2. 盘活了全市基层“五个有”建设资源

F 市文化馆在统筹千场文艺演出的组织工作时，坚持文化惠民理念，结合全市公共文化服务设施“五个有”建设资源，将演出活动送到基层，将演出活动与盘活村级文化设施紧密结合，确保全市各村（社区）都能享受千场文艺演出下基层活动的实惠，进一步带动基层文化活动的开展。

3. 激活了 F 市民间文艺演出资源，促进民间艺术团体发展

在组织千场文艺演出活动中，全市各镇街充分挖掘本土文化资源，鼓励和组织民间文艺团体参与演出活动。参与演出活动的民间文艺团体包括大朗木偶粤剧

团、精湛杂技艺术团、DD 镇朗声曲艺社、D 松柏朗业余曲艺社、ST 曲艺社、BH 娱乐社、SG 文艺队、XY 联曲艺社、HJ 粤乐社、CS 镇曲艺协会、DJ 粤剧团、LC 曲艺社、靓姨舞蹈队等。参与演出的民间文艺团体超过 100 个，涉及的演出类别包括综合艺术、戏剧、杂技、声乐、曲艺等。这些民间文艺团体演出的节目贴近市民生活，受到观众的热烈欢迎。民间文艺团体得到千场文艺演出活动经费的资助和扶持，自身管理和演出水平也得到一定提升，社会认可度越来越高，逐渐成为市民文化活动的重要力量。

4. 全市群众文化活动的组织能力和水平得到较大提升

在实施千场文艺演出活动过程中，无论是市一级的文化馆，还是各镇街文化广播中心，群众文化活动的组织能力和水平都得到一定提升。F 市文化馆的文化活动统筹、策划、安排、实施得到明显提升，组织了一批具备一定水平，又贴近市民生活的文艺节目，受到了市民的欢迎。各镇街文化广播中心的文化活动的安排、落实能力也有了一定提高，能够结合本土文化特色，演出特色文艺节目，受到本地人的欢迎。

6.2.4 项目存在问题

1. 部分镇街财政部门没有及时拨付专项补助资金，影响资金使用效率

演出资金拨付不够及时，影响了演出排练和演出进度。例如，桥×镇财政分局在 2014 年 3 月还没有将 2013 年的 30 万元千场文艺演出资金拨付给镇文化广播中心。参演的演员多数是老百姓，而非专业演员，需要较长的时间进行排练，但由于资金不能及时到位，有些排练工作无法开展。有时演员催要补贴，主办方人员不得不自掏腰包垫付款项，等资金到位后报销。

2. 部分镇街没有制定千场文艺演出活动实施方案和资金管理办法

F 市文化馆制定《百姓大舞台，文化送基层——2013 年 F 市千场文艺演出活动实施方案》，这是全市开展千场文艺演出活动的指导方案。但部分镇街没有结合本镇街的特点制定相关规定，不利于千场文艺演出的顺利有序开展，导致演出安排具有随意性。

3. 部分镇街演出时间安排过于集中，在一定程度上影响演出的质量

部分镇街演出安排不够合理，演出时间过于集中，影响演出质量。例如，大××镇全年需要演出 35 场，但 2013 年 9 月底前仅演出 2 场，占全年比例的

5.7%；12 月演出 2 场，占全年比重的 5.7%，余下的 31 场集中在 10 月和 11 月两个月完成。又如，2013 年 F 市文化馆共组织演出 80 场，但第一季度仅演出 3 场，仅占全年演出比重的 3.75%，剩余的 77 场在第二季度和第三季度完成，有时候连续 5 天在不同地方进行演出，演出过于密集，给演出组织和演员表演带来较大压力，影响演出质量。

4. 有些街镇节目内容和形式单一，节目重复率高，以及演出团体单一

F 市文化馆和大部分镇街的演出内容和形式较为丰富，每场演出都包括音乐、舞蹈、戏剧、曲艺、诗朗诵、杂技、民间艺术等，但有个别镇街的演出内容和形式较为单一，节目重复率高。例如，山×镇 2013 年共安排演出 21 场，其中 16 场都是粤剧专场，占该镇全年演出场次的比例高达 76.2%。此外，有个别镇街的演出团体比较单一。例如，××山镇演出的 35 场中，都由××山艺术团负责演出，不利于发展不同类型的艺术团体。

5. 本地特色节目受 F 市本地人欢迎，但对外来人员的吸引力不够强

大部分镇街在千场文艺演出中注重挖掘本地民间艺术团体，演出本地特色节目。例如，山×镇注重粤剧的演出；×街镇注重木偶剧的演出；×水镇注重折子戏的演出。本地特色节目受到土生土长 F 市人的欢迎，但本地特色节目多用本地语言表演，很多外来人员听不懂，对外来人员的吸引力不够强，外来人员理解不了表演的内涵。

6. 督查场次比例非常低，督查力度不够大

F 市文化馆负责对各镇街承办千场文艺演出的演出内容与演出质量进行检查，经核实相关的佐证资料，F 市文化馆只能提供其中 7 场演出的监督检查证明文件，在 2013 年的 1 000 场演出中，检查场次仅占全部演出场次的 0.7%，比重较低，督查力度不够大，无法形成有力的监督制约，导致个别镇街不重视演出质量。

7. 个别镇街在演出过程中存在着安全隐患

在千场文艺演出下基层活动中，有些场次的观众热情高涨，为了更清晰地看到演员表演，有时会拥挤到舞台周边或者爬到灯光架上，存在较大的安全隐患。F 市文化馆到石×镇督查时，发现在沙×村演出时存在着用电安全问题。××江镇文化广播中心在下×村文化广场开展演出时，同样存在着用电安全问题，演出期间断电 4 次，导致观众秩序混乱等情况。

6.2.5 改进建议

1. 提前拨付演出经费，制定资金管理办法，提高财政资金使用效率

为了解决项目资金未能及时拨付到演出单位的问题，建议：一是在上一年就做好项目的预算方案，1 月市财政拨付 20%的资金作为启动经费，以解决排练和演出费用问题。二是分四个季度拨付演出资金，即在每个季度末及时拨付演出经费，这有利于保障一年四季演出节目的顺利开展，提升演出质量。三是各镇街文化广播中心都要了解项目资金的到位情况，当资金到达镇财政之后，要及时提交资金使用申请，让镇财政尽快将资金拨付到镇文化广播中心。

F 市文化馆要制定全市层面的千场文艺演出资金管理办法，对资金支出范围与明细及其所占比重，如演员和演出团体费用、餐费、服饰费用、交通费、舞台搭建费的比重做出规定，通过对报销手续与程序做出具体规定，确保资金规范合理使用，提高资金使用绩效。

2. 各镇街都要制订千场文艺演出实施方案，不断提升千场文艺演出的实施效果

各镇街应在《F 市千场文艺演出活动实施方案》基础上，根据本镇街的实际情况，制订具有本镇街特色的演出活动实施方案。各镇街制订的千场文艺演出活动实施方案要对演出管理机构和负责人、演出内容、演出形式、演出团体和演员选择、演出排练、演出进度安排、场地布置、演出宣传等事项做出具体明确的规定，确保千场文艺演出顺利有序开展，提升千场文艺演出的效果。

3. 演出内容和形式不仅要丰富，还要有针对性，既要满足本地人需求，又要充分考虑外来人员的需求

为了吸引广大观众，千场文艺演出的内容和形式要尽可能丰富多样，每场演出都要包括音乐、舞蹈、戏剧、曲艺、诗朗诵、杂技、民间艺术等形式。可以开展粤剧、折子戏等体现本地文化特色的专场演出，但所占比重不应过高，30%左右为宜。要高度重视观众需求，针对不同类型观众，为每场演出量身打造节目。例如，在某些老年观众较多的旧村，可以重点演出本地特色节目；在人流较多的社区广场，要综合采用各种演出形式，如唱歌、舞蹈、小品、杂技等；在学校，要演出学生喜欢的歌曲、小品等；在企业厂区，年轻人比较多，要多演出轻快的舞蹈与流行歌曲。针对不同观众，有重点地选择演出内容和形式，不仅可以展现本地特色文化，满足本地人的文化需求，也能够满足外来人员的文化需求。

4. 加强与各类演出资源合作，为观众提供形式多样的演出节目

千场文艺演出活动是百姓大舞台，为了满足广大观众的多样化需求，应进一步加强与各类演出资源合作，为观众提供形式丰富的节目。首先，通过政府采购方式，吸引有资质的专业艺术团参与演出，以保障演出的质量与水平。其次，进一步鼓励本地民间文艺团体参与演出，既能够推动本地文艺团体发展，又能满足观众对传统文化的观看需求。再次，加强与 F 市本地的高等院校、中等院校艺术团体和艺术人员的合作，采用公益演出形式进行演出，这样既可以为学校里的艺术团体和艺术人员提供锻炼机会，又可以降低演出成本。最后，进一步吸引基层群众演员参与演出。基层群众演员虽不属于某个艺术团体，但具有某方面的表演能力和才华，如唱歌唱得好、能表演某种杂技等。基层群众参与演出，能够提升老百姓对千场文艺演出的关注度和参与度。

5. 加大督查力度，消除演出过程中的安全隐患

作为千场文艺演出的负责、统筹和监管机构，F 市文化馆应切实承担起监管责任，每年都要不定时地到不同片区进行监督检查，检查的场次比重不应少于演出总场次的 10%。检查内容不仅包括演出主题、内容、形式与演出质量，还要对演出的用电安全、防火安全、交通安全、演出安全等内容进行督查，消除演出中的安全隐患，为演出营造安全有序的环境。

6.3　公共文化服务部门支出绩效评价：以 S 市图书馆为例

图书馆服务是公共文化服务体系的核心内容，是 S 市推进公共文化服务体系建设，打造全国公共文化服务名城的关键环节。2012 年 S 市财政计划安排 6 610.15 万元用于 S 市图书馆运作和维护。S 市图书馆运作和维护费用产生何种绩效？存在着哪些仍需解决的问题？如何进一步提升运作和维护费用绩效？为了深入了解这些问题，本课题组对 S 市图书馆运作和维护费用项目进行绩效评价，于 2013 年 7 月至 9 月对 S 市图书馆进行了绩效评价，评价结果为 92.6 分，绩效等级为优。现将有关情况报告如下。

6.3.1 基本情况

1. 单位基本情况

S市图书馆建筑面积为44 654平方米，新馆于2002年兴建，2005年9月正式开放。截至2012年底，S市图书馆在编员工为136人，聘员为38人，拥有本科学历以上员工为132人，占总人数的75.9%；专业技术人员为124人，其中，中级职称为69人，高级职称为14人，中高级技术人员占专业技术人员比重的66.9%。S市图书馆下设办公室、业务部、辅导部、网络部、采编部、借阅部、报刊部、读者服务部、少儿馆、儿童天地、漫画馆、学习中心推进部等12个部门。该图书馆为市民、政府、企事业单位提供多种类型、多个层次的公益性公共文化服务。S市图书馆的服务设施包括中心图书馆（含1个24小时自助图书馆）、少年儿童图书馆（含1个24小时自助图书馆）、1辆图书流动车。经过多年建设，S市图书馆有社会科学类和自然科学类图书近200万册，报纸300种，期刊3 000多种，字典、年鉴和手册等工具书20 000册。电子图书150多万种，电子期刊10 000余种，论文文献2 800余万篇，视频资源6万余部，试题5万余套。S市图书馆开设特色馆中馆，包括大陆首家漫画图书馆、全国首家粤剧图书馆、衣食住行图书馆、台湾书屋、S市书屋等，图书馆实施体系化服务，“一馆办证，多馆借书，一馆借书，多馆还书”。图书馆举办多元化读者活动，包括读书节、展览、讲座、公益培训等，形成“日日有展览，周周有讲座，月月有亮点”的格局。

2. 项目基本情况

2012年图书馆运作和维护费用是S市财政局拨付给S市图书馆的财政资金，用于保障图书馆的日常运作和维护，预算为6 610.15万元，实际支出为6 572.17万元。图书馆运作和维护费用的绩效总目标是将S市图书馆建成“知识信息的集散地，市民终身教育的学校，S市地区文献的宝库、高雅的文化休闲场所”；具体目标是保障图书馆各项设备设施，包括中心图书馆、少年儿童图书馆、自助图书馆、图书馆ATM机、图书流动车、网上图书馆等正常运作，为S市广大市民、政府、企事业单位提供文献借阅、数字资源、参考咨询、社会教育、阅读推广等公共文化服务。

6.3.2 评价过程、评价方法及评价指标、评价结果

1. 评价过程

第一，前期调研阶段。

2013 年 7 月 10 日，本课题组与 S 市图书馆有关人员进行座谈，详细询问 S 市图书馆 2012 年的资金使用情况和图书馆运作情况，就评价指标体系、调查问卷设计等一系列问题征询 S 市图书馆的意见。

第二，方案制订阶段。

2013 年 7 月 12 日至 20 日，本课题组根据 S 市图书馆运作和维护费用使用特点，综合 S 市图书馆和有关专家的意见，制订并修改《2013 年 S 市图书馆运维费用专项资金使用绩效评价方案》，于 7 月 20 日将评价方案发给 F 市财政局绩效评价科，由其发文要求 S 市图书馆在 8 月 10 日前提交评价材料。

第三，初审与问卷调查阶段。

2013 年 8 月，本课题组组织专家对 S 市图书馆提交的评价材料进行初审，对在初审过程中产生的疑问及时向 S 市图书馆了解清楚，并要求对方补充有关资料。同时，征询了有关专家的意见，设计了 S 市图书馆读者满意度调查问卷，对 250 位读者进行了满意度问卷调查。于 8 月 10 日发出调查问卷，至 9 月 5 日共回收有效问卷 210 份，回收率为 84%。经统计，本次调查问卷总得分（10 分制）为 7.1 分。

第四，座谈与现场查勘阶段。

2013 年 8 月 19 日，本课题组组织专家到 S 市图书馆进行座谈，双方就 2012 年图书馆运作和维护费用绩效评价过程中存在的问题进行沟通和交流，并对图书馆运作和维护费用的具体支出情况进行核查，特别核查了总馆购书支出、提升公共文化服务水平工程——S 市学习中心、文化志愿项目扶持奖励资金、2012 年中国图书馆展览会、图书馆公共服务体系建设统筹资金五项重要支出。同时，在图书馆内进行走访，了解图书馆各项设备设施的运作情况。

第五，评价报告撰写阶段。

根据 S 市图书馆提供的评价材料、现场查勘及对 S 市图书馆读者满意度调查问卷的分析，本课题组组织专家撰写了项目绩效评价报告。

2. 评价方法及评价指标

本次评价主要采用目标比较法、问卷调查法、因素分析法三种方法。目标比较法是指通过比较财政支出产生的实际结果与预定目标，分析目标的完成情况，从而评价财政支出绩效。问卷调查法是指根据评价目标、评价内容制定调查问卷，对读者进行问卷调查，从而对图书馆的公众满意度和相关问题进行评价分析的方法。因素分析法是指分析哪些因素影响项目的实施过程和绩效目标实现，通过找出影响因素，为提高图书馆运作和维护绩效提供依据。

根据财政部、省财政厅、S 市财政局的有关规定，结合 S 市图书馆运作特点，从资金支出、资金使用过程、资金绩效三方面对 S 市图书馆进行绩效评价。

其中，资金支出包括目标设置、预算配置 2 个二级指标，目标设置包括目标合理性、指标明确性 2 个三级指标；预算配置包括在职人员控制率、三公经费变动率、重点支出安排率 3 个三级指标。资金使用过程包括预算执行、预算管理、资产管理 3 个二级指标，每项二级指标下又包括若干项三级指标。资金绩效包括职责履行、社会效益 2 个二级指标，其中，职责履行包括实际完成率、完成及时率、质量达标率、重点工作办结率 4 个三级指标；社会效益即图书馆产生的社会效益，包括总流通人次、有效借书证数、举办各类读者活动（次）、网站访问量和电子资源使用率、书刊文献外借册次、科研成果与社会影响、读者满意度等三级指标。

3. 评价结果

据上述指标，2012 年 S 市图书馆运作和维护费用项目的评价结果为 92.6 分，绩效等级为优（表 6.8）。该项目目标设置完整，资金支出合法合规，项目完成进度良好。

表 6.8　2012 年 S 市图书馆运维费用绩效评价结果

评价指标				评分内容	评分
一级指标	二级指标	三级指标			
名称	名称	名称	分值		
资金支出	目标设置	目标合理性	5	能够充分考虑图书馆的功能定位、读者需求、全市文化发展定位等因素，制定出符合图书馆战略发展的年度经费预算，图书馆绩效目标设置完善合理，具有科学性	5
		指标明确性	5	能够依据图书馆的总体绩效目标设定具体和可衡量的绩效指标，并将具体工作任务分解到各个部门	5
	预算配置	在职人员控制率	3	图书馆编制数为147人，实际在职人员为136人，在职人员控制率为93%，没有超出图书馆编制数	3
		三公经费变动率	4	三公经费变动率为0，与上一年持平	4
		重点支出安排率	3	重点支出安排率为100%，对于图书馆发展和满足读者需求的重点支出项目都能够进行安排	3
资金使用过程	预算执行	预算完成率	2	预算完成率为100%	2
		预算调整率	2	预算调整率为0	2
		支付进度率	2	图书馆预算执行具有及时性，支付进度率为100%	2
		结转结余率	2	结转结余率为0	2
		结转结余变动率	2	2012年无结转	2
		公用经费控制率	2	公用经费控制率为100%	2
		三公经费控制率	2	三公经费控制率为100%	2
		政府采购执行率	2	政府采购执行率为100%，所有年初制订的采购计划都得到执行	2
	预算管理	管理制度健全性	2	S市图书馆制定预决算管理制度、合同管理制度、项目管理制度和项目实施方案，制定内部财务管理制度、会计核算制度，资金管理制度具有健全性	2

续表

评价指标				评分内容	评分
一级指标	二级指标	三级指标			
名称	名称	名称	分值		
资金使用过程	预算管理	资金使用合规性	2	图书馆资金支出符合国家财经法规、财务管理制度及有关专项资金管理办法的要求，资金支出与预算批复（或合同规定）的用途完全相符，重大支出经过评估论证，资金拨付有完整的审批程序和手续	2
		预决算信息公开性	2	目前S市还没有统一要求实行预决算公开等相关工作，该项不扣分	2
		基础信息完善率	2	基础数据信息和会计信息资料真实客观、完整、准确	2
	资产管理	管理制度健全性	2	图书馆制定了较为完善的资产管理制度，包括《S市图书馆固定资产管理办法》《S市图书馆物资采购管理规定》《S市图书馆办公用品领用办法》《S市图书馆车辆管理办法》，但有个别规定欠合理，对损坏资产的责任追究缺乏明确的规定	1.5
		资产管理安全性	2	符合固定资产标准的资产及时入账，并按财政要求录入行政事业单位资产管理系统进行统一管理；资产报废按不同类别报财政审批后方进行报废处置；场地租赁均在财政局资产科合同备案，收益及时上缴	2
		固定资产利用率	2	固定资产利用率为100%	2
资金绩效	职责履行	实际完成率	2	实际完成率为100%，各项工作均按照工作目标责任制完成	2
		完成及时率	2	完成及时率为100%，各项工作均按照工作目标责任制及时完成	2
		质量达标率	2	质量达标率为100%，各项工作均按照工作目标责任制完成，完成质量好	2
		重点工作办结率	4	重点工作办结率为100%，图书馆年度重点工作和上级交办的工作需要按时办理完成	4
	社会效益	总流通人次	5	总流通为242.62万人次，相比2011年的240.9万人次，增加了1.72万人次，增长率仅为0.71%	4
		有效借书证数	5	2012年有效借书证数为16.98万个，新办理2.33万个，新增比重为15.9%，但仅占S市825万名常住人口的0.28%，比重还是相对偏低	4.5
		举办各类读者活动（次）	5	2012年举办讲座为117场，吸引观众为31 500人，比2011年120场减少3场，增长率为-2.5%；举办展览为71场，吸引观众为462 000人，比2011年48场增加23场，增长率为47.9%；举办培训为235场，吸引观众为13 554人，比2011年86场增加149场，增长率为173.3%	4.5
		网站访问量和电子资源使用率	5	图书馆网站访问量为131.7万次，其中，方正电子书下载量为2 078次，维普（镜像）下载文献数为199 212篇，CNKI下载文献数为624 669篇。但问卷调查显示：仅有11%的读者认为电子文献资料“非常满足”需求，认为“一般”、“满足”、“不满足”和“非常不满足”的比重达到45.8%。电子文献资源在满足读者需求上存在着一定问题，扣1分	4

续表

评价指标				评分内容	评分
一级指标	二级指标	三级指标			
名称	名称	名称	分值		
资金绩效	社会效益	书刊文献外借册次	5	2012年书刊文献外借171.43万册，比2011年的164.47万册增加了6.96万册，增长率为4.23%，作为面向825万名常住人口的市级图书馆，增长率偏低，表明图书馆宣传工作方面存在着一定欠缺	4
		科研成果与社会影响	5	获广东省哲学社会科学“十二五”规划2012年度资助项目1个，获S市2012年哲学社会科学课题立项项目3个。出版专业著作6部，公开发表专业学术论文36篇，其中发表在核心期刊上的有14篇	5
		读者满意度	10	从图书馆的书刊文献资料能否满足读者需求（6.86分），电子文献资料能否满足读者需求（5.43分），查找文献资料是否便利（6.57分），借还书刊文献是否便利（7.33分），图书馆工作人员的服务态度（8.14分），图书馆开设的培训讲座、展览、英语角等读者活动（6.19分），自助图书馆和图书馆ATM上的图书是否满足读者需求（4.52分），馆内秩序和管理水平（8.24分），图书馆的整体装饰、灯光、色彩、氛围（8.57分），对图书馆的总体印象（9.14分）10个方面进行满意度调查	7.1
合计					92.6

6.3.3 部门支出成效

图书馆资源要运转起来才能够发挥效果，而不是让图书文献资料静静躺在图书馆里。S市图书馆通过多种途径和方式让图书资源充分运转起来，从“以书为中心”转向“以人为中心”，从重“藏”转向重“用”，取得较大成效。在全国地级城市中，S市图书馆是“开放时间最长，读者人数最多”的图书馆。2012年，S市图书馆在运作过程中取得如下四方面的成绩。

1. 明确S市图书馆定位，确立图书馆战略目标和途径

图书馆定位对于图书馆发挥作用至关重要，S市图书馆突破原来图书馆只是图书借阅的单一定位，确定图书馆的综合性定位。这不仅是图书馆的定位，亦是图书馆的绩效总目标。这一定位充分发挥S市图书馆作为公共图书馆的各项重要功能。

根据上述定位，S市图书馆制定总体战略目标，即“适应S市城市转型和市民素质提升的需求，为S市公共文化服务名城建设助力、领跑，实现国内一流、国际知名的现代化城市中心图书馆”。为了达到该战略目标，S市图书馆在实现途径上注重体系建设，通过“五大体系建设”来充分发挥图书馆的功能：①更加便捷、富含人性关怀的多类型读者服务体系；②资源丰富、时尚新颖的全媒体现

代信息技术支撑体系；③高效协调、可持续发展的城市图书馆集群体系；④无时不在、无处不在的现代市民终身学习体系；⑤以人为本、追求卓越的现代图书管理体系。由于在图书馆目标、体系建设和功能发挥方面的卓越绩效，S 市图书馆获得 2012 年 S 市政府质量奖。

2. 图书馆日常管理与运作平稳有序，为读者营造良好的借书、阅读条件和环境，满足读者的借书和阅读需求

2012 年 S 市图书馆的日常管理正常有序，馆内环境良好，吸引大量读者前来借书和阅读。据统计，2012 年，从周一至周五，每天来馆读者人数都有 4 千人左右，周六周日每天都接近 1 万人，图书馆总流通人次为 242.62 万人。图书馆有效借书证数为 16.98 万个，书刊文献外借图书为 171.43 万册。总馆自助图书馆 2012 年接待人次为 5.5 万多人次，借还图书总数为 5 万多册。少年儿童图书馆、自助图书馆接待人次为 2 万人次，外借图书为 1.6 万余册。

S 市图书馆积极开展流动书车服务，为无法到馆的读者送去图书资料。2012 年流动书车传送图书 7.9 万余册，图书外借 3.7 万余册，办理、续证 400 余张，送出“网上预约、电话预约”图书 282 册；新增固定服务站 11 个，更新流动服务站 7 个；开展常规流动服务 500 余次，配合分馆参加各种阅读活动 20 余次。

3. 积极开展各种读者活动，为读者提供丰富多彩的文化盛宴

2012 年，S 市图书馆积极开展展览、讲座、公益培训、读书节等活动，为读者提供丰富多彩的文化盛宴，享受知识带来的乐趣。2012 年，S 市图书馆共举办讲座 117 场，观众人数为 31 500 人；举办展览 71 场，吸引观众为 462 000 人；举办培训 235 场，吸引观众为 13 554 人（表 6.9）。同时，成功举办 2012 年中国图书馆年会暨中国图书馆展览会，共吸引业内人士、专家、学者 3 000 人参加，普通市民近 10 万人入场参观，展览会展出总面积为 2 万平方米，144 家企业应邀参展，收到各新闻媒体刊播稿件 400 多篇。此外，积极做好 2012 年 S 市第八届读书节工作。读书节期间，推出新书阅读推荐书目 180 种、优秀青少年读物推荐书目 60 种、优秀音像制品推荐目录 30 种，共计举办各类读书活动 465 项，其中市属重点活动 22 项，镇街活动 443 项，参与群众 360 余万人次，圆满完成各项目标任务。

表 6.9　2012 年 S 市图书馆举办讲座、展览、培训情况

活动类型	内容	时间	举办场次	合计场次	参与人次	合计人次
讲座	市民学堂	2012.01~2012.12	64	117	22 500	31 500
	市民空间	2012.01~2012.12	47		8 000	

续表

活动类型	内容	时间	举办场次	合计场次	参与人次	合计人次
讲座	漫画的创作与欣赏（漫画馆）	2012.7.29	1	117	300	31 500
	动漫珍藏品收藏分享（漫画馆）	2012.7.30	1		400	
	少年儿童图书馆英语讲座	2012.01~2012.12	4		300	
展览	大堂展览、四楼展览	2012.01~2012.12	34	71	407 000	462 000
	读书节镇街巡展	2012.01~2012.12	30		15 000	
	少年儿童图书馆展览	2012.01~2012.12	7		40 000	
培训	学习中心公益课堂	2012.01~2012.12	27	235	620	13 554
	少儿培训（礼仪培训、小馆员培训、智慧巧巧手、音乐故事会、动漫学坊）	2012.01~2012.12	129		6 334	
	股票知识培训班	2012.01~2012.06	24		500	
	英语角	2012.01~2012.12	48		5 000	
	道德讲堂	2012.01~2012.12	3		800	
	少年儿童图书馆培训	2012.01~2012.12	4		300	

4. 图书馆电子资源建设稳步发展

中国互联网快速发展，上网成为绝大多数市民生活中不可或缺的内容。F 市图书馆紧跟时代发展步伐，积极稳步推进图书馆电子资源建设，为市民网上阅读和学习提供平台。2012 年，S 市图书馆已有电子图书 150 余万种，电子期刊10 000余种，论文文献2 800余万篇，视频资源6万余部，试题5万余套等资源。图书馆网站访问量 131.7 万次，图书馆电子资源的吸引率和利用率逐步提升。2012年，特别加强S市学习中心平台建设，先后改版图书、视频、社区模块，完善活动、投票、积分、学习小组等功能，开发专题和机构学习中心功能等，推出手机用户使用的“掌上课堂”并进行资源建设和服务推广。S 市学习中心平台全年页面访问量超过 22 万次，用户访问量超过 7 万个，上传视频课件达 8 000 余集，举办视频展播活动 160 场，3 180 余人参加，开展学习班 15 期，220 人次参加学习。

6.3.4 存在问题

1. 图书馆在把握和满足读者需求上仍存在着一定差距

读者是图书馆的生命线，没有读者，图书馆就失去存在的意义。让读者进入图书馆，关键在于提供能够满足读者需求的文献资料，在互联网迅速发展，读者越来越依赖网络而图书馆日趋减少的背景下，如何吸引读者重新走进图书馆，是一个值得研究的课题。检查发现，S 市图书馆在把握和满足读者需求上存在一定问题，主要表现在两个方面：一是藏书结构存在一定缺陷，不能很好地满足读者阅读图书需求。部分读者反映 S 市图书馆里无法找到想要的书籍，如《投资价值理论》《交易心理分析》《魏斯曼演讲圣经》等，儿童文学读物也存在馆藏量较少等情况。问卷调查显示：15.7%的读者认为馆内书刊文献资料“非常满足”需求，52.9%的读者认为“满足”需求，29%的读者认为“一般”满足需求，表明 S 市图书馆的藏书总体上满足读者需求，但还存在不足的地方。二是读者阅读服务需求欠缺。例如，在镇街的读者想办理总馆的借书证，但总馆不提供邮寄借书证的服务；网上图书馆有时候续借不了书籍，电话服务热线经常没人接听等情况。在经济社会快速发展背景下，读者需求日趋多元化和复杂性，图书馆应切实做到以读者为中心，在把握和满足读者需求上多做工作，更好地满足读者阅读需求。

2. 新书采购在某一时段上出现空缺

各类新书层出不穷，具有不间断性，图书馆在采购新书上亦应具有连续性。但是，在图书采购方面，由于从年初预算下达到图书招投标完成需要 2~3 个月时间，在此期间，图书采购工作无法开展，导致新书出现空白期，在书籍的更新方面存在一定问题。

3. 图书馆资金支出结构安排欠合理

2012 年，S 市政府交办的 S 市学习中心、公共电子阅览室管理中心建设、图书馆年会三个项目支出占总支出的 19.54%。余下的部分主要用于员工工资（占 33.5%）、购书费用（占 12.2%）、物业管理费（占 6.13%）、水电费（占 6.98%）等方面的支出，而安排用于图书馆业务发展的资金欠合理。例如，图书馆工作人员的科研积极性较高，取得了一定的科研成果，对于图书馆的服务创新起到推动作用，但 2012 年 S 市图书馆只有科研资金 5 万元，仅占总支出的 0.076%。社会阅读推广和宣传费用 27 万元，仅占总支出的 0.41%，该项经费难以满足图书馆宣传需要，不利于对图书馆资源进行有力度的宣传，吸引广大读者进入图书馆。因此在资金总量不变情况下，可考虑优化支出结构。

4. 图书 ATM 机和自助图书馆的利用率有待进一步提高

S 市图书馆现有 5 台图书 ATM 机，其中 2 台放置在图书馆南门，其余 3 台分别存放在人民医院、SH 华医院、科技馆，但 5 台图书 ATM 机及其图书调配室藏书总量大概为 8 000 册，藏书量偏少，而 2012 年图书 ATM 机的运作和维护费用达到40万元，平均每台8万元。总馆自助图书馆收藏社会科学、自然科学等知识门类的图书为 1 万多册，主要以文学、历史、哲学、生活类热门图书为主，2012年接待人次为5.5万多人次，借还图书总数为5万余册，平均每天接待150人次，每天借还图书达到 136 部。少儿馆自助图书馆图书为 1.5 万册，2012 年全年接待读者为 2 万人次，外借图书为 1.6 万余册，平均每天接待 55 人次，每天借还图书 43 册。调查显示：有 62.4%的被调查者从未在 S 市图书馆的自助图书馆和图书 ATM 机上借阅过图书，31.4%的被调查者偶尔借阅，仅有 6.2%的被调查者经常借阅。在自助图书馆和图书 ATM 机上的图书能否满足阅读需求上，仅有 5.7%的被调查者认为“非常满足”。这表明，图书 ATM 机和自助图书馆在满足读者需求上存在着较大的欠缺，支出高，利用率偏低。

5. 图书馆电子资源建设还需要进一步加强

2012年S市图书馆电子资源，包括S市学习中心和公共电子阅览室建设已经取得较大进展，市民有了网上阅读和学习的平台。但是，在S市学习中心和公共电子阅览室的维护、利用和改进上还存在着一些亟待解决的问题。检查发现，读者反映部分电子书籍的网络连接经常更改，效果较差；在S市学习中心的视频经常观看不了，视频分类比较粗糙，播放速度很慢；图书馆电子数字资源的网页经常打不开。问卷调查显示：仅有 11%的被调查者认为电子文献资料能够“非常满足”需求，表明S市图书馆的电子文献资料在满足读者需求上存在着较大问题。

6.3.5 改进建议

1. 强化读者需求意识，完善藏书结构，提升服务水平

读者需求是图书馆开展工作的出发点和落脚点，因此，图书馆工作必须强调读者需求意识。重视读者需求的一个重要做法是开展读者需求调研，调研是一项系统、科学、严谨的工作，在调查问卷的设计、样本抽取、数据分析上要严格遵循操作流程。为获得准确客观的调研结论，通过借助“外脑”，将调研任务交给第三方。在科学调研基础上，S 市图书馆应侧重两个方面的改进：一方面，完善藏书结构，更好地满足读者阅读需求。在经济社会快速发展背景下，读者需求日趋多元化、复杂性和个性化，图书馆在藏书结构上应进行改进。例如，经典图书和流行图书要有合适比重，专业考试和专业图书比重要恰当，中文图书与外文图书同样要有合适比重。同时，读者可以通过打电话、网站留言、服务台填写等方式向图书馆提出购书要求，图书馆应及时做出回应，以满足读者的个性化阅

读需求。另一方面，提升服务水平，满足读者阅读服务需求。过去，读者去图书馆的主要目的是借还图书和查阅资料，但目前，读者去图书馆的目的已经发生很大改变，调查显示：55.2%的读者去图书馆的目的是“休闲阅读，放松身心”，这是读者去图书馆的首要目的。这种转变对图书馆的服务水平提出更高要求。图书馆不仅要及时回应读者提出的各种需求，为读者提供个性化和贴心的服务，在图书馆整体装饰、座位、灯光、色彩、氛围、温度、饮水设备、卫生间等方面也要设计合理，做好日常维护，为读者提供舒心愉快的阅读和放松心灵的空间。

2. 调整图书馆资金使用结构

为了充分提高图书馆经费使用绩效，S 市图书馆应在经费总量不变情况下，调整经费使用结构，使得各项经费优化配置，更好发挥图书馆的功能。一方面，在满足读者阅读需求上适当增加资金，如增加网络阅读、新知识阅读方面的支出；在满足特殊读者的特殊需求上增加资金，如残障人员的阅读需求；在满足 S 市特殊工业技术需求，以及满足 S 市经济结构转型需求上适当增加资金，购买相应的文献资料。另一方面，在图书馆业务发展上适当增加资金。根据图书馆特点创新宣传方式，提高宣传费用使用效果。

3. 创新图书采购方式，为读者提供优质高效的图书服务

创新图书采购方式主要从三个方面入手。首先，为了避免新书采购在某一时段上出现空缺，可以提早进行中文图书的公开招标工作，招标时间提早到上一年的12月，转年1月即可完成图书招标工作，等预算批复一下来，就马上进行图书的采购工作。同时，图书招标的有效期可以延长至 2~3 年，保证图书采购工作在 2~3 年的连续性和稳定性，避免一年一招标带来烦琐工作和采购图书的中断。其次，作为公共图书馆，应实行开门办馆，在每年采购书籍的时候，都安排一定比重的书籍种类通过问卷调查等形式由读者来选择，图书馆进行采购，这样采购的图书在满足读者需求上具有很强的针对性。最后，应用图书采购系统采购图书。目前，出版社非常多，每年出版的图书亦非常多，图书良莠不齐，利用图书采购系统可以避免采购雷同的、质量低下的图书，又可以发现新出版的各种图书，及时进行采购。

4. 强化自助图书馆、图书馆 ATM 机管理，提高利用水平

自助图书馆和图书馆 ATM 机是图书馆服务自动化和电子化的组成部分，为读者提供全天候便捷图书服务。自助图书馆和图书馆 ATM 机建成后，要充分发

挥作用，关键在于日常管理和维护。首先，自助图书馆和图书馆 ATM 机应配有专门书库，书库藏书量应该大些，10 万册左右比较恰当。同时，藏书结构要多元化，尽量满足各类读者的需求。根据自助图书馆和图书馆 ATM 机的不同摆放地方，摆放的图书要有所侧重以满足特定需求。同时，自助图书馆和图书馆ATM机的图书更新速度要快，一周应更新2次，每次更新30%的图书。其次，要配有专门人员对自助图书馆和图书馆 ATM 机进行管理，及时解决读者在使用过程中出现的机器故障、借书故障等问题。为了降低成本，可以招募志愿者，指导读者使用自助图书馆和图书馆 ATM 机，及时解决使用中出现的各种问题。最后，扩展自助图书馆和图书馆 ATM 机的功能。例如，在自助图书馆和图书馆ATM 机进行图书查阅和预约，图书馆在限定时间内将图书放到读者指定的自助图书馆和图书馆 ATM 机，供读者借阅。

5. 加强图书馆电子资源管理，提高利用率

随着网络发展和普及，网络已经成为市民阅读和学习的重要途径。S 市图书馆要加强图书馆电子资源管理，不断提高电子资源利用率。首先，进一步加强电子资源建设，丰富电子资源馆藏。在现有电子资源建设基础上，根据S市市民的需要购买电子资源数据库、电子图书、标准数据库、专利数据库等，不断增加视频、音乐等资源，形成完善的视频和音乐资源体系；加强动漫资料库、城市务工学堂及其他特色电子资源建设，形成具有S市特色的电子资源体系。其次，图书馆在加大电子资源建设的同时，要适当加大网络、硬件及储存设备的更新，使电子资源数据库的发展与硬件配置相匹配，创造良好硬件条件确保图书馆网络畅通无阻。再次，图书馆应该利用各种渠道和方法加强对电子资源的宣传。可以在图书馆网页的显眼位置进行宣传，在图书馆内读者最易看到的地方摆放宣传资料，同时，可以利用公交车站台或其他户外媒介，通过公益广告的方式进行宣传。最后，加强电子资源的日常管理和维护。图书馆电子资源运行于开放的互联网中，存在各种安全隐患，如病毒侵扰、网络瘫痪等。因此，要建立完善的电子资源的日常管理和维护制度，及时解决读者使用过程中出现的各种问题。

参 考 文 献

安徽省财政科学研究所. 2002. 财政支出效益评价——财政支出效益评价指标体系探讨[M]. 北京：中国财政经济出版社.

安体富，任强. 2007. 公共服务均等化：理论、问题与对策[J]. 财贸经济，（8）：48-53，129.

奥斯本 D，盖布勒 T. 1996. 改革政府：企业家精神如何改革着公共部门[M]. 周敦仁，等译. 上海：上海译文出版社.

奥斯本 D，普拉斯特里克 P. 2002. 摒弃官僚制：政府再造的五项战略[M]. 谭功荣，刘霞译. 北京：中国人民大学出版社.

奥斯维特 W. 1999. 哈贝马斯[M]. 沈亚生译. 哈尔滨：黑龙江人民出版社.

巴尔 R. 2000. 发展中国家和转轨国家政府间转移支付的理论与实践[C]//杨灿明. 政府间财政转移支付制度研究文集. 北京：经济科学出版社.

鲍德威 R W，威迪逊 D E. 2000. 公共部门经济学[M]. 2 版. 邓力平译. 北京：中国人民大学出版社.

鲍尔斯 S. 2006. 微观经济学：行为，制度和演化[M]. 江艇，洪福海，周业安，等译. 北京：中国人民大学出版社.

边继云. 2009. 河北省城乡公共文化均等化存在问题及产生原因[J]. 河北师范学院学报（社会科学版），8（4）：58-61.

布迪厄 P. 1997. 文化资本与社会炼金术——布尔迪厄访谈录[M]. 包亚明译. 上海：上海人民出版社.

布坎南 J M，马斯格雷夫 R A. 2000. 公共财政与公共选择：两种截然对立的国家观[M]. 类承曜译. 北京：中国财政经济出版社.

布朗 C V，杰克逊 P M. 2000. 公共部门经济学[M]. 4 版. 张馨主译. 北京：中国人民大学出版社.

财政部办公厅. 2001. 财政支出结构优化与支出效率[M]. 北京：经济科学出版社.

财政部财政科学研究所《绩效预算》课题组. 2004. 美国政府绩效评价体系[M]. 北京：经济管理出版社.

《财政收入占国民收入比重研究》课题组. 1998. 中国市场经济下财政必要规模的研究[M]. 北京：中国财政经济出版社.
蔡旺春. 2010. 文化与经济增长文献述评[J]. 科学・经济・社会，28（2）：173-177.
蔡正平，李春火. 2011. 大力促进农村与城市之间基本公共文化服务均等化[J]. 湖南行政学院学报，（4）：18-20.
曹俊文，罗良清. 2006. 转移支付的财政均等化效果实证分析[J]. 统计研究，（1）：43-45.
曹志来. 2006. 发展农村公共文化事业应以政府为主导[J]. 东北财经大学学报，（5）：58-60.
陈峰君. 1999. 再论东亚模式[J]. 太平洋学报，（4）：43-51.
陈共. 2004. 财政学[M]. 北京：中国人民大学出版社.
陈共德. 2009. 公共文化服务与公共财政研究[J]. 中国文化产业评论，9（1）：250-269.
陈国民. 2010. 学校文化资本的前沿理论探讨——定义、概念框架与研究边界[J]. 现代教育论丛，（5）：5-10.
陈纪瑜. 1998. 国家预算理论与管理[M]. 成都：西南财经大学出版社.
陈立旭. 2011. 推动基本公共文化服务均等化[J]. 浙江社会科学，（12）：4-7.
陈露. 2013. 我国公共数字文化服务体系研究[D]. 南京大学硕士学位论文.
陈诗一，张军. 2008. 中国地方政府财政支出效率研究：1978-2005[J]. 中国社会科学，（4）：65-78，206.
陈颂东. 2004. 财政支出结构的国际比较与我国财政支出结构优化[J]. 改革，（1）：54-59.
陈威. 2006. 公共文化服务体系研究[M]. 深圳：深圳报业集团出版社.
陈文学. 2002. 财政支出效益评价——对构建财政支出效益后评价体系的思考[M]. 北京：中国财政经济出版社.
陈秀山，徐瑛. 2004. 我国地区差距的基本特征与完善转移支付制度[J]. 经济学动态，（11）：30-34.
陈治国. 2011. 布尔迪厄文化资本理论研究[D]. 首都师范大学博士学位论文.
程振源. 2009. 计量经济学：理论与实验[M]. 上海：上海财经大学出版社.
丹尼斯 M. 2002. 公共选择理论[M]. 杨春学译. 北京：中国社会科学出版社.
迪帕克，黄佩华. 2003. 中国：国家发展与地方财政[M]. 吴素萍，王桂娟，等译. 北京：中信出版社.
段永瑞. 2006. 数据包络分析——理论和应用[M]. 上海：上海科普出版社.
范里安 H R. 2004. 微观经济学：现代观点[M]. 费方域译. 上海：上海人民出版社.
范前进，孙培源，唐元虎. 2004. 公共基础设施投资对区域经济影响的一般均衡分析[J]. 世界经济，（5）：58-62.
费孝通. 1946. 内地农村[M]. 上海：生活书店.
费雪 R C. 2000. 州和地方财政学[M]. 2 版. 吴俊培译. 北京：中国人民大学出版社.
冯海波. 2009. 计划型税收收入增长机制的形成机理及其影响[J]. 税务研究，（10）：28-31.

冯海波，陈旭佳. 2009. 公共医疗卫生支出财政均等化水平的实证考察——以广东省为样本的双变量泰尔指数分析[J]. 财贸经济，（11）：49-53.

付文林，沈坤荣. 2006. 中国公共支出的规模与结构及其增长效应[J]. 经济科学，（1）：20-29.

傅才武. 2010. 国家公共文化服务体系建设的价值评估及政策定位[J]. 江汉大学学报（人文科学版），29（6）：17-22.

傅勇. 2007. 中国式分权、地方财政模式与公共物品供给：理论与实证研究[D]. 复旦大学博士学位论文.

傅勇，张晏. 2007. 中国式分权与财政支出结构偏向：为增长而竞争的代价[J]. 管理世界，（3）：4-12，22.

高波. 2007. 中国经济增长：一个文化变迁的分析框架[J]. 南京社会科学，（7）：17-25.

高波，张志鹏. 2004. 文化资本：经济增长源泉的一种解释[J]. 南京大学学报（哲学·人文科学·社会科学），（5）：102-112.

高培勇，崔军. 2001. 公共部门经济学[M]. 3 版. 北京：中国人民大学出版社.

高铁梅. 2006. 计量经济分析方法与建模：EViews 应用及实例[M]. 北京：清华大学出版社.

格罗斯曼 G M，赫尔普曼 E. 2003. 全球经济中的创新与增长[M]. 何帆，牛勇平，唐迪译. 北京：中国人民大学出版社.

葛乃旭. 2005. 重建我国政府间转移支付制度的构想[J]. 财贸经济，（1）：61-67.

郭庆旺，贾俊雪. 2006. 政府公共资本投资的长期经济增长效应[J]. 经济研究，（7）：29-40.

郭庆旺，贾俊雪. 2009. 公共教育政策、经济增长与人力资本溢价[J]. 经济研究，44（10）：22-35.

郭庆旺，吕冰洋，张德. 2003. 财政支出结构与经济增长[J]. 经济理论与经济管理，（11）：5-12.

郭小东，黄志. 2001. 公共财政效率与产权经济学[J]. 财贸经济，（10）：37-40.

海曼 D N. 2001. 公共财政：现代理论在政策中的应用[M]. 6 版. 章彤译. 北京：中国财政经济出版社.

韩华为，苗艳青. 2010. 地方政府卫生支出效率核算及影响因素实证研究——以中国 31 个省份面板数据为依据的 DEA-Tobit 分析[J]. 财经研究，36（5）：4-15，39.

何显明. 2004. 市管县体制绩效及其变革路径选择的制度分析——兼论“复合行政”概念[J]. 中国行政管理，（7）：70-74.

何晓星. 2003. 论中国地方政府主导型市场经济[J]. 社会科学研究，（5）：27-31.

亨廷顿 S P. 1999. 文明的冲突与世界秩序的重建[M]. 周琪，刘绯，张立平，等译. 北京：新华出版社.

胡惠林，李康化. 2003. 文化经济学[M]. 上海：上海文艺出版社.

胡税根，宋先龙. 2011. 我国西部地区基本公共文化服务均等化问题研究[J]. 天津行政学院学报，13（1）：62-67.
黄敬宝. 2005. 我国转移支付的效率问题[J]. 中央财经大学学报，（5）：6-9.
黄琨. 2011. 财政分权、政府行为和公共卫生支出关系研究[D]. 复旦大学硕士学位论文.
黄明. 2001. 政府预算行为效率[M]. 北京：经济科学出版社.
黄肖广. 2005. 1953-1998 我国政府间转移支付的统计分析[J]. 数理统计与管理，（2）：66-72.
黄有光. 2003. 效率、公平与公共政策：扩大公共支出势在必行[M]. 北京：社会科学文献出版社.
霍克海默 M，阿尔多诺 T W. 1990. 启蒙辩证法（哲学片断）[M]. 洪佩郁，蔺月峰译. 重庆：重庆出版社.
贾俊雪，郭庆旺，刘晓路. 2006. 资本性支出分权、公共资本投资构成与经济增长[J]. 经济研究，（12）：47-58.
贾康，白景明. 2002. 县乡财政解困与财政体制创新[J]. 经济研究，（2）：3-9.
江光华. 2011. 公共文化服务财政支出机制初探[J]. 科技智囊，（1）：58-65.
蒋名未. 2010. 中国公共文化服务绩效评估研究[D]. 中国社会科学院硕士学位论文.
金相郁. 2004. 文化与经济的关系：第三种解释[J]. 经济学动态，（3）：13-18.
金相郁，段浩. 2007. 人力资本与中国区域经济发展的关系——面板数据分析[J]. 上海经济研究，（10）：22-30.
金相郁，武鹏. 2009. 文化资本与区域经济发展的关系研究[J]. 统计研究，26（2）：28-34.
孔进. 2010. 公共文化服务供给：政府的作用[D]. 山东大学博士学位论文.
孔祥利. 2004. 政府公共支出最优规模的理论与实证研究评述[J]. 社会科学评论，（1）：118-123.
寇铁军. 1996. 中央与地方财政关系研究[M]. 大连：东北财经大学出版社.
雷良海. 1997. 财政支出增长与控制研究[M]. 上海：上海财经大学出版社.
雷万鹏，钱佳. 2015. 财政分权背景下地方政府教育支出行为研究[J]. 华中师范大学学报（人文社会科学版），54（2）：148-157.
李达昌，刘溶沧，王宁. 1998. 财政管理学[M]. 北京：经济管理出版社.
李佳. 2009. 我国城乡公共文化供给协调发展问题研究[D]. 首都经济贸易大学硕士学位论文.
李景源，陈威. 2007. 中国公共文化服务发展报告（2007）[M]. 北京：社会科学文献出版社.
李景源，陈威. 2009. 中国公共文化服务发展报告（2009）[M]. 北京：社会科学文献出版社.
李俊霖. 2007. 宏观税负、财政支出与经济增长[J]. 经济科学，（4）：5-14.
李俊生. 1994. 财政效率论[M]. 大连：东北财经大学出版社.
李沛新. 2006. 文化资本论——关于文化资本运营的理论与实务研究[D]. 中央民族大学博士学位论文.
李齐云. 2003. 分级财政体制研究[M]. 北京：经济科学出版社.
李晓嘉，刘鹏. 2009. 财政支出视角下的基础教育服务均等化研究[J]. 财经科学，（11）：110-116.

李燕凌. 2007. 农村公共产品供给效率论[M]. 北京：中国社会科学出版社.
梁文艳，杜育红. 2009. 基于 DEA-Tobit 模型的中国西部农村小学效率研究[J]. 北京大学教育评论，（4）：22-34.
廖楚晖. 2004. 政府教育支出区域间不平衡的动态分析[J]. 经济研究，（6）：41-49.
廖家勤. 2009. 地方公共支出效率决定机制分析[M]. 广州：暨南大学出版社.
林万龙. 2005. 经济发展水平制约下的城乡公共产品统筹供给：理论分析及其现实含义[J]. 中国农村观察，（2）：31-37，81.
林毅夫，刘志强. 2000. 中国的财政分权与经济增长[J]. 北京大学学报（哲学社会科学版），（4）：5-17.
凌岚. 2001. 政府间财政关系：理论发展与政策展望[J]. 财政研究，（2）：20-25.
刘红梅. 2009. 地方财政支出效率研究[D]. 山东大学硕士学位论文.
刘金涛. 2007. 财政分权与中国经济增长关系研究[D]. 大连理工大学博士学位论文.
刘穷志. 2009. 经济增长与社会公平财政激励的理论模型及实证研究[M]. 武汉：武汉大学出版社.
刘溶沧，焦国华. 2002. 地区间财政能力差异与转移支付制度创新[J]. 财贸经济，（6）：5-12.
刘溶沧，赵志耘. 2001. 中国财政理论前沿Ⅱ[M]. 北京：社会科学文献出版社.
刘亚平. 2006. 对地方政府间竞争的理念反思[J]. 人文杂志，（2）：78-83.
刘彦武. 2009. 新中国 60 年社会主义文化政策的探索发展[J]. 毛泽东思想研究，26（4）：102-106.
刘洋. 2009. 我国政府支出适度规模估计及最优动态路径研究[J]. 管理学报，6（12）：1653-1656.
刘易斯 W A. 1999. 经济增长理论[M]. 周师铭，沈丙杰，沈伯根译. 上海：上海人民出版社.
娄峥嵘. 2008. 我国公共服务财政支出效率研究[D]. 中国矿业大学博士学位论文.
卢洪友. 1999. 政府职能与财政体制研究[M]. 北京：中国财政经济出版社.
鹿瞳. 2009. 基于 DEA-Tobit 两步法的公共图书馆效率评价与分析[D]. 辽宁师范大学硕士学位论文.
罗浩. 2009. 文化与经济增长：一个初步分析框架[J]. 经济评论，（2）：113-121.
罗明华. 2008. 构建民族地区公共文化服务财政保障机制[J]. 云南社会科学，（6）：25-29.
罗森 H S. 2000. 财政学[M]. 4 版. 平新乔，董勤发，杨月芳，等译. 北京：中国人民大学出版社.
罗森 H S，盖亚 T. 2003. 财政学[M]. 郭庆旺，赵志耕译. 北京：中国人民大学出版社.
罗斯托 W W. 1962. 经济成长的阶段——非共产党宣言[M]. 国际关系研究所编译室译. 北京：商务印书馆.
罗争玉. 2006. 文化事业的改革与发展[M]. 北京：人民出版社.
吕庆华. 2006. 文化资源的产业开发的文化资本理论基础[J]. 生产力研究，（9）：183-185.
马国贤. 2007. 基本公共服务均等化的公共财政政策研究[J]. 财政研究，（10）：74-77.

马海涛，程岚. 2009. 完善财政政策促进公共文化服务体系建设[J]. 中国财政，（23）：41-43.
马洪范，王瑞涵. 2010. 完善农村公共文化服务体系建设的财政研究[J]. 中国财政，（11）：54-55.
马拴友. 2000. 政府规模与经济增长：兼论中国财政的最优规模[J]. 世界经济，（11）：59-64.
穆斯格雷夫 R A，穆斯格雷夫 P B. 1987. 美国财政理论与实践[M]. 邓子基，邓力平译. 北京：中国财政经济出版社.
马雁军. 2006. 政府绩效定量评估体系研究[D]. 天津大学博士学位论文.
毛少莹. 2007. 发达国家的公共文化管理与服务[J]. 特区实践与理论，（2）：50-51，68.
毛少莹. 2008. 公共文化政策的理论与实践[M]. 深圳：海天出版社.
诺思 D C. 1994. 经济史中的结构与变迁[M]. 陈郁，罗华平，等译. 上海：上海三联书店，上海人民出版社.
欧林宏. 2008. 财政效率及我国财政体制改革问题研究[J]. 经济学动态，（11）：66-69.
潘省初，周凌瑶. 2005. 计量经济分析软件——EViews、SAS 简明上机指南[M]. 北京：中国人民大学出版社.
庞凤喜，潘孝珍. 2012. 财政分权与地方政府社会保障支出——基于省级面板数据的分析[J]. 财贸经济，（2）：29-35.
平新乔，白洁. 2006. 中国财政分权与地方公共品的供给[J]. 财贸经济，（2）：49-55，97.
普拉丹 S. 2000. 公共支出分析的基本方法[M]. 蒋洪，魏陆，赵海莉译. 北京：中国财政经济出版社.
钱颖一. 2005. 避免坏的市场经济 走向好的市场经济[J]. 协商论坛，（1）：53-55.
乔宝云，范剑勇，冯兴元. 2005. 中国的财政分权与小学义务教育[J]. 中国社会科学，（6）：37-46，206.
青木昌彦，奥野正宽，冈崎哲二. 2002. 市场的作用国家的作用[M]. 林家彬，等译. 北京：中国发展出版社.
邱彬. 2001. 政府资本性支出效率研究[D]. 中南政法大学博士学位论文.
瑞宾 J，林奇 T D. 1990. 国家预算与财政管理[M]. 丁学东，吴俊培，等译. 北京：中国财政经济出版社.
上海财经大学课题组. 2006. 公共支出评价[M]. 北京：经济科学出版社.
申书海. 2002. 财政支出效益评价[M]. 北京：中国财政经济出版社.
沈淑霞. 2007. 我国财政农业支持及其效率研究[M]. 北京：中国农业出版社.
盛昭翰，朱乔，吴广谋. 1996. DEA 理论、方法与应用[M]. 北京：科学出版社.
石淦. 2011. 政府生产性支出与经济增长——内生劳动供给视角的理论分析与经验证据[D]. 重庆大学硕士学位论文.
史卓顿 H，奥查德 L. 2000. 公共物品、公共企业和公共选择——对政府功能的批评与反批评的理论纷争[M]. 费昭辉，徐济旺，易定红译. 北京：经济科学出版社.

思罗斯比 D. 2004. 什么是文化资本？[J]. 潘飞译. 马克思主义与现实（双月刊），（1）：50-55.

思罗斯比 D. 2011. 经济学与文化[M]. 王志标，张峥嵘译. 北京：中国人民大学出版社.

斯蒂格利茨 J E. 2005. 公共部门经济学[M]. 3 版. 郭庆旺，杨志勇，刘晓璐，等译. 北京：中国人民大学出版社.

斯密 A. 1981. 国民财富的性质和原因的研究[M]. 郭大力，王亚南译. 北京：商务印书馆.

宋丙涛. 2007. 财政制度变迁与现代经济发展——英国之谜的财政效率解释[D]. 河南大学博士学位论文.

宋立，刘树杰. 2005. 各级政府公共服务事权财权配置[M]. 北京：中国计划出版社.

宋志华. 2009. 中国政府卫生支出的规模、结构与绩效研究[D]. 东北大学博士学位论文.

苏明. 1999. 财政支出政策研究[M]. 北京：中国财政经济出版社.

速水佑次郎，拉坦 V. 2000. 农业发展的国际分析[M]. 郭熙保，张进铭，等译. 北京：中国社会科学出版社.

孙长清，赵桂芝，陈菁泉，等. 2004. 长期经济增长与中国财政支出结构优化研究[J]. 财经问题研究，（12）：62-67.

孙开. 1994. 政府间财政关系研究[M]. 大连：东北财经大学出版社.

孙开，彭健. 2004. 财政管理体制创新研究[M]. 北京：中国社会科学出版社.

孙琳，潘春阳. 2009. "利维坦假说"、财政分权和地方政府规模膨胀——来自 1998-2006 年的省级证据[J]. 财经论丛，（2）：15-22.

孙群力. 2006. 财政分权与政府规模：中国的经验分析[J]. 统计与决策，（12）：96-98.

孙维. 2010. 中国区域文化资本的测度[D]. 华南理工大学硕士学位论文.

泰勒 E. 2005. 原始文化：神话、哲学、宗教、语言、艺术和习俗发展之研究[M]. 连树声译. 桂林：广西师范大学出版社.

坦齐 V，舒克内希特 L. 2005. 20 世纪的公共支出：全球视野[M]. 胡家勇译. 北京：商务印书馆.

汤玉刚. 2006. 我国政府供给偏好决定的一个经济学解释——政治均衡与经济效率[J]. 财经研究，32（5）：80-93.

陶勇. 2006. 地方财政学[M]. 上海：上海财经大学出版社.

田发. 2005. 重构地方政府间财政关系[D]. 中南财经政法大学博士学位论文.

涂斌. 2011. 公共文化服务体系财政投入：规模、结构与效率——一个理论研究综述[J]. 当代经济，（24）：86-87.

涂斌，王宋涛. 2012. 地方政府公共文化支出效率及影响因素——基于广东 21 个地级市的实证分析[J]. 经济问题，（3）：18-21.

涂斌，周智武. 2013. 国外公共文化支出理论研究：回顾及展望[J]. 广东技术师范学院学报（社会科学），34（6）：56-61.

汪丁丁. 1995. 经济发展与制度创新[M]. 上海：上海人民出版社.
王广深，王金秀. 2008. 我国文化事业财政支出结构的优化分析[J]. 华东经济管理，22（5）：48-51.
王焕祥，郎玫. 2008. 地方政府公共财政支出的制度特征及其效率——基于东中西部的实证比较[J]. 贵州社会科学，（1）：108-114.
王俊. 2007. 政府卫生支出有效机制的研究：系统模型与经验分析[M]. 北京：中国财政经济出版社.
王磊. 2004. 公共教育支出分析——基本框架与我国的实证研究[M]. 北京：北京师范大学出版社.
王磊. 2009. “文化资本全要素生产率”的实证研究——基于对英国 NESTA 创新指数模型的拓展[D]. 北京邮电大学硕士学位论文.
王列生，郭全中，肖庆. 2009. 国家公共文化服务体系论[M]. 北京：文化艺术出版社.
王谦，王旭东，刘蕾. 2008. 和谐社会背景下我国财政效率指标体系的构建[J]. 经济问题探索，（1）：11-15.
王蓉. 2007. 论现行事业单位财务报告体系的改进[J]. 统计教育，（12）：53-55.
王瑞涵. 2010. 农村公共文化服务体系建设：财政责任与经费保障机制[J]. 地方财政研究，（8）：46-52.
王绍光. 1997. 分权的底限[M]. 北京：中国计划出版社.
王稳. 2002. 经济效率因素分析[M]. 北京：经济科学出版社.
王晓洁. 2009. 中国公共卫生支出均等化水平的实证分析——基于地区差别视角的量化分析[J]. 财贸经济，（2）：46-49.
王雍君. 2006. 中国的财政均等化与转移支付体制改革[J]. 中央财经大学学报，（9）：1-5.
王玉华. 2009. 中国财政支出结构调整与优化：基于公共财政的框架[M]. 上海：上海三联书店.
王玉明. 1998. 论政府规模及其合理尺度[J]. 特区理论与实践，（9）：48-50.
韦伯 M. 1997. 经济与社会（上卷）[M]. 林荣远译. 北京：商务印书馆.
魏鹏举. 2005. 文化事业的财政资助研究[J]. 当代财经，（7）：43-48.
魏权龄. 2004. 数据包络分析[M]. 北京：科学出版社.
温家宝. 2006. 第十届全国人民代表大会第四次会议关于政府工作报告的决议[J]. 中华人民共和国国务院公报，（3）：163.
吴俊培. 1994. 论中央与地方的财政关系[J]. 经济研究，（4）：41-47.
吴文江. 2002. 数据包络分析及其应用[M]. 北京：中国统计出版社.
项怀诚. 2000. 财政支出管理改革[M]. 北京：经济科学出版社.
谢旭人. 2012. 完善促进文化改革发展的政策保障机制[J]. 农村财政与财务，（1）：2-4
熊彼特 J A. 1990. 经济发展理论——对于利润、资本、信贷、利息和经济周期的考察[M]. 何畏，易家详，等译，北京：商务印书馆.
休斯 O E. 2004. 公共管理导论[M]. 张成福，冯子博，等译. 北京：中国人民大学出版社.
徐丛丛. 2012. 我国财政义务教育支出绩效评价研究[D]. 云南财经大学硕士学位论文.
徐明生. 2011. 我国文化资本与经济发展的协调性研究[J]. 厦门大学学报（哲学社会科学版），（1）：30-37.
许敏兰，罗建兵. 2011. 公共卫生支出公平性的实证分析——基于基尼系数和泰尔指数的视角[J]. 湖南商学院学报（双月刊），18（5）：39-45.
薛晓源，曹荣湘. 2004. 文化资本、文化产品与文化制度——布迪厄之后的文化资本理论[J]. 马克思主义与现实（双月刊），（1）：43-49.
严成樑，龚六堂. 2009. 财政支出、税收与长期经济增长[J]. 经济研究，44（6）：4-15，51.
严成樑，龚六堂. 2010. 我国税收的经济增长效应与社会福利损失分析[J]. 经济科学，（2）：69-79.
严冀，陆铭. 2003. 分权与区域经济发展：面向一个最优分权程度的理论[J]. 世界经济文汇，（3）：55-66.
阎坤. 2007. 如何实现公共服务均等化问题研究[J]. 经济研究参考，（2）：2-36.
阎坤，王进杰. 2004. 公共支出理论前沿[M]. 北京：中国人民大学出版社.
杨灿明. 2000. 地方政府行为与区域市场结构[J]. 经济研究，（11）：58-64.
杨继瑞，郝康理. 2007. 文化经济论[M]. 成都：西南财经大学出版社.
杨全社，郑健翔. 2005. 地方财政学[M]. 天津：南开大学出版社.
杨永. 2008. 后农业税时代基层干部视野中的乡镇政府职能转变——对鄂、皖、渝三地乡镇干部的问卷调查[J]. 重庆科技学院学报（社会科学版），（11）：39-40.
杨志今. 2015. 构建现代公共文化服务体系的原则与重点[J]. 求是，（7）：49-51.
杨志勇，张馨. 2005. 公共经济学[M]. 北京：清华大学出版社.
姚俭建，岑文忠. 2004. 文化资本的积累机制探微[J]. 上海师范大学学报（哲学社会科学版），33（2）：35-40.
殷德生. 2004. 最优财政分权与经济增长[J]. 世界经济，（11）：62-71.
于长革. 2006. 政府公共消费的经济效应及其政策含义[J]. 当代经济科学，（3）：24-30，125.
俞杰. 2004. 公共选择理论与财政支出效益评价[J]. 财会研究，（2）：21-23.
袁连生. 2002. 中国高等教育大众化进程中的财政政策选择[J]. 教育与经济，（2）：18-23.
袁晓婷，陈春花. 2006. 文化资本在经济增长中的表现形式和影响研究[J]. 科学学研究，24（S1）：98-102.
张波，宋林霖. 2008. 优化政府公共文化服务成本的制度研究[J]. 理论探讨，（6）：82-85.
张桂琳. 2009. 论我国公共文化服务均等化的基本原则[J]. 中国政法大学学报，（5）：44-51，158，159.
张建欣. 2010. 促进我国公共文化服务体系发展的财政政策研究[J]. 当代经济，（15）：

110-111.
张军，吴桂英，张吉鹏. 2004. 中国省际物质资本存量估算：1952—2000[J]. 经济研究，（10）：35-44.
张宁. 2006. 资产重组下的财务整合原则与支持系统构建[J]. 财会通讯（理财版），（9）：6.
张青. 2015. 新常态下农村公共文化服务财政保障机制研究——基于安徽省的调研分析[J]. 华东经济管理，29（12）：166-170.
张晓峒. 2004. 计量经济学软件 EViews 使用指南[M]. 天津：南开大学出版社.
张馨. 2004. 构建公共财政框架问题研究[M]. 北京：经济科学出版社.
张彦琦，唐贵立，王文昌，等. 2008. 基尼系数和泰尔指数在卫生资源配置公平性研究中的应用[J]. 中国卫生统计，25（3）：243-246.
张宇. 2013. 财政分权与政府财政支出结构偏异——中国政府为何偏好生产性支出[J]. 南开经济研究，（3）：35-50.
张昭立. 2001. 财政支出改革研究[M]. 北京：经济科学出版社.
张志强. 2009. 公共财政与文化发展[C]//胡惠林，陈昕. 中国文化产业评论（第 9 卷）. 上海：上海人民出版社.
赵树高. 2006. 科学发展观指导下的公共财政支出效率问题及改善途径研究[D]. 重庆大学硕士学位论文.
赵志耘. 2002. 财政支出经济分析[M]. 北京：中国财政经济出版社.
赵志耘，吕冰洋. 2005. 政府生产性支出对产出-资本比的影响——基于中国经验的研究[J]. 经济研究，（11）：46-56.
郑磊. 2008. 财政分权、政府竞争与公共支出结构——政府教育支出比重的影响因素分析[J]. 经济科学，（1）：28-40.
中国社科院文化研究中心课题组. 2007. 开阔视野 创新机制 加快文化产业发展——2006—2007 年中国文化产业形势分析与预测[J]. 中国经贸导刊，（3）：6-9.
钟晓敏. 2001. 地方财政学[M]. 北京：中国人民大学出版社.
周黎安. 2004. 晋升博弈中政府官员的激励与合作——兼论我国地方保护主义和重复建设问题长期存在的原因[J]. 经济研究，（6）：33-40.
周黎安. 2007. 中国地方官员的晋升锦标赛模式研究[J]. 经济研究，（7）：36-50.
周云波，武鹏，高连水. 2009. 文化资本的内涵及其估计方案[J]. 中央财经大学学报，（8）：91-96.
朱庆芳，吴寒光. 2001. 社会指标体系[M]. 北京：中国社会科学出版社.
朱伟珏. 2007. 文化资本与人力资本——布迪厄文化资本理论的经济学意义[J]. 天津社会科学，（3）：84-89.
朱亚詠. 2011. 公共文化对于提高市民素质的作用[D]. 苏州大学硕士学位论文.
朱志刚. 2003. 财政支出绩效评价研究[M]. 北京：中国财政经济出版社.

邹恒甫. 1993. 积累欲、节俭与经济增长[J]. 经济研究，（2）：56-64.

邹继础. 2003. 中国财政制度改革之探索[M]. 北京：社会科学文献出版社.

Afonso A，Fernandes S. 2008. Assessing and explaining the relative efficiency of local government[J]. Journal of Behavioral and Experimental Economics，37（5）：1946-1979.

Alesina A，Perotti R. 1994. The political economy of budget deficits[J]. IMF Staff Papers，94（94185）：1-31.

Anselin L，Beara A K，Florax R，et al. 1993. Simple diagnostic tests for spatial dependence[J]. Regional Science and Urban Economics，26（1）：77-104.

Aschauer D.1989. Is government spending productive? [J]. Journal of Monetary Economics，23：177-200.

Atkinson A B，Stiglitz J E. 1980. Lectures on Public Economics[M]. New York：McGraw-Hill.

Austen-Smith D. 1984. Subsidies to the arts with multiple public donors[J]. Economic Record，（60）：381-389.

Bailey S J，Falconer P. 1998. Charging for admission to museums and galleries：a framework for analysing the impact on access[J]. Journal of Cultural Economics，22（213）：167-177.

Banker R D，Charnes A，Cooper W. 1984. Some models for estimating technical and scale inefficiencies in data envelopment analysis[J]. Management Science，30：1078-1092.

Bardhan P. 2002. Decentralization of governance and development[J]. The Journal of Economic Perspectives，16（4）：185-205.

Barro R J. 1988. Government spending in a simple model of endogenous growth[J]. Journal of Political Economy，98（5）：103-125.

Barron F. 1987. A mission renewed：the survival of the national endowment for the arts，1981-1983[J]. Journal of Cultural Economics，11（1）：22-74.

Baumol W J. 1968. Economic Analysis of Public Investment Decision：Interest Rate Plicy and Discounting Analysis[M]. Washington：Joint Economic Committee.

Baumol W J. 1996. Children of performing arts：the economic dilemma[J]. Journal of Cultural Economics，20（3）：183-206.

Becker G S，Murphy K M. 1988. A theory of rational addiction[J]. The Journal of Political Economy，96（4）：675-700.

Besley T，Coate S. 1995. The design of income maintenance programmes[J]. The Review of Economic Studies，62（2）：187-221.

Black D. 1958. The Theory of Committees and Elections[M]. Cambridge：Cambridge University Press.

Bodenstein M，Ursprung H W. 2005. Political yardstick competition，economic integration，and constitutional choice in a federation：a numerical analysis of a contest success function model[J]. Publie Choiee，124（3/4）：329-352.

Bodo C. 2003. Cultural policies in Europe：a compendium of basic facts and trends[Z]. Council of Europe/ERICarts.

Boter J，Rouwendal J L，Wedel M. 2005. Employing travel time to compare the value of competing cultural or ganizations[J]. Journal of Cultural Economics，29（1）：19-33.

Bouckaert G. 1992. Productivity analysis in the pubic sector：the case of fire service[J]. International Review of Administrative Sciences，58（2）：175-200.

Bourdieu P. 1986. The forms of capital[C]//Richardson J. Handbook of Theory and Research for the Sociology of Education. New York：Greenwood Press.

Bowpitt G. 2000. Working with creative creatures：towards a christian paradigm for social work theory，with some practical implications[J]. The British Journal of Social Work，30（3）：349-364.

Breton A. 1996. Competitive Govemments：An Economic Theory of Polities and Public Finanee[M]. New York：Cambridge University Press.

Brooks A C. 2001. Who opposes government arts funding? [J]. Public Choice，108（3/4）：355-367.

Buchanan J M，Goetz C J. 2006. Efficiency limits of fiscal mobility：an assessment of the Tiebout model[J]. Journal of Public Economics，1（1）：25-43.

Burks J D. 2010. Efficiency Standards in municipal management[J]. National Civic Review，1（3）：364-371.

Cai H，Treisman D. 2005. Does competition for capital discipline governments? Decentralization，globalization，and public policy[J]. The American Economic Review，95（3）：817-830.

Cragg J G，Donald S G. 1993. Testing identifiability and specification in instrumental variable models[J]. Econometric Theory，9（2）：222-240.

Delong R. 1988. Major unity for minorities[J]. Compleat Lawyer，5（3）：28-29.

Devarajan S，Swaroop V，Zou H F. 1996. The composition of public expenditure and economic growth[J]. Journal of Public Economics，37（2）：313-344.

Devereux M B，Love D R. 1994. The effects of factor taxation in a two-sector Model of endogenous growth[J]. Canadian Journal of Economics，27：509-536.

Dimaggio P，Mohr J. 1985. Cultural capital，educational attainment，and marital selection[J]. American Journal of Sociology，90（6）：1231-1261.

Downs A. 1957. An Economic Theory of Democracy[M]. New York：Harper Collins Publishers.

Dudley L，Montmarquette C. 1992. Is public spending determined by voter choice of fiscal capacity[J]. Review of Economies and Statistics，74（3）：522-529.

Duncombe W，Yinger J. 1998. School finance reform：aid formulas and equity objectives[J].

National Tax Journal, 51（2）: 239-262.

Eckstein O, Girola J A. 1978. Long-term properties of the price-wage mechanism in the United States, 1891 to 1977[J]. The Review of Economics and Statistics, 60（3）: 323-333.

Else P K, Marshall G P. 1999. The Management of Public Expenditure[M]. London: Policy Studies Institute.

Everhart S S, Martinez-Vazquez J, Martinez-Varquez J, et al. 2005. Corruption, investment, and growth in developing countries[J]. Faculty Publications, 96（1）: 84-90.

Faguet J P. 2004. Building democracy on quicksand: altruism, empire, and the United States[J]. Challenge, 47（3）: 73-93.

Fedeli S, Santoni M. 2001. Endogenous institutions in bureaucratic compliance games[J]. Economics of Governance, 2（3）: 203-229.

Frederickson H G. 1996. The Spirit of Public Administration[M]. San Francisco: Jossey Bass.

Frey B S. 1994. Cultural economics and museum behaviour[J]. Scottish Journal of Political Economy, 41（3）: 325-335.

Frey B S. 1996. Has Baumol's cost disease disappeared in the performing arts? [J]. Ricerche Economiche, 50（2）: 173-182.

Frey B S. 1999. State support and creativity in the arts: some new considerations[J]. Journal of Cultural Economics, 23（1/2）: 71-85.

Frey B S, Pommerehne W W. 1989. Muses and Markets: Explorations in the Economics of the Arts[M]. Oxford: Basil Blackwell.

Frey D. 2000. Budgeting for Results: Perspectives on Public Expenditure Management[M]. London: Chapman & Hall, Washington: OECD Publications and Information Center.

Getzner M. 2002. Determinants of public cultural expenditures: an exploratory time series analysis for Austria[J]. Journal of Cultural Economics, 26（4）: 287-306.

Getzner M, Glatzer E, Neck R. 2001. On the sustainability of Austrian[J]. Empirica, 28（1）: 21-40.

Geys B, Ashworth J, Heyndels B. 2005. Government weakness and local public debt development in Flemish municipalities[J]. International Tax and Public Finance, 12（4）: 395-422.

Ghobadian A, Ashworth J. 1994. Performance measurement in local government: concept and practice[J]. International Journal of Operations & Production Management, 14（5）: 35-51.

Gnad M. 2000. Gated communities in the Johannesburg Area—experiences from South Africa[J]. Erdkunde, 54（3）: 198-207.

Grier K B. 1987. Presidential elections and federal reserve policy: an empirical test[J]. Southern Economic Journal, 54（2）: 475-486.

Haley A J. 1985. A five year update of central city/suburban municipal recreation operating expenditures[J]. Journal of Cultural Economics，9（2）：91-93.

Hansen T B. 1997. The willingness-to-pay for the royal theatre in Copenhagen as a public good[J]. Journal of Cultural Economics，21：1-28.

Hatry P H. 1977. How Effective Are Your Community Services? Procedures for Monitoring the Effectiveness of Municipal Services[M]. Washington：Urban Institute Press.

Hayek F A. 1945. The use of knowledge in society[J]. The American Economic Review，35（4）：519-530.

Heilbrun J，Gray C M. 1993. The Economics of Art and Culture[M]. Cambridge：Cambridge University Press.

Holmstrom B，Milgrom P. 1991. Multitask principal-agent analyses：incentive contracts，asset ownership，and job design[J]. Journal of Law，Economics，& Organization，7（2）：24-52.

Horlacher P. 1979. The fiscal performance of local governments：an interpretative review[Z]. Current Issues in Urban Economics.

Hulten C R，Schwab R M. 1992. Public capital formation and the growth of regional manufacturing industries[J]. National Tax Journal，44（4）：121-134.

Hutter M. 1996. The impact of cultural economics on economic theory[J]. Journal of Cultural Economics，20（4）：263-268.

Johansen S，Juselius K. 2010. Maximum likelihood estimation and inferences on cointegration with applications to the demand for money[J]. Oxford Bulletin of Economics and Statistics，51（2）：169-210.

Kaufman J，Weintraub D. 2004. Social-capital formation and American Fraternal Association：new empirical evidence[J]. The Journal of Interdisciplinary History，35（1）：1-36.

Khakee A. 1988. The rationale for urban government action for arts funding[J]. Journal of Cultural Economics，12（2）：1-18.

King D. 1992. Local Government Economics in Theory and Practise[M]. London：Rontledge.

Krebs S，Pommerehne W W. 1995. Politico-economic interactions of German public performing arts institutions[J]. Journal of Cultural Economics，19（1）：17-32.

Lareau A. 1987. Social class differences in family-school relationships：the importance of cultural capital[J]. Sociology of Education，60（2）：73-85.

Lynch T D. 1991. Federal Budget and Financial Management Reform[M]. New York：Praeger Publisher Inc.

Munnell A H. 1992. Infrastructure investment and economic growth[J]. The Journal of Economic Perspectives，52（6）：189-198.

Musgrave R A. 1959. The Theory of Public Finance：A Study in Public Economy[M]. New York：

McGraw-Hill.

Netzer D. 1992. Cultural Policy in an era of budgetary stringency and fiscal decentralization：the U.S. experience[J]. Journal of Cultural Economics，（54）：98-131.

O'Donnell M，1997. Creating a performance culture? Performance：based pay in the Australian public service[J]. Australian Journal of Public Administration，57（3）：28-40.

Oates W E. 1972. Fiscal Federalism[M]. New York：Harcourt Brace Jovanovich.

Oates W E. 1998. The Economics of Fiscal Federalism and Local Finance[M]. Northampton：Edward Elgar Publishing Limited.

Pindyck R S，Rubinfeld D L. 1991. Econometric Models and Econometric Forecasts[M]. New York：McGraw-Hill.

Premchand A. 1993. Public Expenditure Management[M]. Washington：International Monetary Fund.

Qian Y，Roland G. 1996. The soft budget constraint in China[J]. Japan and World Economy，8（2）：207-223.

Rodden J. 2002. The dilemma of fiscal federalism：grants and fiscal performance around the world[J]. American Journal of Political Science，46（3）：670-687.

Rosen S H. 1995. Public Finance[M]. 4th ed. Chicago：Rechard D Irwin，Inc.

Rostow W W. 1959. The stages of economic growth[J]. The Economic History Review，12（1）：1-16.

Roubini N，Sachs J D. 1988. Political and economic determinants of budget deficits in the industrial democracies[J]. European Economic Review，33（5）：903-933.

Rubin I S. 1988. New Directions in Budget History[M]. New York：State University of New York Press.

Rubin I S. 1997. Politics of Public Budgeting[M]. 3th ed. Chatham：Chatham House Publishers Inc.

Samuelson P A. 1954. The pure theory of public expenditure[J]. The Review of Economics and Statistics，36（4）：387-389.

Schulze G G，Rose A. 1998. Public orchestra funding in Germany—an empirical investigation[J]. Journal of Cultural Economics，22（4）：227-247.

Schulze G G，Urprung H W. 2000. La Donna e mobile—or is she? Voter preferences and public support for the performing arts[J]. Public Choice，102（1/2）：131-149.

Schuster J M. 1999. The other side of the subsidized muse：indirect aid revisited[J]. Journal of Cultural Economics，23（1/2）：51-70.

Seaman B A. 1981. Economic theory and the positive economics of arts financing[J]. American Economic Review，71（2）：335-340.

Soetevent A R. 2006. Empirics of the identification of social interactions：an evaluation of the

approaches and their results[J]. Journal of Economic Surveys，20（2）：193-228.
Solé-Ollé A. 2006. Expenditure spillovers and fiscal interactions：empirical evidence from local governments in Spain[J]. Journal of Urban Economics，59（1）：32-53.
Stigler G J. 1957. The tenable range of functions of local government[Z].
Stumm T J，Corrigan M T. 1998. City managers：do they promote fiscal efficiency? [J]. Journal of Urban Affairs，20（3）：343-351.
Throsby D C，Withers G A. 1979. Economics of the Performing Arts[M]. Melbourne：Halsted Press.
Tiebout C M. 1956. A pure theory of local expenditures[J]. Journal of Political Economy，64（5）：416-424.
Traubs S，Missong M. 2005. On the public provision of the performing arts[J]. Regional Science and Urban Economics，35（6）：862-882.
Turnovsky S J. 1996.Optimal tax，debt，and expenditure policies in a growing economy[J]. Journal of Public Economics，60（1）：21-44.
Turnovsky S J. 2000. Fiscal policy，elastic labor supply，and endogenous growth[J]. Journal of Monetary Economics，45（1）：185-210.
von Hagen J，Harden I. 1994. National budget processes and fiscal performance[J]. European Economy Reports and Studies，3：311-418.
Werck K，Heyndels B，Geys B. 2008. The impact of central places on spatial spending patterns：evidence from Flemish local government cultural expenditures[J]. Journal of Cultural Economics，32（1）：35-58.
West L A，Wong C P W. 1995. Fiscal decentralization and growing regional disparities in rural China：some evidence in the provision of social services[J]. Oxford Review of Economic Policy，（4）：70-84.
White J. 1994. Almost nothing new under the sun：why the work of budgeting remains incremental[J]. Public Budgeting and Finance，14（1）：113-134.
Wildasin D E，Ciency E，Tanzi V. 1996. Comments on "fiscal federalism and decentralization：a review of some efficiency and macroeconomic aspects" [Z]. Annual World Bank Conference on Development.
Wildavsky A. 1964. The Politics of the Budgetary Process[M]. Boston：Little Brown.
Withers G. 1979. Private demand for public subsidies：an econometric study of cultural support in Austrialia[J]. Journal of Cultural Economics，3（1）：53-61.
Wynne B. 1992. Representing policy constructions and interests in SSK[J].Social Studies of Science，22（3）：575-580.

Zhang T, Zou H F. 1998. Fiscal decentralization, public spending, and economic growth in China[J]. Journal of Public Economics, 67（2）: 221-240.

Zou H F. 1994. The spirit of capitalism and long-run growth[J]. European Journal of Political Economy, 10（2）: 279-293.

后　记

本书稿即将出版之际，感慨万千。对公共文化服务财政支出效率的研究兴趣始于2009年，研究中，遨游在文献海洋里，叹息在浩瀚知识面前自己的渺小，欣喜于想法观点与文献的契合，也会在苦苦思索后豁然开朗而兴奋，但更多的是借鉴、吸收消化学术前辈智慧的成果，并不断在探索中行进，同时亦深知在学术探究道路上需要持续学习和磨炼。本书于2013年底基本完成了初稿，但工作的忙碌、生活的琐碎一度耽搁了本书的完稿进度，以致初稿中所采用的2011年前数据，随着时间推移而需要更新，2017年完成相关数据更新和书稿修改，本书才得以基本完稿。

感谢邹洁、郭念恩、陶翔宇和甘子明对部分数据的收集整理；感谢王达梅等老师对本书中评价案例的参与；感谢所有为本书提供过帮助和建议的专家；感谢科学出版社编辑为本书认真细致的付出。在写作过程中，借鉴、参考、吸收了国内外一些专家学者的观点和资料，在此深表谢意。感谢全国哲学社会科学规划办公室的项目（编号：11CGL099）资助。由于水平有限，书中难免存在不足之处，敬请批评指正。联系邮箱：hattytu@126.com。

涂　斌

2018年8月